Peter Schay

Innovative Hilfe- und Leistungsangebote in der Drogenhilfe

VS RESEARCH

Peter Schay

Innovative Hilfe- und Leistungsangebote in der Drogenhilfe

Inhaltliche Weiterentwicklung in der Beratung, Betreuung und Behandlung

Mit einem Beitrag von Frank Sichau

Bibliografische Information der Deutschen Nationalbibliothek
Die Deutsche Nationalbibliothek verzeichnet diese Publikation in der
Deutschen Nationalbibliografie; detaillierte bibliografische Daten sind im Internet über
<http://dnb.d-nb.de> abrufbar.

1. Auflage 2011

Alle Rechte vorbehalten
© VS Verlag für Sozialwissenschaften | Springer Fachmedien Wiesbaden GmbH 2011
Lektorat: Verena Metzger / Britta Göhrisch-Radmacher

VS Verlag für Sozialwissenschaften ist eine Marke von Springer Fachmedien.
Springer Fachmedien ist Teil der Fachverlagsgruppe Springer Science+Business Media.
www.vs-verlag.de

Das Werk einschließlich aller seiner Teile ist urheberrechtlich geschützt. Jede
Verwertung außerhalb der engen Grenzen des Urheberrechtsgesetzes ist
ohne Zustimmung des Verlags unzulässig und strafbar. Das gilt insbesondere
für Vervielfältigungen, Übersetzungen, Mikroverfilmungen und die Einspeicherung und Verarbeitung in elektronischen Systemen.

Die Wiedergabe von Gebrauchsnamen, Handelsnamen, Warenbezeichnungen usw. in diesem
Werk berechtigt auch ohne besondere Kennzeichnung nicht zu der Annahme, dass solche
Namen im Sinne der Warenzeichen- und Markenschutz-Gesetzgebung als frei zu betrachten
wären und daher von jedermann benutzt werden dürften.

Umschlaggestaltung: KünkelLopka Medienentwicklung, Heidelberg
Gedruckt auf säurefreiem und chlorfrei gebleichtem Papier
Printed in Germany

ISBN 978-3-531-17391-7

Meine Frau Ingrid ist mir in meiner Arbeit
der wichtigste und kritischste Berater und steht mir
mit ihrer Zuneigung und ihrem Verständnis immer zur Seite.

Vorwort

Seit über 30 Jahren wird in der Drogenhilfe darum gerungen, wie die einzelnen Hilfeangebote inhaltlich zu gestalten sind, wie eine Zusammenarbeit der beteiligten Professionen optimiert werden kann und wo sie rechtlich einzuordnen sind.

Dabei ergeben sich aus den einzelnen Rechtsbereichen (Leistungsrecht, Berufsrecht, Betäubungsmittelgesetz, Sozialrecht, Strafrecht, ...) hoch komplexe Fragestellungen, die je nach Auslegung unterschiedlich zu gewichtende Verknüpfungen und damit maßgebliche Auswirkungen auf die einzelnen Leistungssegmente haben.

Da immer wieder auch gegensätzliche Interessen auszugleichen sind (bspw. im Spannungsfeld der medikamentengestützten Rehabilitation zwischen substituierenden Ärzten und PSB-Fachkräften), geht es in der Auseinandersetzung häufig mehr um Zuständigkeiten und damit verbunden die finanziellen Mittel und weniger um das Wohl der Patienten[1].

Die beteiligten Akteure der verschiedenen Professionen begegnen sich in der Folge auf dem Gesundheitsmarkt als autonome Wirtschaftssubjekte, deren Interesse darauf gerichtet ist, möglichst günstige Bedingungen für ihre Angebote auszuhandeln (vgl. *Hardt, Müller* 2009, 273).

In dieser komplizierten Gemengelage muss sich die Drogenhilfe mit ihren Leistungsangeboten positionieren und steht in der Verpflichtung, die Beratungs-/Betreuungs-/Behandlungsmöglichkeiten kontinuierlich weiter zu differenzieren, um den sich verändernden fachlichen Anforderungen und den Präferenzen der Patienten gerecht werden zu können.

Die gemeinsame Zieldimension der verschiedenen Betreuungs- und Behandlungsmaßnahmen dabei ist, den abhängigkeitskranken Menschen menschenwürdige gesundheitliche und soziale Lebensbedingungen und – soweit möglich – eine berufliche wie auch eine soziale (Re-)Integration zu ermöglichen; d.h. je nach Alter, Geschlecht, sozialer Schicht, der Schwere der psychischen und/oder physischen Komorbidität, den Zugang zu den unterschiedlichen medizinischen und sozialen Hilfeangeboten des Drogenhilfesystems unbürokratisch zu gestalten und zu ermöglichen.

---

[1] In den verschiedenen Arbeitsbereichen der Drogenhilfe wird von Klient bzw. Patient gesprochen. Aus Gründen der Lesbarkeit verwenden wir das generische Maskulinum (der Klient, der Patient, der Suchtkranke, der Mitarbeiter, der Therapeut), das männliche und weibliche Personen mit einschließt. Zu einer der sehr umständlichen neuen Schreibweisen konnten wir uns nicht entschließen.

Angesichts der heterogenen Bedürfnisse und Voraussetzungen der Meschen mit Drogenproblemen ist dementsprechend eine ganzheitliche und differentielle Angebotsstruktur notwendig, sind (idealtypisch) die Leistungssegmente aufeinander abstimmt, werden kontinuierlich weiter entwickelt und stützende psychosoziale Versorgungs-/Leistungssysteme i.S. eines Netzwerkes gefördert, um den psychosozialen Lebens- und Konsumbedingungen der unterschiedlichen Zielgruppen entsprechen zu können.

Der Konsum von Drogen verursacht – je nach Disposition des Konsumenten, Intensität und Dauer des Konsums und Qualität der Droge(n) – somatische, neurologische und psychische Schäden. Häufig zeigen sich ausgeprägte komorbide Störungen wie Persönlichkeitsstörungen, Depressionen, PTBS etc..

Nach *Thomasius* et al. (2001) kann insbesondere früher Drogenkonsum verheerende Auswirkungen auf die psychische Gesundheit haben. Von kinder- und jugendpsychiatrischer Relevanz sind vor allem Depressionen, Panikstörungen, Phobien und dissoziale Störungen. Zunehmend finden sich bei Canabiskonsumenten auch Reifungs- und Entwicklungsstörungen (nach *Fegert, Häßler* 2004).

Thomasius et al. (2003) bezeichnen Suchtstörungen als epidemiologisch wichtigste entwicklungsbezogene Störungen im Kindes- und Jugendalters.

Zu Beginn des Konsums psychotroper Substanzen kommt es zu positiv bewerteten Erlebnissen und die Zugehörigkeit zu einer bestimmten Gruppe wird als Aufwertung empfunden.

Negative Auswirkungen (u.a. familiäre Konflikte, abnehmende schulische Leistungsfähigkeit/Teilhabe am sozialen Leben etc.) werden oft nicht reflektiert und führen nicht zu Verhaltensänderungen.

Wenn sich aus dem sporadischen Konsum ein schädlicher Gebrauch entwickelt, stehen nicht mehr Neugier und Zugehörigkeit im Zentrum der Motivation, sondern die gewünschte Beeinflussung der Stimmung. Veränderungen im Bereich der Normen und Werte (deviante Entwicklungen) sind festzustellen.

Eine Einsicht in Behandlungsbedürftigkeit entwickelt sich üblicherweise erst im Verlauf von Jahren. Entsprechend werden in Konsumzeiten adoleszente Entwicklungsaufgaben nur eingeschränkt wahrgenommen.

„Rehabilitation soll chronischen Erkrankungen vorbeugen, die Arbeitskraft chronisch Kranker soweit als möglich wiederherstellen und erhalten, Behinderungen ... durch funktionsbezogenes Training beheben oder mindern und ... Abhängigkeitserkrankungen u.a. durch psycho- und verhaltenstherapeutische Maßnahmen soweit beseitigen, dass den Patienten eine aktive Teilhabe am beruflichen und gesellschaftlichen Leben wieder möglich wird" (*Borges* et al. 2006, 2).

Mit der *Vereinbarung Abhängigkeitserkrankungen* vom 04.05.2001 mit Wirkung zum 01.07.2001 ist eine neue Arbeitsgrundlage für die Behandlung Suchtkranker gegeben. Danach ist eine flexible und patientengerechte Gesamtbehandlung möglich, d.h. die Voraussetzungen einer Modifikation des Behandlungsansatzes i.s. einer *integrierten Behandlung* sind gegeben, was die Erweiterung des Indikationsbereichs auf legale und illegale Suchtmittel beinhaltet – aus Sicht der Leistungsträger eine nicht unumstrittene Interpretation.

In der Behandlung von abhängigkeitskranken Patienten legaler und illegaler Suchtmittel ergeben sich nicht nur gleiche oder ähnliche Problemstellungen, sondern auch identische Behandlungsziele. Dies leitet sich auch aus der *Arbeitshilfe für die Rehabilitation und Teilhabe von Menschen mit Abhängigkeitserkrankungen* aus 2006 und der *Vereinbarung Abhängigkeitserkrankungen* vom 04.05.2001 und dem *Gesamtkonzept zur Rehabilitation von Abhängigkeitserkrankungen* vom 15.05.1985 ab; d.h. eine Unterscheidung medizinischer Rehabilitationsmaßnahmen nach Suchtmitteln findet sich in den Richtlinien, Empfehlungen und Vereinbarungen zur Rehabilitation in der gesetzlichen Renten- und Krankenversicherung nicht.

Diese Grundprinzipien sind nicht nur relevant im Bereich medizinischer Rehabilitationsmaßnahmen, sondern müssen, um eine fach- und sachgerechte Betreuung der Klientel zu gewährleisten, auch in den Arbeitsfeldern der Beratung/Betreuung und sozialen Rehabilitation in den Fokus genommen werden; denn den Abhängigkeitskranken gemeinsam ist „eine zentrale Ich-Schwäche mit typischen Entwicklungsdefiziten im Bereich der Frustrationstoleranz, Impulskontrolle, Affektdifferenzierung und -toleranz sowie Realitätsprüfung; ein labiles Selbst mit extremen Selbstwertschwankungen und Tendenz zur Fragmentierung; eine tiefgehende Beziehungs- und Identitätsstörung" (*Olk* 2000, 364).

In den *unterschiedlichen Leistungssegmenten der Drogenhilfe* – bspw. die in diesem Buch vorgestellten Leistungsangebote der Betreuung suchtmittelkonsumierender und -abhängiger Jugendlicher im Strafvollzug, der Psychosozialen Betreuung substituierter Drogenabhängiger (PSB), Adaption (als Phase II der medizinischen Rehabilitation Drogenabhängiger), des Ambulant Betreuten Wohnens (BeWo) – stellen sich für *abhängigkeitskranke Menschen (legaler und illegaler Suchtmittel)* dementsprechend sehr ähnliche Fragen und psychosoziale Probleme: die soziale Kompetenz der Patienten, ihre Kommunikations- und Kooperationsfähigkeit, ihre Fähigkeit sich selbst und andere wahrzunehmen, zu erfassen, zu verstehen und sich mitzuteilen, ist als Folge des häufig bereits im Kindes- und Jugendalter begonnenen Suchtmittelkonsums „verarmt".

„Die Entstehungsbedingungen und Erscheinungsformen der Substanzabhängigkeit sind vielfältig und ursächlich auf gesellschaftliche, soziale und individuelle Faktoren zurückzuführen. Die Ursachen der Substanzabhängigkeit lassen sich nicht monokausal festlegen. Vielmehr führen eine Vielfalt von traumatisierenden Ereignissen über die gesamte Lebensspanne sowie fehlende stützende und fördernde Faktoren zur Ausprägung des Krankheitsbildes und -verlaufs. Die daraus resultierenden, oft schwerwiegenden Schädigungen des Individuums sowie seines sozialen und gesellschaftlichen Umfeldes erfordern ein breites Spektrum an (sozialintegrativen und) therapeutischen Hilfsangeboten im Sinne einer individuellen, umfassenden Prozeßbegleitung, die sich über den Zeitraum des (problematischen) Drogenkonsums, der Abhängigkeit, des Ausstiegsprozesses inklusive der nachsorgenden Betreuung erstreckt" (*Siegele, Höhmann-Kost* 2002, 13).

Der Verfasser zeigt mit *Innovative Hilfe- und Leistungsangebote in der Drogenhilfe* in den verschiedenen Bereichen der Beratung, Betreuung und Behandlung Möglichkeiten auf, wie eine an den Lebensverhältnissen und Bedarfen von konsumierenden und abhängigen Menschen ausgerichtetes Hilfe- und Leistungssystem der Drogenhilfe auf der Basis fachlicher Notwendigkeiten und wissenschaftlicher Erkenntnisse gestaltet werden kann und will auch zu einer kritischen und – soweit nötig – kontroversen Reflexion und Diskussion einladen.

Peter Schay

Literaturhinweise

Borges, P., Hofmann, O., Zimolong, A. (2006): Gutachten zur aktuellen und perspektivischen Situation der Einrichtungen im Bereich der medizinischen Rehabilitation, GEBERA-Gesellschaft für betriebswirtschaftliche Beratung mbH, Member of Deloitte Touche Tohmatsu, Düsseldorf

Fegert, J., Häßler, F. (2004): Abschlußbericht über das Bundesmodellprojekt Designerdrogen-Sprechstunde der Klinik für Kinder- und Jugendneuropsychotherapie der Universität Rostock, download: www.bmgs.bund.de/deu/gra/publikationen/p forschung.c/m

Flenker, Dr. I.: Zusammenarbeit von Drogenhilfe und Ärzteschaft aus Sicht der Ärzteschaft. in: 10 Jahre Methadon-Substitution in NRW/Tagesdokumentation, Düsseldorf 1997

Hardt, J., Müller, U. (2009): Die Aufgabe der Psychotherapie in der Gesundheitswirtschaft, in: *Psychotherapeutenjournal*, 8. Jg., 3/2009, Psychotherapeutenverlag, Heidelberg, 271-277

JKD e.V./Kadesch GmbH; Jahresberichte 1984 - 2008

Landesregierung NRW: Landesprogramm gegen die Sucht des Landes NRW; Düsseldorf 1998

Landesregierung NRW: Positionspapier zur Einrichtung von Drogentherapeutischen Ambulanzen 2/98, Düsseldorf 1998

Michels, I.: Medizinalisierung: Die Einbeziehung der Ärzte und ihre Dominanz? in: *Stöver, H.* (Hrsg.), Akzeptierende Drogenarbeit, Freiburg 1999

Olk, W. (2000): Gemeinsame Behandlung von Alkoholabhängigen und Drogenabhängigen am Beispiel des Adaptionshauses Berlin-Buckow, in: *Schriftenreihe des Fachverbandes Sucht e.V.* 23 (2000), Indikationsstellung und Therapieplanung bei Suchterkrankungen, Neuland, Geesthacht, 358-371

Petzold, H.G./Schay, P./Ebert, W.; Integrative Suchttherapie, Wiesbaden 2004

Petzold, H.G./Schay, P./Scheiblich, W.; Integrative Suchtarbeit, Wiesbaden 2005

Schall, U., Bender, S., Lodemann, E., Lutz, K.-H., Rösinger, C., Gastpar, M.: Drogen- und Medikamentenmißbrauch im Verlauf einer ambulanten, substitutionsgestützten Behandlung von Opiatabhängigen mit Levo-Methadon. in: Sucht, Nr. 5/1994, Geesthacht 1994

Siegele, F., Höhmann-Kost, A. (2002): Das Konzept der „Arbeit an sich selbst" - Die Kampfkünste als ein Weg der Übung in der Suchtbehandlung und die Relevanz dieses Konzeptes im Bereich von Supervision - aus dem Diplom-Supervisionsaufbaustudiengang Freie Universität Amsterdam, Faculty of Human Movement Sciences

Thomasius, R. et al. (2001): Anhaltende neurotoxische Schäden durch Ecstasy. Dt. Ärzteblatt 98, Heft 47 vom 23.11.2001, Seite A-3132

Thomasius, R. et al. (2003): Suchtstörungen, in: *Herpertz-Dahlmann, B., Resch, F., Schulte-Markwort, M., Warnke, A.* (2003): Entwicklungspsychiatrie - Biopsychologische Grundlagen und die Entwicklung psychischer Störungen, Schattauer, 693-726

Uchtenhagen, A.: Therapeutische Intervention bei Drogenabhängigkeit aus psychiatrisch-psychotherapeutischer Sicht. in: *Michels, I.*: Medizinalisierung: Die Einbeziehung der Ärzte und ihre Dominanz? in: *Stöver, H.* (Hrsg.), Akzeptierende Drogenarbeit, Freiburg 1999

VDR (2001): Vereinbarung Abhängigkeitserkrankungen vom 04.05.2001

Inhaltsverzeichnis

Peter Schay, Frank Sichau
Konzeptionelle Akzentuierungen in der Betreuung suchtmittelkonsumierender und -abhängiger Jugendlicher im Strafvollzug.......................... 15

Peter Schay
Psychosoziale Betreuung Substituierter
im Drogenhilfesystem Herne.. 53

Peter Schay
Adaption als Leistung der medizinischen Rehabilitation
Abhängigkeitskranker.. 97

Peter Schay
Ambulant Betreutes Wohnen für abhängigkeitskranke Menschen.................... 113

Peter Schay
Sport als Möglichkeit der Stressbewältigung
Ein Leistungsangebot in der medizinischen und sozialen
Rehabilitation.. 161

Autoren..189

Konzeptionelle Akzentuierungen in der Betreuung suchtmittelkonsumierender und -abhängiger Jugendlicher im Strafvollzug[2]

Peter Schay, Frank Sichau

1	Integrative Arbeit mit jungen suchtmittelkonsumierenden und -abhängigen Menschen	16
2	Suchtverständnis	19
3	Junge Drogenkonsumenten	22
4	Folgen von Suchtmittelkonsum	26
5	Diagnostische Merkmale der Zielgruppe	27
6	Ausgangslage im Strafvollzug	30
7	Maßnahmen im Strafvollzug	31
8	Präventive Maßnahmen	40
9	Schlussbemerkungen	48
	Literaturhinweise	48

---

[2] Dieser Artikel basiert auf: *Sichau, F., Schay, P.* (2009): Suchtkranke im Jugendstrafvollzug sowie in U-Haft – Handlungsperspektiven für die Enquete-Kommission III des Landtages NRW (unveröffentl. Text); *Schay, Pultke* (2006): Integrative Arbeit mit jungen drogenkonsumierenden/-abhängigen Menschen.

1 Integrative Arbeit mit jungen suchtmittelkonsumierenden und -abhängigen Menschen

Die gesellschaftlichen Veränderungen in Familiensystemen (→ das Auseinanderbrechen der Kernfamilien und damit einhergehend der Mangel an Modellen und Vorbildern) erhöhen das Stress- und Konfliktpotential sowie die Überforderungen für Kinder und Jugendliche. „Die Daten zur gesundheitlichen Situation ... zeigen ein Anwachsen von einer besorgniserregenden Vielfalt an Stressreaktionen. Entwicklungsstörungen, Verhaltensauffälligkeiten, psychische und psychosomatische Erkrankungen im Kindes- und Jugendalter nehmen zu (*Pott*, BzgA 2002, Kinder- und Jugendsurvey 2007). Damit steigt auch die Anfälligkeit für den frühzeitigen Konsum von psychoaktiven Substanzen" (*Lammel* 2009, 4)[3].

„Psychosoziale Faktoren stehen in engem Zusammenhang mit der Intensität des (Suchtmittelkonsums)", d.h. konsumierende Jugendliche fühlen sich „häufig aggressiv ... und schätzen sich weniger selbstbewusst ein. Sie werden auch häufiger durch Prügel und Schlagen gestraft. ... Drogenkonsum korreliert ... mit aggressivem Verhalten, Impulsivität und Aufmerksamkeitsstörungen. Drogenkonsum in der Familie und durch Freunde sowie schwierige familiäre Beziehungen und Situationen (erhöhen) das Risiko für Missbrauch" (*Robert Koch Institut* 2004, 64ff).

Bei Jugendlichen, die durch individuelle, familiäre und/oder soziale Risikofaktoren belastet sind, führt der Versuch persönliche Belastungssituationen durch gesundheitsschädigende Verhaltensweisen wie Konsum von den Suchtmitteln bewältigen zu wollen, häufig zu psychischen und somatischen Erkrankungen, „Schwierigkeiten in der Aufnahme tragfähiger sozialer Beziehungen und der Entwicklung einer beruflichen Perspektive, da bereits das Scheitern in der Schule das Erlangen der entsprechenden Voraussetzungen erschwert" (*Amann* 2009). Das familiäre Milieu ist v.a. durch Desinteresse und Instabilität gekennzeichnet (vgl. ebenda).

Der Konsum von Drogen verursacht – je nach Disposition des Konsumenten, Intensität und Dauer des Konsums und Qualität der Droge(n) – somatische,

---

[3] Die „Mannheimerstudie" (2000) stellt bei 5% der Jugendlichen behandlungsbedürftige und bei 4% chronische psychische Störungen fest; der „WHO-Jugendgesundheitssurvey" (2003) weist 6% der Jugendlichen als psychisch auffällig aus und nach einer Übersichtsstudie von *Ihle* und *Esser* (2002) liegt die Gesamtprävalenz bei 18%, wobei insbesondere Angststörungen, dissoziale Störungen und hyperkinetische Störungen bestehen. Alle Studien kommen übereinstimmend zu dem Ergebnis, dass ein niedriger sozioökonomischer Status das Risiko einer psychischen Erkrankung signifikant erhöht.

neurologische und psychische Schäden. Häufig zeigen sich ausgeprägte komorbide Störungen wie Persönlichkeitsstörungen, Depressionen, PTBS etc..
Nach *Thomasius* et al. (2001) kann insbesondere früher Drogenkonsum verheerende Auswirkungen auf die psychische Gesundheit haben. Von kinder- und jugendpsychiatrischer Relevanz sind vor allem Depressionen, Panikstörungen, Phobien und dissoziale Störungen. Zunehmend finden sich bei Cannabiskonsumenten auch Reifungs- und Entwicklungsstörungen (nach *Fegert, Häßler* 2004).
Thomasius et al. (2003) bezeichnen Suchtstörungen als epidemiologisch wichtigste entwicklungsbezogene Störungen im Kindes- und Jugendalters.
Zu Beginn des Konsums psychotroper Substanzen kommt es zu positiv bewerteten Erlebnissen und die Zugehörigkeit zu einer bestimmten Gruppe wird als Aufwertung empfunden.
Negative Auswirkungen (u.a. familiäre Konflikte, abnehmende schulische Leistungsfähigkeit/Teilhabe am sozialen Leben etc.) werden oft nicht reflektiert und führen nicht zu Verhaltensänderungen.

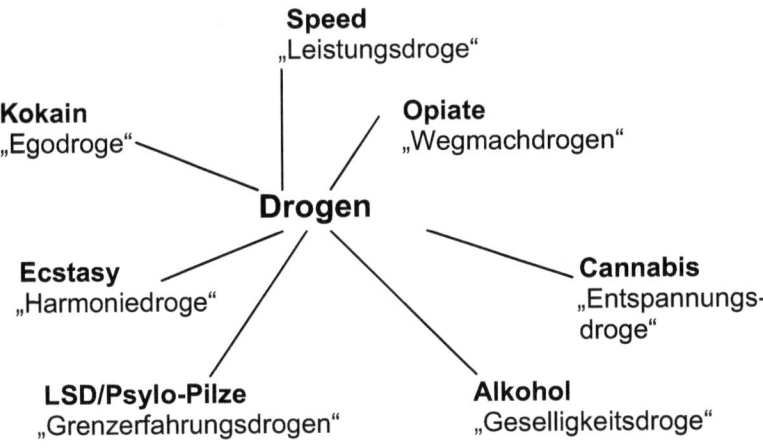

Abbildung 1: Wirkungserwartungen von Jugendlichen, *Schepker* (2005)

Wenn sich aus dem sporadischen Konsum ein schädlicher Gebrauch entwickelt, stehen nicht mehr Neugier und Zugehörigkeit im Zentrum der Motivation, sondern die gewünschte Beeinflussung der Stimmung. Veränderungen im Bereich der Normen und Werte (deviante Entwicklungen) sind festzustellen.

Eine Einsicht in Behandlungsbedürftigkeit entwickelt sich üblicherweise erst im Verlauf von Jahren. Entsprechend werden in Konsumzeiten adoleszente Entwicklungsaufgaben nur eingeschränkt wahrgenommen.

Um Jugendliche erreichen zu können, müssen die konzeptionellen Akzentuierungen in den Angeboten des Drogenhilfesystems an den Lebenswelten der Jugendlichen anknüpfen und „zum Verarbeitungsraum für die dort gemachten exzessiven Erfahrungen werden" (*Lammel* 2009, 18).

Integrative Therapie fokussiert auf veränderungswirksame Erfahrungen und ermöglicht Erleben und Handeln in sich verändernden Lebensstilen und Lebenskontexten (*Petzold* 2005s). Ziel ist die Veränderung von dysfunktionalen Verhaltensweisen, weiterhin die Entwicklung von *Fähigkeiten/Kompetenzen* und *Fertigkeiten/Perfomanzen*, die der Bewältigung (*coping*) und Gestaltung (*creating*) des weiteren Lebensweges und seiner Absicherung durch das Erarbeiten von Ressourcen dienen soll (*Petzold* 1997); d.h. die Zielsetzungen können nur über das Anstoßen und Begleiten von Lernprozessen erreicht werden.

Da Sucht eine komplexe Störung ist, stehen hier besonders Möglichkeiten der Resilienzförderung im Vordergrund (vgl. auch *Scheiblich, Petzold* 2006), d.h. der Fähigkeit, auf die Anforderungen wechselnder Situationen reagieren und auch schwierige Lebenssituationen bewältigen zu können. Diese Entwicklung begünstigende Faktoren sind

- Problemlösungsfähigkeiten,
- hohe Sozialkompetenz (→ Kontaktfähigkeit, soziale Perspektivübernahme und Empathie),
- Fähigkeit zur Selbstregulation,
- Fähigkeit zur Anwendung aktiver und flexibler Bewältigungsstrategien (→ Fähigkeit, sich Hilfe zu holen, sich von dysfunktionalen Situationen (innerlich) zu distanzieren),
- optimistische, zuversichtliche Lebenseinstellung,
- realistischer Attribuierungsstil,
- hohes Selbstwertgefühl, Selbstvertrauen in die eigenen Fähigkeiten,
- Selbstwirksamkeitsüberzeugung (vgl. auch *Clauß* 2007).

Im Rahmen dieser Entwicklung geht es um die Stärkung des Individuums und seine Befähigung hochriskante Lebenswelten erfolgreich meistern zu können.

2 Suchtverständnis

Abhängigkeit von Suchtstoffen bezeichnet einen Zustand psychischer und/oder physischer Abhängigkeit von einer Substanz mit zentral-nervöser Wirkung, die zeitweise oder fortgesetzt eingenommen wird, um durch bestimmte Reize oder Reaktionen Lustgefühle oder Lustzustände herbeizuführen bzw. Unlustgefühle zu vermeiden. Sucht ist definiert als „unbezwingbares, gieriges seelisches Verlangen, mit der Einnahme der Droge fortzufahren (*WHO* 1985)" (*Krausz* et al. 2005, 484).

Diese Definition zur Abhängigkeit von Suchtstoffen findet sich generell in der Fachliteratur wieder. Ergänzend heben einige Autoren die sozialen Auswirkungen von Sucht hervor. Der *FDR* (2006, 31) betont die zerstörerische Wirkung von Sucht (addiction) auf das Individuum und die Gesellschaft und beschreibt als Charakteristika das zwanghafte Verlangen, die Drogeneinnahme fortzusetzen, eine Tendenz zur Dosissteigerung und die psychische (psychologische) und allgemein physische Abhängigkeit von den Drogenwirkungen.

Nach *Wanke, Täschner* (1985, 13) ist Sucht ein psychisches Problem, mit i.d.R. (erheblichen) sekundären, physischen und sozialen Folgen. Die Autoren heben bei stoffgebundenen Suchtformen drei Komponenten hervor, wobei die individuelle Grundstörung (bspw. Persönlichkeitsstörung vom Borderline Typ (F60.31), dissoziale Persönlichkeitsstörung (F60.2)), die der Suchtentwicklung „vorgelagert" ist, besonders zu berücksichtigen ist.

Diese Sichtweise wird von der *Deutschen Hauptstelle gegen die Sucht (DHS)* geteilt: „Sucht ist in erster Linie ein psychisches Problem, mit in der Regel bald auftretenden sekundären, körperlichen und sozialen Folgen. Sucht ist gekennzeichnet durch einen eigengesetzlichen Ablauf und durch den fortschreitenden Verlust freier Verhandlungsfähigkeit und Kontrolle über das eigene Verhalten. Sucht liegt dann vor, wenn eine prozesshafte Abfolge in sich gebundener Handlungen kritisch geprüfte, sorgfältige und folgerichtig gesteuerte Handlungsabläufe ersetzt. Sucht ist stets Krankheit. ... Sucht zeigt sich als latente Suchthaltung und als manifestes süchtiges Verhalten. Süchtiges Verhalten mit Krankheitswert liegt vor, wenn dieses nicht mehr angesichts einer Flucht- oder Unwohlsituation eintritt, sondern zu einem eigendynamischen, zwanghaften Verhalten wird, das sich selbst organisiert hat und sich rücksichtslos beständig zu verwirklichen sucht" (zitiert nach: www.dhs.de/daten_suchtdefinition.html, 12.10.2006).

Bis auf den ICD-10 und DSM-IV gibt es keine allgemeine und von allen Disziplinen (Medizin, Psychologie, ...) anerkannte Definition von Sucht (*Wolf*

2003, 17), was „als Ergebnis der multidisziplinären Auseinandersetzung mit dem Phänomen Sucht gedeutet werden (kann)".

„Ein geschlossener theoretischer Ansatz zur Ursache von Süchten liegt bisher nicht vor. ... Die fachtheoretische Diskussion ist gekennzeichnet durch eine Fülle von Einzelbefunden. ... Die Unübersichtlichkeit und teilweise auch Widersprüchlichkeit in den Ergebnissen erscheint für die Praxis der Drogenhilfe wenig hilfreich" (*FDR* 2006, 42).

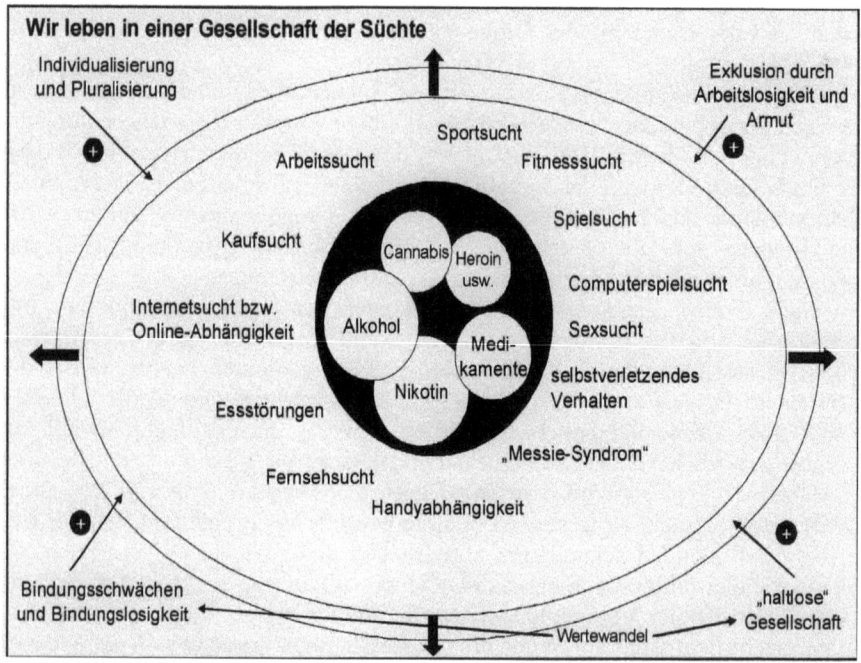

Abbildung 2: „Gesellschaftliche Süchte", *Sell* (2008)

„Viele gesellschaftliche Trends sprechen dafür, daß die Ausprägung von Abhängigkeiten bzw. suchtförmiger Verhaltensweisen ... weiter zunehmen wird, da es sich hierbei ... auch um eine Kompensationsfunktion handelt. ... Die Abbildung soll (auch) ... verdeutlichen, daß die ... vorherrschende Perspektivierung auf stoffliche Abhängigkeiten deutlich erweitert werden muß" (ebenda, 4f).

Als sozialpolitisch hoch relevante Entwicklung für „suchtförderliche Rahmenbedingungen" ist dabei zu sehen, "daß aufgrund der unterentwickelten Stütz- und Ersatzsysteme für Kinder und Jugendliche aus sozial belasteten Familien ... sich Suchtverhaltensmuster (bereits sehr früh verfestigen) und ... auf eine scheinbar tolerante, in Wirklichkeit aber teilnahmslose Gesellschaft (stoßen), die vor erzieherischen Aufgaben zurückweicht" (ebenda).

In der Integrativen Therapie ist „Drogenabhängigkeit eine komplexe somatische, psychische und soziale Erkrankung, die die Persönlichkeit des Drogenabhängigen und sein soziales Netzwerk und seinen makroökologischen Rahmen betrifft, beschädigt und - wenn sie lange genug wirkt - zerstört. Drogenabhängigkeit hat eine multikausale, zum Teil sehr stark variierende Genese. Sie zeigt unterschiedliche Ausprägungen und Verlaufsformen, abhängig von genetischen Dispositionen, biographischen Vorschädigungen, psychosozialer Gesamtsituation/Lebenslage, Grad der Chronifizierung, Ressourcenlage" (*Petzold* 2004, 515).

Sucht bzw. Abhängigkeit werden auch in der Integrativen Therapie verstanden als dysfunktionaler Versuch der Konflikt- und Problemlösung in einem supportarmen Kontext durch eine geschädigte Persönlichkeit mit einem defizienten Selbst, einem schwachen Ich und einer sich selbst entfremdeten Identität. Diese stellen das Resultat multipler Schädigungen in der Lebensspanne bei Abwesenheit protektiver Faktoren und Resilienzen dar, wobei in der Regel vielfältige Negativfaktoren (z.B. zeitextendierte Belastung oder Überlastung, chains of adversice events) kumulativ zum Tragen kommen (vgl. *Petzold* 2003a).

„Die komplexen und belastenden Lebens- und Sozialwelten suchtkranker Menschen, ihre in der Regel schwierigen sozialen Situationen, zerbrochenen Netzwerke, mangelnden Ressourcen, Traumatisierungen, die oft erhebliche Kommorbidität, Doppeldiagnosen machen konzertierte Maßnahmen notwendig, die psychotherapeutische, soziotherapeutische, beraterische, supervisorische Konzepte und Methoden vernetzen, klinisch-psychologische, sozialpsychologische bzw. sozialwissenschaftliche Erkenntnisse verbinden" (*Petzold, Schay, Hentschel* 2004, 94).

Die multifaktoriell bedingte Fehlentwicklung bedarf deshalb in einer karrierebezogenen Langzeitstrategie psycho- und soziotherapeutischer Interventionen (intermittierende Karrierebegleitung) unter Einbeziehung der Aktivierung protektiver Umwelt- und Persönlichkeitsfaktoren und positiver Ressourcen des sozialen Netzwerks bzw. Konvois (vgl. ebenda).

Angebote der Drogenhilfe müssen sowohl den verfestigten (süchtigen) Beziehungsstrukturen als auch den inneren Suchtmechanismen entgegen wirken. Sie sollen die Selbstverantwortung, Autonomie, Souveränität und damit die Identitätsbildung fördern, die Funktionalität von Suchtstörungen deutlich machen, an Ressourcen anknüpfen und den Aufbau gesunder Ich-Funktionen und funktionierender Beziehungsstrukturen unterstützen.

3 Junge Drogenkonsumenten

„Mehr als 2,5 Mio. Kinder (wachsen) mit mindestens einem suchtkranken Elternteil auf (und sind) in besonderem Maße gefährdet, selbst abhängig und/oder psychisch krank zu werden und leiden ... unter ungünstigen Entwicklungsbedingungen"

(*Amann* 2009).

Es besteht

„ein Zusammenhang zwischen sozialer Ungleichheit und Gesundheit ... (insbesondere psychische Erkrankungen korrelieren mit der sozialen Schicht und dem Schultypus) ... Soziale Benachteiligung ... drückt sich ... nicht nur in einem niedrigen Sozialstatus aus, sondern zeigt vielfältige Erscheinungsformen wie z.B. instabile und belastende Familienverhältnisse, schlechte Wohnverhältnisse und eingeschränkte Bildungschancen" (*Robert Koch Institut* 2004, 78f)

Nach internationalen Studien ist von einer Erkrankungshäufigkeit psychischer Erkrankungen von bis zu 20 Prozent aller Jugendlichen auszugehen, wobei bei etwa 6 Prozent dringende Behandlungsnotwendigkeit besteht.

Die Bundeszentrale für gesundheitliche Aufklärung (BZgA) führt seit 1973 regelmäßige Repräsentativerhebungen zur Drogenaffinität Jugendlicher und junger Erwachsener im Alter von 12 bis 25 Jahren durch (vgl. hierzu auch *BMG* 2008):

Alkohol

Den ersten Rausch haben die meisten Jugendlichen mit 15 Jahren. Wer nicht trinkt ist uncool. Neu sind öffentliche Besäufnisse auf Parkplätzen vor Kneipen etc. Im Jahrbuch Sucht 2008 der DHS werden alarmierende Zahlen veröffentlicht: Ein Viertel der Jugendlichen in der Altersgruppe zwischen 11 und 15 Jahren lässt sich mindestens ein Mal im Monat auf das sogenannte „Binge-drinking" also Rauschtrinken ein.

Die BZgA stellt fest, dass unter den 12-15jährigen Jugendlichen 2007 in den letzten 30 Tagen 12% mindestens einmal pro Woche fünf oder mehr Gläser Alkohol hintereinander konsumiert haben. Bei den 16-17jährigen liegt die Zahl bei 51%.

Auffällig ist, dass viele Jugendliche die Gefahren durch Alkohol falsch einschätzen. Drogen werden deutlich riskanter bewertet und der Konsum abgewertet. Da Alkohol in unserer Gesellschaft kulturell integriert ist, haben Jugendliche keinerlei Bedenken. Hier ist besonders die Wirkung des Alkohols auf ein jugendliches Gehirn und die Entwicklung gefährlich.

Riskante Konsummuster

Mit dem Begriff „riskante Konsummuster" wird ein Trinkverhalten beschrieben, das sich negativ auf die gesundheitliche und (psycho-)soziale Entwicklung von Jugendlichen auswirken kann.

Dieser Trend zum exzessiven Trinken, ist weiterhin ungebrochen. 2004 lag der Anteil der exzessiv trinkenden Jugendlichen bei 23%, d.h. jeder fünfte Jugendliche und häufiger bei männlichen als bei weiblichen Jugendlichen.

Nicht nur das Rauschtrinken zu bestimmten Anlässen, sondern auch die regelmäßig konsumierte Alkoholmenge stellt eine besondere Gefahr für Jugendliche dar. Schon ein Erwachsener sollte täglich nicht mehr als 24g (Männer) und 12g (Frauen) reinen Alkohol zu sich nehmen. Jugendliche können schon durch deutlich geringere Mengen gesundheitlich geschädigt werden. Deshalb ist es besonders bedenklich, dass etwa 8% der 12-17jährigen pro Tag eine höhere Alkoholmenge zu sich nimmt. 2,5% der Jungen und 1,5% der Mädchen nehmen sogar so viel Alkohol zu sich, dass sie die für Erwachsenen geltenden Grenzen zum „gefährlichen Alkoholkonsum" (60g Reinalkohol Männer; 40g Reinalkohol Frauen) überschreiten.

Die gesamtwirtschaftlichen Folgen des zunehmend insbesondere bei Jugendlichen auftretenden (exzessiven) Alkoholkonsums verdeutlicht Abbildung 3 auf S. 24.

Cannabis

Von 1979 bis 2004 stieg der Anteil der Jugendlichen und jungen Erwachsenen im Alter von 12 bis 25 Jahren, die mindestens einmal in ihrem Leben Cannabis konsumiert haben, deutlich an. Diese Entwicklung zeigte sich sowohl bei männlichen als auch bei weiblichen Jugendlichen und jungen Erwachsenen.

Nach vielen Jahren des Anstiegs ist der Cannabiskonsum zwischen 2004 und 2008 rückläufig. Gaben im Jahr 2004 31% der 12-25jährigen an, schon einmal im Leben Cannabis konsumiert zu haben, sind es 2008 noch 28%. Bei den 12-17jährigen ging im gleichen Zeitraum der Anteil von 15% auf knapp 10% zurück.

Der Anteil junger Menschen mit regelmäßigem Cannabiskonsum liegt bei 1,1% der Minderjährigen und 2,3% der 12-25jährigen.

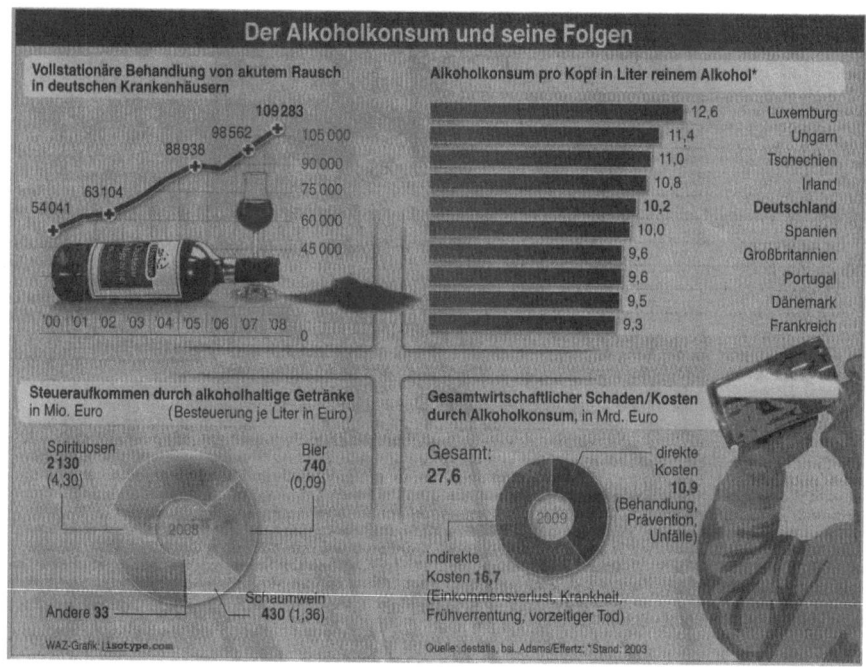

Abbildung 3: „Der Alkoholkonsum und seine Folgen", *WAZ* (2010)

Illegale Drogen

Der Konsum von illegalen Drogen hat sich seit 1993 fast verdoppelt, d.h. ein Drittel der Jugendlichen haben in Deutschland Erfahrungen mit illegalen Drogen. 13% der 12-25jährigen haben in 2007 regelmäßig Drogen konsumiert; bei 19% lag der Drogenkonsum länger als ein Jahr zurück und 45% der Jugendlichen haben Drogen 1-2 Mal konsumiert. 24% der Jugendlichen haben ausschließlich Cannabis konsumiert; 8% konsumierten Amphetamine, Ecstasy oder psychoaktive Substanzen wie Pilze, Kakteen (Meskalin), Engelstrompete. 4% haben Erfahrungen mit Kokain und 2% mit LSD. Heroin und Crack konsumierten 0,3%.

Drogen und junge Menschen

„In Deutschland werden jedes Jahr ca. 2.500 Kinder mit schweren Alkohol bedingten Schädigungen geboren und die Zahl der durch Medikamente belasteten Kinder ist unbekannt. 25-30% der Menschen unter 25 Jahren müssen als suchtgefährdet eingeschätzt werden, weil sie entweder schon als Ungeborene von Alkohol oder Drogen beeinflusst werden, in suchtbelasteten Familien aufwachsen oder selbst zu früh und zu viel konsumieren. Etwa ein Viertel der Kinder und Jugendlichen mit problematischem Suchtmittelkonsum haben vor dem 14. Lebensjahr mit dem Missbrauch begonnen. Neben dem persönlichen Leid der direkt und indirekt Betroffenen sind die ökonomischen Folgekosten für später notwendig werdende Maßnahmen immens. Insgesamt sind etwa 5 Millionen Menschen betroffen" (*FDR* 2008).

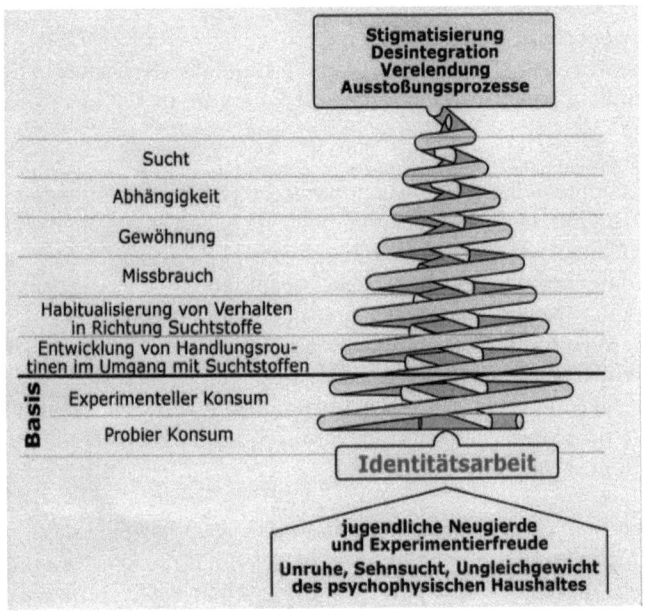

Abbildung 4: Entwicklungspyramide, jugendlicher Drogenkonsumenten, *Lammel* (2003)

Fazit: Vor dem Hintergrund der sich verändernden Lebens- und gesundheitlichen Situation von Jugendlichen, gekennzeichnet durch die Zunahme von chronischen, vor allem psychosomatischen Erkrankungen im Kindes- und Jugendalter, müssen auch in der Betreuung suchtmittelkonsumierender und -abhängiger

Jugendlicher im Strafvollzug spezifische medizinische und psychosoziale Vorsorge- und Rehabilitationsleistungen für diesen Personenkreis einen besonderen Stellenwert einnehmen.

4 Folgen von Suchtmittelkonsum

Die Betrachtung der personenseitigen Bedingungen jugendlichen Suchtmittelkonsums zeigt folgende Ergebnisse (vgl. *Schay, Pultke* 2006):

- *Prämorbide Einflüsse*
  Neigung zur Belastungsvermeidung, Neugierde (Reizsucht), Belohnungsabhängigkeit, genetische Faktoren und Toleranzentwicklung.

- *Kognitive Leistungsfähigkeit*
  Das Zusammenwirken von Suchtmittelkonsum und kognitiver Leistungsfähigkeit ist vielen Klienten bekannt bzw. sie haben es am eigenen Leib erfahren. Probleme wie Konzentrationsschwierigkeiten begünstigen einen Leistungsabfall, der zu Schulversagen, Ausbildungs- oder Arbeitsplatzverlust führen kann. Neben den akuten toxischen Wirkungen haben hier Langzeitstudien Aufschluss über Langzeitfolgen gebracht: Zahlreiche junge Menschen leiden unter Aufmerksamkeitsstörungen, denen sie mit Suchtmittelkonsum im Sinne einer Selbstmedikation begegnen. Weiterhin legen die Ergebnisse nahe, dass Langzeitfolgen von Substanzgebrauch die Konzentrationsleistung schädigen.

- *Persönlichkeitsstruktur und Emotionalität*
  Zu vermuten sind frühe Störungen in der emotionalen Persönlichkeitsentwicklung. Verwoben mit personenspezifischen Charakteristika ist sowohl als Hintergrund als auch als Folge der Persönlichkeitsentwicklung die allgemeine intellektuelle Leistungsfähigkeit. Konzentrationsdefizite und niedrigere Intelligenzwerte kennzeichnen die Klienten, wobei auch hier von komplexen Bedingungsgefügen ausgegangen werden muss.

- *Suchtmittelkonsum und kinder- und jugendpsychiatrische Komorbidität*
  Der Konsum von Suchtmitteln kann - je nach Disposition des Konsumenten, Intensität und Dauer des Konsums, Qualität der Droge(n) - somatische, neurologische und psychische Schäden verursachen, wobei sich auch aus-

geprägte Phänomene der Komorbidität zeigen, d.h. schwerwiegende Begleiterkrankungen bei Drogenmissbrauch.

- *Suchtmittelassoziierte Diagnosen und Komorbidität*
Insbesondere früher Suchtmittelkonsum kann verheerende Auswirkungen auf die psychische Gesundheit haben. Von kinder- und jugendpsychiatrischer Relevanz sind vor allem Depressionen, Panikstörungen, Phobien und dissoziale Störungen. Zunehmend finden sich bei Cannabiskonsumenten auch Reifungs- und Entwicklungsstörungen.
Am häufigsten diagnostiziert ist eine Störung des Sozialverhaltens, wobei die Prävalenzraten je nach Untersuchung zwischen 28% und 62% variieren. Es folgen depressive Störungen (16% bis 61%). Etwa 12% bis 38% der substanzmissbrauchenden Jugendlichen leiden unter allen drei Komorbiditätsdiagnosen (Substanzmissbrauch, Verhaltensstörung, affektive Störung). Deutlich geringer, aber signifikant erhöht gegenüber nicht substanzmissbrauchenden Gleichaltrigen liegen die Prävalenzraten für sozialphobische Störungen, Essstörungen (insbesondere binge-eating/Purting-Typ und Bulimia nervosa; vgl. Schay, Liefke 2009), beginnende Borderline-Persönlichkeitsstörungen, drogeninduzierte Psychosen (Cannabis, Ecstasy, Amphetamine, Kokain, LSD) und schizophrene Psychosen.

5 Diagnostische Merkmale der Zielgruppe

Mit den Betreuungsmaßnahmen sollen in dem von den Autoren als Leitmodell gewählten Konzept der Integrativen Therapie Jugendliche mit Suchtproblemen/ -erkrankungen sowie Komorbiditäten aus dem Bereich affektiver Störungen, neurotischer, Belastungs- und somatoforme Störungen, Essstörungen, Persönlichkeitsstörungen sowie Verhaltens- und emotionale Störungen mit Beginn in der Kindheit und Jugend entsprechend der Kap. F3, F4, F6, F9, sowie F50.

Im Betreuungskontext ggf. zu berücksichtigende Merkmale:

In der Regel liegen erhebliche Bindungsstörungen, ungünstige Sozialisationsbedingungen, defizitäre Ausbildungs- und Berufswege, sowie gestörte Beziehungen, mangelnde Sozialkompetenzen vor, sowie i.d.R. ein Mangel an haltgebenden äußeren Strukturen. Hinzu kommen die zusätzlichen Schädigungen, die sich als Folgen der Suchterkrankung entwickelt haben, wobei es sich um Folgen sowohl auf der körperlich organischen, auch hirnorganischen Ebene, als auch um Folgen im Bereich der Lebensführung, um zusätzliche Entwicklungsverzögerungen handelt.

Grundvoraussetzungen

Als Grundvoraussetzung für eine Betreuung sind ein Veränderungswunsch sowie eine wenigstens rudimentäre Betreuungsmotivation zu nennen. Betreut werden Klienten, die durch ihre Suchtprobleme/-erkrankung in ihrer Entwicklung eingeschränkt wurden und auf dem Boden dieser Defizite äußerst begrenzte Möglichkeiten der beruflichen, privaten und sozialen Weiterentwicklung haben. Defizite bestehen bei der Bewältigung von Alltagsanforderungen, bei der Lösung anstehender Entwicklungsaufgaben, bei der Berufsfindung, Berufsausbildung und Erwerbstätigkeit, bei der Kontakt- und Beziehungsaufnahme und Gestaltung, bei der Teilnahme am sozialen Leben.

Allgemeine Indikationen

Es werden Klienten mit Suchtproblemen/-erkrankung bei Konsum von legalen und illegalen Suchtmitteln (in substanzspezifischer bzw. multipler Ausprägung) betreut (Erstdiagnose gem. ICD 10: F10.2, F11.2, F12.2, F13.2, F14.2, F15.2, F16.2, F17.2, F18.2, F19.2).

Eine Betreuung ist indiziert bei verhaltensabhängigen gesundheitlichen Risikofaktoren (binge-drinking, Koma Saufen, Schnüffeln von Deo, Missbrauch generell von Suchtmitteln etc.), um

- eine erkennbare Gefährdung der gesundheitlichen Entwicklung,
- die Gefährdung der alters- und entwicklungsentsprechenden Leistungsfähigkeit,
- Gesundheitsstörungen und modifizierbaren Risikofaktoren,
- gesundheitsgefährdende Verhaltensweisen,
- nicht nur vorübergehende alltagsrelevante Beeinträchtigungen altersentsprechender Aktivitäten bei bereits manifesten chronischen Krankheiten zu vermeiden,
- sowie einer Chronifizierung oder Verschlimmerung des Suchtproblems entgegenzuwirken.

Kontraindikationen

1. psychiatrisch: akute Psychosen/akute Suizidgefährdung. Klienten mit einer dissozialen Persönlichkeitsstörung (F60.2), können nur betreut werden, wenn die Fähigkeit zur Mitarbeit vom JVA-Arzt festgestellt wird und keine massiven Gewalt- oder Sexualdelikte vorliegen. Eine basale Absprache- und Steuerungsfähigkeit sollte vorhanden sein.
2. somatisch: schwere körperliche Behinderungen und chronischen Erkrankungen, die die Teilnahme an der normalen Tagesstruktur über längere Zeiträume weitgehend ausschließt; Aids-Erkrankung im Finalstadium.
3. kognitiv: schwere Einschränkung der Wahrnehmung, der intellektuellen Fähigkeiten oder geistige Behinderung.

Spezifische Indikationen/Komorbidität

Sofern als Erstdiagnose eine unter den allgemeinen Indikationen aufgeführte Abhängigkeitserkrankung von legalen/illegalen Suchtmitteln vorliegt, werden die Maßnahmen insbesondere auf die Mitbeachtung folgender Diagnosen ausgerichtet:

1. Störungen des Sozialverhaltens (ICD-10: F92.0), Aufmerksamkeitsdefizitsyndrom (F90.0, F98.8) und andere Störungen mit Beginn in Kindheit und Jugend.
2. in Sonderheit (traumabedingte) Angststörungen (ICD-10: F4), Posttraumatische Belastungsstörung (F43.1)
3. Persönlichkeits- und Verhaltensstörungen: in Sonderheit Dissoziale Persönlichkeitsstörung (ICD-10: F60.2), Emotional instabile Persönlichkeitsstörung (F60.3), Histrionische Persönlichkeitsstörung (F60.4), Ängstlich (vermeidende) Persönlichkeitsstörung (F60.6), Abhängige Persönlichkeitsstörung (F60.7), Narzisstische Persönlichkeitsstörung (F60.8), Kombinierte, sonstige Persönlichkeitsstörungen (F61), Persönlichkeits- und Verhaltensstörung (F19.71) sowie Komorbiditäten aus dem Bereich der depressiven Störungen (F32, F33, F38 und F39)

6 Ausgangslage im Strafvollzug

Mindestens ein Drittel der männlichen und 50% der weiblichen Inhaftierten sind i.v.-Drogenkonsumenten, wobei die Konsumenten von Alkohol, Cannabis und anderer Drogen nicht eingerechnet sind (vgl. *DAH* 2008, 79f).
 Dem daraus abzuleitenden Anspruch, dass das Arbeitsfeld „Suchtkrankenbehandlung" einen Schwerpunkt der medizinischen Versorgung in der JVA darstellen muss, muss der Vollzug mit entsprechenden Leistungsangeboten gerecht werden.

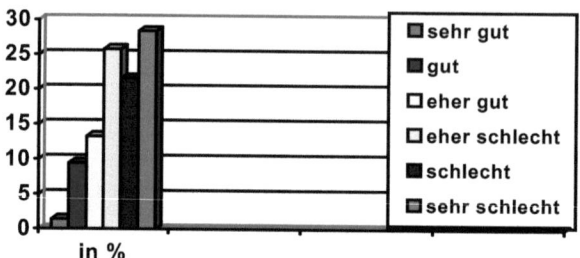

Abbildung 5: KABP-Befragung Gefangene (N=1.486), Bewertung der Qualität der medizinischen Versorgung in Haft (vgl. *akzept* et al. 2008, 31)

Nach dem Urteil des Europäischen Gerichtshofes vom 16.10.2008 muss der Vollzug bei Menschen mit nachgewiesener psychischer Störung spezielle (Behandlungs-)Maßnahmen mit Rücksicht auf deren Zustand gewährleisten, um mögliche Gefahren abzuwenden und seiner positiven Verpflichtung zum Schutz des Lebens nachzukommen.
 Aus dem Strafvollzugsgesetz und auch den Landesvollzugsgesetzen ergibt sich, dass sich die Gesundheitsbehandlung in Haft an der Regelbehandlung des Leistungskataloges der gesetzlichen Krankenversicherung orientieren muss[4].

---

[4] „Die Situation von Drogenabhängigen im Strafvollzug kann als Spiegelbild der Situation Drogenabhängiger innerhalb der Gesellschaft betrachtet werden, die geprägt ist von vielfältigen gesundheitlichen, psychischen und sozialen Problemen. Inhaftierte Drogenabhängige weisen oft langjährige und intensive Drogenkarrieren auf. Viele verfügen über mehrjährige Erfahrungen in Institutionen wie Haft, Psychiatrie und Maßregelvollzug. Die grundsätzlich einschneidende und als

7 Maßnahmen im Strafvollzug

„Aktuelle wissenschaftliche Studien und Untersuchungen beschreiben ca. 5-10% der riskant konsumierenden Kinder und Jugendlichen als behandlungsbedürftig, bei den 11-15jährigen zeigen 17% ein multiples Risikoverhalten; dieser Anteil steigt mit dem Alter der Jugendlichen drastisch an" (*AG der Spitzenverbände der FW des Landes NRW* 2005)[5].
„Spezifische Angebote für jugendliche Suchtmittelkonsumenten verfolgen das Ziel, Konzepte ... in Verbindung mit dem Lebensalltag von ... Jugendlichen zu bringen" (ebenda), um die Entstehung langjähriger Suchtkarrieren zu verhindern.

Der Hilfebedarf suchtmittelkonsumierender/-abhängiger Jugendlicher ist vielfältig. Die Arbeit mit dieser Zielgruppe ist
„ein *Erfassen* (ihrer) heutigen, ultrakomplexen und globalisierten Lebenswirklichkeit und (erfordert) ein hinlänglich konsistentes *Verstehen* von Menschen mit ihren vielschichtigen Lebenslagen und ... *exzentrische* und *mehrperspektivische* Zugehensweisen .... Es sind *multitheoretische* Untersuchungen, Betrachtungen und Analysen angesagt, um komplexe Realität angemessen zu erfassen und

---

belastendend empfundene Erfahrung des Freiheitsentzuges erschwert sich für Drogenabhängige aufgrund ihrer Abhängigkeitserkrankung.

Der Konsum legaler und illegaler Drogen gehört - trotz Bestrebungen, dies einzudämmen - zum Alltag in Justizvollzugsanstalten. Schätzungen des Bundesministeriums für Gesundheit gehen davon aus, dass etwa 40 % der angenommenen 20.000 Drogenabhängigen den Konsum in der Haft fortsetzen. Auch die Folgeerscheinungen des Drogenkonsums innerhalb der Haft sind die gleichen wie außerhalb des Vollzuges: Überdosierungen und Drogentote, gestreckte und verunreinigte Substanzen, Beschaffungsdruck, Händlerhierarchien, Schulden, Infektionsrisiken. ...

Die Gesundheitsfürsorge ist in den §§ 56 -66 des Strafvollzugsgesetzes (StVollzG) geregelt. Nach dem § 56 (1) StVollzG ist für die körperliche und geistige Gesundheit der Gefangenen zu sorgen. Weitere Grundlage für die Behandlung drogensüchtiger Inhaftierter ist der in § 3 Abs. 1-3 des StVollzG geregelte gesetzliche Auftrag zur Angleichung der Lebensverhältnisse und Gegenwirkung schädlicher Wirkungen des Freiheitsentzuges sowie der Eingliederungsgrundsatz.

Nach dem Äquivalenzprinzip sollen die medizinischen Standards innerhalb des Strafvollzuges denen außerhalb des Vollzuges angepasst werden; die medizinische Versorgung in den Anstalten muss sich grundsätzlich an den Vorgaben der gesetzlichen Krankenversicherung orientieren. Hierzu führt die WHO (1993) in ihren Richtlinien zu „HIV-Infektion und AIDS im Gefängnis" aus: „Alle Gefangenen haben ein Recht auf Gesundheitsfürsorge, einschließlich vorbeugender Maßnahmen, die denjenigen in der Allgemeinbevölkerung entspricht und Diskriminierung vermeidet, dies insbesondere im Hinblick auf ihren rechtlichen Status und ihre Nationalität" (*Universität Hamburg* 2009).

[5] Dementsprechend ist im Gesetz zur Regelung des Jugendstrafvollzugsgesetzes NRW in §§ 63, 68 einerseits der grundsätzliche Anspruch der Inhaftierten auf Krankenbehandlung festgelegt, die insbesondere auch „medizinische und ergänzende Leistungen zur Rehabilitation" umfassen und „eine soziale Eingliederung fördern" soll. Andererseits zeigen die im Gesetz vollzogenen Einschränkungen „soweit dies notwendig ist" und „dies nach den wirtschaftlichen Verhältnissen gerechtfertigt ist", dass die vollzugliche Praxis i.d.R. vieles offen lässt.

multipraxeologische Wege wie Sozialtherapie, Psychotherapie, Sozial- und Bildungsarbeit erforderlich, um auf die Lebenslage ... Einfluss zu nehmen. Es werden *multimethodische* Arbeitsformen notwendig: erlebnisaktivierende, psychodynamische, verhaltensorientierte, leibzentrierte - also ein „integratives Vorgehen" (*Petzold* 1993a, *Grawe* 2004).

Die Vielfalt der Stile und Lebensentwürfe der Jugendlichen verdeutlichen, dass sich Institutionen - wollen sie Sozialisation fördern und sichern - mit der derzeitigen Lebenssituation und dem Lebensentwurf des Jugendlichen auseinandersetzen müssen.

Eine einseitige Problematisierung des Suchtmittelkonsums verbunden mit der Folge schärferer Sanktionen auf dieses Verhalten, verstellt den Blick auf die Chancen des pädagogischen/therapeutischen Umgangs mit den suchtmittelkonsumierenden Jugendlichen.

Voraussetzung für alle Hilfeangebote muss eine sanktionsfreie und vertrauensvolle Atmosphäre sein, die für die Jugendlichen Anonymität und Schweigepflicht gewährleistet; die Haltung des Pädagogen sollte geprägt sein von Verständnis und Akzeptanz des Jugendlichen.

a) Erlebnispädagogische Maßnahmen

Die Erlebnispädagogik versucht im Sinne eines ganzheitlichen, handlungsorientierten Lernens Persönlichkeitsentwicklung und soziale Kompetenzen mit „Körper, Geist und Seele" zu fördern. Das heißt, nicht nur die kognitiven Fähigkeiten des Menschen werden angesprochen sondern über das eigene Handeln, das die körperliche, emotionale und psychische Ebene erfasst, sollen soziale Kompetenzen erlernt werden.

„Erlebnispädagogik ist eine handlungsorientierte Methode und will durch exemplarische Lernprozesse, in denen junge Menschen vor physische, psychische und soziale Herausforderungen gestellt werden, diese in ihrer Persönlichkeitsentwicklung fördern und sie dazu befähigen, ihre Lebenswelt verantwortlich zu gestalten" (*Heckmair, B., Michl, W.* (2002) zitiert nach: *wikipedia* (2007));

dabei werden grundlegende Muster übertragen (z.B.: Problemlösungs- und Konfliktbewältigungsstrategien werden in den Alltag transferiert).

Körperlichkeit und das Gefühl, physische und psychische Anstrengungen als lustvoll zu erleben sind Ansatzpunkte zeitgemäßer, moderner Erlebnispädagogik.

Der erlebnispädagogische Ansatz geht davon aus, dass Erziehungs- und Bildungsprozesse wesentlich über affektiv besetzte Auseinandersetzungsformen laufen. Es wird dabei versucht, die gewonnenen Erlebnisse des einzelnen in gemeinsamer Gruppenreflexion verhaltenswirksam zu machen, Verhalten zu stabilisieren, um sie letztlich zu verhaltensanleitenden Erfahrungen verarbeiten zu können. Es können folgende didaktische Kennzeichen festgehalten werden:

- Die Individualität des Jugendlichen wird berücksichtigt.
- Lerninhalte knüpfen bei den Fähigkeiten des Jugendlichen sowie seiner Lebenswelt an.
- Ganzheitliches Lernen findet statt - d.h. Lernelemente im handwerklichen, emotionalen, künstlerischen und sozialen Bereich treten neben den kognitiven Bereich.
- Die psychische Stabilität wird gefördert.
- In der Interaktion der Gruppe entsteht eine Basis zur konstruktiven Konfliktbewältigung (vgl. *Güntner 2007)*.

Ziele
- individuelles Lernen/Selbsterfahrung
- soziales Lernen in Gruppenprozessen

Mittel
- erlebnis- bzw. abenteuerorientierte Natursportarten (z.B.: Felsklettern, Kajakfahren, Höhlentouren, Bergwandern - und mit Abwandlungen davon: Baumklettern, Floßbau und -fahrt)
- Projekte im Bereich Theater, Tanz, Musik, Bewegung, ...

Erlebnispädagogik beinhaltet nicht nur Abenteuer, Spannung, Spaß und Outdoor-Aktivitäten, sondern muss die Lebenswelten der Patienten zur ganzheitlichen Persönlichkeitsentwicklung berücksichtigen und mit aufnehmen. Beziehen sich die erlebnispädagogischen Interventionen auf die Lebenswelten und spezifischen Lebensformen, können Abenteuersituationen sowie gruppendynamische, erlebnis-pädagogische Spiele auch in die unmittelbare Umgebung integriert werden. Erlebnispädagogische Maßnahmen sind Bestandteil der alltäglichen pädagogischen Arbeit und werden als Einstiege für gruppenpädagogische Prozesse genutzt.

Durch ihre abenteuer- und wagnisbestimmten Aktivitäten, durch die Arbeit mit Herausforderungen und Grenzerfahrungen, im Sinne des Erlebens von Leistungsgrenzen, Ängsten und Beziehungen, trägt die Erlebnispädagogik zur Förderung und Entwicklung innerer Potentiale, individueller Ressourcen und Kompetenzen bei.

b) Beratung

Gegenstand des Leistungsangebotes ist die Durchführung der Beratung von suchtmittelkonsumierenden und -abhängigen Gefangenen und deren Vermittlung in externe Therapiemaßnahmen.

Dieses Angebot schließt Leistungen im Sinne des *Übergangsmanagements* ausdrücklich mit ein.

Übergangsmanagement
Zur sozialen und beruflichen Wiedereingliederung der Gefangenen ist ein Übergangsmanagement erforderlich, das eine enge Kooperationen zwischen Justizbehörden (auch Strafverfolgungsbehörden) und (Sucht-)Hilfesystem voraussetzt. Die Aufgaben des Übergangsmanagements beziehen sich auf eine systematische Verknüpfung von vollzuglichen Behandlungsmaßnahmen und den Leistungsangeboten zur sozialen und medizinischen Rehabilitation. Insbesondere soll das Übergangsmanagement gewährleisten:

- Beratung und Motivierung der Jugendlichen zur Teilnahme am Übergangsmanagement
- Fachliche Einschätzung des individuellen Bedarfs
- „Recht auf Behandlung": a) Weiterführung bereits vor der Inhaftierung eingeleiteter Maßnahmen (bspw. Substitution) und b) Vorbereitung auf durchzuführende Maßnahmen (bspw. Substitution) nach der Haftentlassung

Suchthilfesystem
Das Suchthilfesystem bietet ein sehr differenziertes Hilfesystem von Beratung/Betreuung, über Leistungen zur sozialen und medizinischen Rehabilitation (Substitution, Entzugsbehandlung, Entwöhnung, Adaption, Betreutes Wohnen) bis zu tagesstrukturierenden Maßnahmen, Maßnahmen der beruflichen Integration.

Die ambulanten, (teil-)stationären Leistungen der sozialen und/oder medizinischen Rehabilitation bieten ein psychosoziales, therapeutisches, persönlichkeitsstützendes Milieu und schließen gesundheitsfördernde Leistungen mit ein.

Ziel jeder Betreuungs- und/oder Rehabilitationsmaßnahme ist, die entwicklungs-/krankheitsbedingt drohenden oder bereits manifesten Beeinträchtigungen durch eine möglichst frühzeitige Einleitung der gebotenen Maßnahmen abzuwenden, zu beseitigen, zu mindern, ihre Verschlimmerung zu verhüten oder ihre Folgen zu mildern.

Der Jugendliche soll z.B. durch die Betreuung (wieder) befähigt werden, bestimmte Aktivitäten des täglichen Lebens möglichst in der Art und in dem Ausmaß auszuüben, die für ihn als „normal" für seinen persönlichen Lebenskontext erachtet werden.

In der Praxis im Strafvollzug bedeutet das u.a., dass

- die Kompetenz des Suchthilfesystems im Sinne einer partnerschaftlichen Kooperation verbindlich/verpflichtend eingebunden wird, um die Möglichkeiten des Hilfesystems individuell optimal nutzen zu können.
- die Vollzugs-Suchtberater die internen und externen Hilfen koordinieren und dafür Sorge tragen, dass jeder Gefangene die Möglichkeit hat, sobald als möglich Kontakt zum Suchthilfesystem aufzunehmen.
- in Kooperation mit dem Suchthilfesystem regelhaft Info-Veranstaltungen stattfinden, die die verschiedenen Möglichkeiten des Hilfesystems aufzeigen, wobei die Teilnahme freiwillig sein muss. Umfang: über einen Zeitraum von 4 Wochen jeweils 1 Doppelstunde/Woche.

Ärztliche Eingangsuntersuchung
Obligatorische ärztliche Eingangsuntersuchung, in der insbesondere auch mögliche psychiatrische und somatische Vorerkrankungen der Abhängigkeitserkrankung diagnostiziert werden, um auf dieser Basis die effektivste Behandlungsform einzuleiten.

Des weiteren wird ein psychischer Befund erhoben, wobei neben psychiatrischen Komorbiditäten Persönlicheitsakzentuierungen, Entwicklungsverzögerungen oder Defizite festgestellt werden. Am Ende steht die Diagnosenschlüsselung nach ICD-10.

Im weiteren Verlauf werden *regelmäßige ärztliche Visiten* durchgeführt, um ggf. diagnostische Korrekturen durchzuführen und dementsprechend den Hilfeplan anpassen zu können.

Rückfälle, aber auch neu auftretende medizinische Komplikationen führen grundsätzlich nicht zu einem Abbruch eingeleiteter Maßnahmen, sondern werden im Sinne der Krisenintervention begleitet, mit dem Ziel, den Übergang/die Vermittlung in notwendige Anschlussmaßnahmen sobald als möglich zu gewährleisten.

„Drogenfreie Abteilungen"
Die „drogenfreien Abteilungen" sind eine wichtige Nahtstelle zum Suchthilfesystem und sollen optimale Möglichkeiten für eine Vorbereitung auf notwendige Betreuungs-/Behandlungsmaßnahmen bieten. Hierbei ist eine enge Kooperation und Einbeziehung externer Suchtberater unverzichtbar. Merkmale: a) Freiwillig-

keit; b) Tagesstrukturierung; c) möglichst kurze Aufenthaltsdauer (d.h. nicht länger als 3 Monate) bis zum Antritt bspw. einer Entwöhnungsbehandlung; d) Rückfälle führen nicht zu einer Rückverlegung auf die „normale" Abteilung, sondern werden im Sinne der Krisenintervention aufgefangen; e) Rückfällen wird ggf. mit integrierenden Sanktionen begegnet.[6]

Die Kompetenz des Suchthilfesystems sollte im Sinne einer partnerschaftlichen Kooperation verbindlich/verpflichtend eingebunden werden, um die Gefangenen auf die Möglichkeiten des Hilfesystems individuell optimal vorbereiten zu können.

Substitution
Die Substitutionsbehandlung ist eine medizinisch begründete Behandlungsform, die unabhängig vom Aufenthaltsort der Patienten aufrechtzuerhalten ist: Abbruchgründe ergeben sich dann auch nur aus dem medizinischen und psychosozialen Behandlungskontext und nicht aus den Kontroll- und Sanktionsmaßnahmen des Vollzugs.

Zielgruppen einer Substitutionsbehandlung im Vollzug sind Drogenabhängige, die

- auch außerhalb in einer solchen Behandlung waren,
- aus dem Vollzug heraus einen Antrag auf Beginn einer solchen Behandlung stellen,
- sich in der Phase vor der Entlassung befinden,
- sich in einer Entzugsbehandlung befinden.

Als bisher ungelöste Problemlagen im Kontext der Substitutionsbehandlung im Vollzug sind hervorzuheben, dass

- die Verfügbarkeit der Substitutionsmittel (Methadon, Subutex, ...) nicht gewährleistet ist.
- separate Abteilungen für substituierte Inhaftierte fehlen.
- die Vernetzung mit regionalen Einrichtungen, insbesondere
  - die PSB-Fachstellen und
  - dem allgemeinen (Sucht-)Hilfesystem (bspw. bei der Entlassungsvorbereitung) (noch) unzureichend ist.

---

[6] Anmerkung: Bei Drogenabhängigkeit handelt es sich um eine Krankheit, die ausschließlich in einer anerkannten Einrichtung der medizinischen Rehabilitation therapiert werden kann. Insoweit ist es zumindest diskussionswürdig, wenn im Strafvollzug auf den „Drogenfreien Abteilungen" Behandlungskonzepte umgesetzt werden, die eine Mindestverweildauer von 6 Monaten festlegen und den Inhaftierten für die Dauer seines Aufenthaltes verpflichten, bspw. auf eine medizinische Rehabilitationsmaßnahme gem. § 35 BfMG zu verzichten (vgl. JVA Willich „Konzept ZaRa" 2009).

Anmerkung: Nach der BtmVV und den Richtlinien des Gemeinsamen Bundesausschusses über die Bewertung ärztlicher Untersuchungs- und Behandlungsmethoden gem. § 135 SGB V (BUB-Richtlinien, 2006) ist für eine Substitutionsbehandlung eine wesentliche Voraussetzung die Psychosoziale Betreuung (PSB), die im Vollzug (nur) in Kopperation mit dem externen Hilfesystem gewährleistet werden kann.

- ein möglicher Beigebrauch mit den im Vollzug zur Verfügung stehenden Mitteln nur begrenzt regelhaft und sachgerecht kontrolliert sowie medizinisch und psychosozial begleitet werden kann.

Für den Jugendstrafvollzug bedeutet das u.a., dass bei jedem Jugendlichen die Möglichkeit der Substitutionsbehandlung zu prüfen ist, um eine psychische Stabilisierung erreichen zu können und „illegalen" Substanzgebrauch zu vermeiden.

Abhängigkeit von legalen Suchtmitteln
Die genannten Handlungsansätze gelten für Abhängige von legalen Suchtmitteln entsprechend.

Alkoholkranke Gefangene haben nicht die Möglichkeit gem. §§ 35 oder 37 BtMG in externe Rehabilitationsmaßnahmen vermittelt werden zu können. Um die notwendige Krankenbehandlung nachhaltig zu gewährleisten, empfiehlt sich folgende Vorgehensweise: Nach den Vorbereitungsmaßnahmen werden solche Gefangene zum Halbstrafenzeitpunkt in eine entsprechende Maßnahme vermittelt. Dazu wird die Haft per Haftunterbrechung storniert. Bei Misserfolg kehren die Gefangenen in den Vollzug zurück. Bei Erfolg wird die Therapie auf die Haftzeit angerechnet; der Strafrest wird zur Bewährung, ggf. mit Auflage (Nachsorge, Selbsthilfegruppe) ausgesetzt.

c) Leistungen bei Jugendlichen, die für eine abstinenzorientierte Rehabilitationsmaßnahme nicht mehr oder noch nicht in Frage kommen

Sucht- und Drogenabhängige, die aufgrund ihrer langjährigen Suchterfahrungen und gescheiterter Therapieversuche für eine Vermittlung in eine abstinenzorientierte Rehabilitationsmaßnahme nicht mehr in Frage kommen, fallen bisher durch das Raster der Betreuungsarbeit.

Auch Abhängigkeitskranke, für die eine Rehabilitationsmaßnahme bisher nicht in Frage kamen, z.B. weil entsprechende Informationen fehlen, werden i.d.R. von den Betreuungsangeboten nicht erreicht.

Eine Erreichung dieser Klientel wird durch ein Gruppenangebot, das sich speziell den Bedürfnissen der Betroffenen anpasst, möglich.

Exkurs: Gruppengespräche

Gruppengespräche als Methode berücksichtigen, dass die Ursachen von Suchtmittelabhängigkeit u.a. in gestörten Gruppenbeziehungen liegen (Familie, Peergroup etc.). Ziel ist die eigene saluto- und pathogene Entwicklungsgeschichte verständlich und begreifbar werden zu lassen, unter Einbeziehung der vielfältigen Perspektiven und Wahrnehmungen aus der Gruppe (Mehrperspektivität). Im weiteren bieten das Gruppenerleben und der Gruppenprozess in seiner interaktionalen Dynamik die Möglichkeit des Verlernens alter, schädigender Verhaltensweisen und des Erlernens von neuen alternativen Möglichkeiten, Kontakt, Begegnung und Beziehung in einer Gruppe zu gestalten. Die Gruppe dient dem Einzelnen als Identifikations- und Projektionsfeld, als Lernfeld und Übungslabor sowie als Ort, an dem Solidaritätserfahrungen möglich werden. Schutz und Sicherheit als Rahmenbedingungen ermöglichen das Erproben neuer, alternativer Verhaltensweisen; Fremdwahrnehmung und differenziertes Feedback ermöglichen eine realistischere Einschätzung der eigenen Person.

Selbst- und Fremdwahrnehmung werden in den Einzel- und Gruppengesprächen herausgearbeitet, so dass dem Klienten

- Stärken und Schwächen deutlich werden,
- unrealistische Selbstbilder sowie problematisches Sozialverhalten deutlich werden und bearbeitet werden können,
- vorhandene Ressourcen gestützt, neue Ressourcen erarbeitet und die vorhandenen Potentiale gefördert werden können.

Durch die Gruppengespräche eröffnen sich für die Klienten Möglichkeiten,

- sich aktuelles Verhalten und Erleben bewusst zu machen und Hintergründe dafür zu erkennen,
- neue Verhaltensweisen zu erproben,
- solidarisches Handeln zu erfahren und zu fördern, um einen gemeinsamen Weg aus der Abhängigkeitserkrankung zu finden (Solidaritätserfahrung),
- die Vielfalt der Wahrnehmungen zu ergänzen,
- bestehende Beziehungen zu reflektieren,
- positive Veränderungen bei einzelnen Gruppenmitgliedern zu erfahren und damit eine positive, zukunftsgerichtete und hoffnungsvolle Atmosphäre in der Gesamtgruppe zu erleben,

- das Selbsthilfepotential und die Selbstregulationsmechanismen zu verstärken.

Soziales Fertigkeits- und Kompetenztraining im Kontext der Gruppengespräche

Mit diesem Ansatz wird der Blick der Klienten für ihre Ressourcen gezielt gestärkt, damit sie in „alltäglichen" Situationen ihre Kompetenzen handhaben können. Ein besonderer Schwerpunkt ist das Willenstraining, in dem Entscheidungsverhalten, Willenskraft und Durchhaltevermögen in spezifischer Weise vor dem Hintergrund einer Analyse der Willenssozialisation geübt werden.

Ressourcen sind hier die individuellen Fähig- und Fertigkeiten, können aber auch gute Erinnerungen und Beziehungen zu Personen sein, die der einzelne positiv in Erinnerung hat. Die Klienten haben sich i.d.R. als „defizitär" kennen gelernt und erfahren, was sie alles nicht können, nicht bekommen haben und nicht sind. Der Fokus wird hier darauf gerichtet, was der einzelne *ist, kann und hat, aber auch (noch) braucht.*

Die Ressourcen-Analyse ist dabei ein ganz wesentlicher Bereich; 3 Fragen dienen in der Arbeit dabei als Leitfaden:

- Was ist gesund und funktionsfähig?
- Was ist gestört und in seiner Funktion beeinträchtigt?
- Was wäre möglich, was ist noch nicht genutzt und könnte erschlossen oder entwickelt werden?

Da aus vielen Studien bekannt ist, dass bestimmte Bedingungen die Risken für Sucht „puffern" oder die Wahrscheinlichkeit für das Auftreten von negativen Verhaltensweisen minimieren, werden mit dem Klienten Möglichkeiten erarbeitet, wie er aufbauend auf seinen Ressourcen Resilienzen (Schutzfaktoren) entwickeln kann, wie z.B. ein positives Selbstwertgefühl, positive Selbstwirksamkeitserwartungen und ein positives Sozialverhalten.

In der Gruppenarbeit werden gestalttherapeutische, verhaltenstherapeutische und integrative Methoden genutzt, um die Stärkung von Selbstbewusstsein, Erlernen von praktischen Problemlösungsstrategien, adäquater Umgang mit Alltagsproblemen und positivere Sichtweise erreichen zu können.

Ein wesentliches Ziel der Gruppenarbeit ist die Erfahrung von Solidarität, Mitmenschlichkeit, Mitgefühl und eines miteinander Handelns.

Das Gruppenangebot „Motivierung, Information, Ressourcenaktivierung"

Ziele

des Gruppenangebotes „Motivierung, Information, Ressourcenaktivierung" für Sucht- und Drogenabhängige sind,

1. Informationen zu den Themen „Versorgungssysteme" und „Inanspruchnahme unterstützender Institutionen" zu vermitteln.
2. Informationen zum Thema „Gesundheit" zu geben.
3. die eigenen Fähigkeiten, Stärken und Möglichkeiten bewusst zu machen.
4. die Motivation für eine Rehabilitationsmaßnahme zu wecken und die Einzelnen ggf. auf eine Maßnahme vorzubereiten.

Inhalte

des Gruppenangebotes „Motivierung, Information, Ressourcenaktivierung" für Sucht- und Drogenabhängige sind,

- Informationsvermittlung zum Hilfesystem.
- Informationsvermittlung zu Substitution.
- Informationsvermittlung zum Thema „Gesundheit und Krankheit".
- Aufklärung über Krankheiten und Infektionsgefahr.
- Prävention von Krankheiten (HIV, Hepatitis).
- Arbeit mit Ambivalenzen (Vor- und Nachteile der Sucht).
- Ressourcenarbeit und -stärkung.
- Vorbereitung auf bzw. Umgang mit der Entlassung aus der Haft.

8 Präventive Maßnahmen

Prävention zielt auf die generelle Vermeidung auslösender oder vorhandenen Risikofaktoren für bestimmte Krankheiten bzw. Gesundheitsstörungen.

1994 sind Empfehlungen für die Prävention psychischer Erkrankungen erarbeitet worden und es erfolgte die Unterteilung in universelle, selektive und indizierte Prävention von psychischen Störungen (IOM).

Das Ziel aller präventiven Maßnahmen ist die frühzeitige Erkennung einer Erkrankung und die Reduktion der Prävalenz durch Frühintervention/-behandlung.

Die Zielgruppe und ihr Risikolevel sind das zentrale Klassifikationsmerkmal (Gruppe mit erhöhtem Risikopotential, Individuum mit hohem Risiko für Krankheit)

Erweitert werden muss dieses Präventionsverständnis um die „Rückfallprophylaxe".

Seit 2009 steht über dieser Unterteilung als Oberbegriff „Psychische Gesundheitsförderung":

	Ziele
psychische Gesundheitsförderung	- Förderung der Bewältigung von Entwicklungsaufgaben - soziale Integration - Krisenbewältigung
universelle Prävention (= Primärprävention)	- Förderung psychischer Gesundheit und Schaffung entsprechender Rahmenbedingungen - Reduktion psychischer Störungen - verhindern von neuen Fällen psychischer Störungen
selektive Prävention (= Sekundärprävention)	- Förderung von Lebenskompetenz - Förderung der Fähigkeit zur Selbstreflexion - intensive Betreuung - verhindern von neuen Fällen psychischer Störungen - Rückfallprophylaxe
indizierte Prävention (= Tertiärprävention)	- Symptomreduktion oder Verhinderung psychischer Störung bei erkennbaren Verhaltensauffälligkeiten - Förderung von Problembewusstsein - Motivation zur Verhaltensänderung - intensive Betreuung - verhindern von neuen Fällen psychischer Störungen - Rückfallprophylaxe

Abbildung 6: Psychische Gesundheitsförderung, vgl. Klassifikation der *National Academy of Science* (2009)

Ausgangspunkt dieses Präventionsverständnisses ist die Definition von Gesundheit der WHO: „Gesundheitsförderung ist ein Prozess, der Menschen dazu in die Lage versetzen soll, mehr Einfluss auf ihren Gesundheitszustand zu entwickeln und ihre Gesundheit aktiv zu verbessern. Ziel ist die Erreichung eines Zustandes vollständigen körperlichen, geistigen und sozialen Wohlbefindens", der dadurch erreicht werden soll, dass Individuen und Gruppen unterstützt werden, eigene Wünsche wahrzunehmen und zu realisieren, Bedürfnisse zu befriedigen, sowie die Umgebung zu verändern oder sich an diese anzupassen. Gesundheit ist ein positives Konzept, das sowohl soziale und individuelle Ressourcen als auch körperliche Fähigkeiten betont (Definition der „Gesundheitsförderung" im Sinne der „Ottawa Charta" der *WHO*, 1986).

„Gesundheitsförderung und Suchtbehandlung im Jugendalter kann nur gelingen, wenn sie lebensweltliche Bühnen für die jugendliche Selbstdarstellung und Identitätsarbeit zur Verfügung stellt und den Identitätsentwürfen der jungen Menschen ... ausreichend Resonanz und Support gewährt (*Lammel* 2009, 21).

Das heißt,

„Angebote für jugendliche Suchtmittelkonsumenten müssen auch Zugänge zu lustvollen Grenzerfahrungen und Risikoanforderungen, die nicht gesundheitsgefährdend sind, ermöglichen (z.B. erlebnispädagogisch orientierte Angebote)" (vgl. *AG der Spitzenverbände der FW des Landes NRW* 2005).

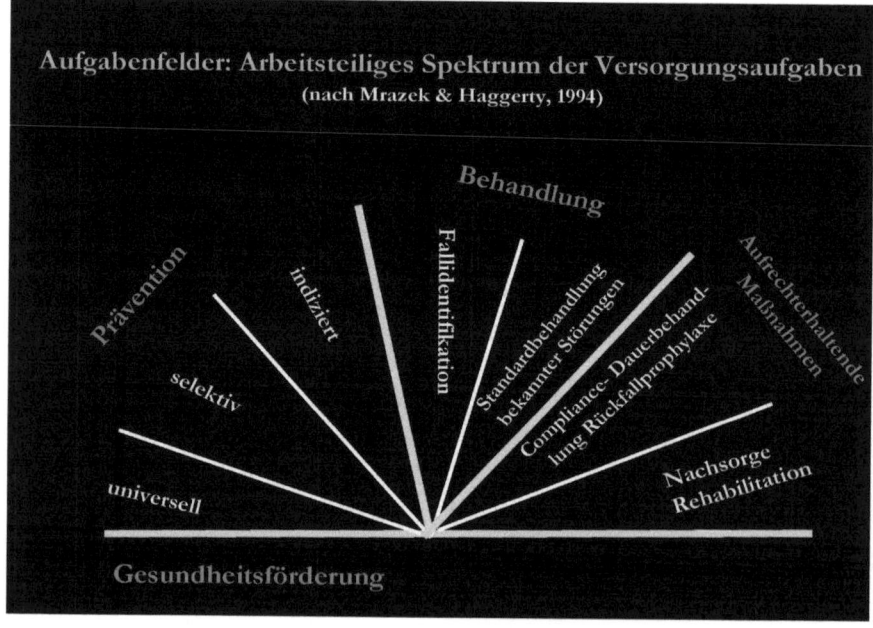

Abbildung 7: „Spektrum der Versorgungsaufgaben", nach *Mrazek & Haggerty* (1994)

Universelle Prävention (= Primärprävention) verfolgt das Ziel, den Einstieg in den Konsum legaler und illegaler Drogen und die Entwicklung stoffgebundener oder stoffungebundener Verhaltensweisen zu verhindern. Primärpräventive Maßnahmen zielen auf die Erweiterung der sozialen und personalen Handlungskompetenzen.

Selektive Prävention (= Sekundärprävention) ist Arbeit mit Menschen, die legale und oder illegale Suchtmittel bereits konsumieren oder riskante/missbräuchliche Konsummuster haben. Entsprechend zielen sekundärpräventive Maßnahmen auf Schadensbegrenzung und Risikominimierung (harm reduction, safer use) und versuchen die Ausweitung und Verfestigung des Konsums zu verhindern.

Indizierte Prävention (= Tertiärprävention) ist Beratung von Menschen, die Wege aus der Sucht suchen. Sie umfasst die Bereiche Entzug, Substitution, Entwöhnung, Adaption und Nachsorge. Ziel ist die Erarbeitung und Sicherung der Abstinenz, Verantwortungsübernahme und Befähigung zur Selbstorganisation ihrer Lebenssituation.

a) Das Rückfallpräventionstraining als Maßnahme in der Betreuung von sucht- und drogenabhängigen Jugendlichen

Der Rückfall ist ein weit verbreitetes Problem, mit dem Sucht- und Drogenabhängige und der mit ihnen in Kontakt kommende Personenkreis früher oder später konfrontiert werden. Die Betroffenen müssen im Prozess des Herauswachsens aus der Sucht mit Rückfällen rechnen und diese als Teil ihrer Erkrankung verstehen lernen. Die Vorbeugung von Rückfällen ist deshalb ein wichtiger und notwendiger Bestandteil sachkundiger Suchtarbeit.

„Wurden Rückfälle ... früher - vor dem Hintergrund unterstellter Motivationsschwäche - vornehmlich sanktioniert ... (sind) über die Neustrukturierung und Differenzierung der Hilfeangebote ... in den jeweiligen Betreuungskontexten rückfallprophylaktische Interventionen und Ansätze entwickelt (worden)" (*Klos, Görgen* 2009, 7).

Der Umgang mit Rückfällen erfordert sowohl von Sucht- und Drogenabhängigen als auch von Mitarbeitern in den Versorgungsinstitutionen eine differenzierte Sichtweise, Beurteilung und Erarbeitung individueller Bewältigungsstrategien, da Rückfälle komplexe, krisenhafte und hochindividuelle Prozesse sind, die aber auch einige Regelhaftigkeiten aufweisen.

Bei Sucht- und Drogenabhängigen ist zu beobachten, dass viele Betroffene unangemessene und z.T. unrealistische Sichtweisen und Glaubenssätze über das

Rückfallgeschehen besitzen und zudem nur über inadäquate Bewältigungs- und Selbstwirksamkeitsmechanismen für diese Situationen verfügen. Sie sind vielfach nicht ausreichend über ihre Erkrankung informiert und nur ungenügend auf drohende und stattfindende Rückfälligkeit vorbereitet.

Zielgruppe

Das Konzept wird von der Leitidee getragen, für Menschen, die aufgrund ihres Suchtmittelkonsums strafrechtlich auffällig geworden sind, frühzeitig ein möglichst kurzes, gezieltes und freiwilliges Angebot zu machen.

Ziele

des Rückfallpräventionstrainings für alkohol- und drogenabhängige Gefangene sind,

1. Entgegenwirkung der Chronifizierung von missbräuchlichem Konsumverhalten.
2. gemäßigter und verantwortungsvoller Suchtmittelkonsum oder Abstinenz.
3. sucht- und drogenabhängige Menschen zu Experten ihrer eigenen Erkrankung zu machen.
4. rückfallvorbeugend zu wirken (Primäre Rückfallprophylaxe).
5. Sucht- und Drogenabhängigen zu helfen, einen angemessenen Umgang mit Rückfällen zu entwickeln (Sekundäre Rückfallprophylaxe)

In dem Rückfallpräventionstraining (vgl. *Körkel, Schindler* 2003) werden die oben aufgeführten Ziele in verschiedenen Themenkomplexen mit folgenden Themenschwerpunkten erarbeitet:

- Grundinformationen über Rückfälligkeit
- Ablehnen von Konsumaufforderungen
- Umgang mit Anerkennung und Kritik
- Umgang mit unangenehmen Gefühlen
- Craving
- Ausgewogener Lebensstil
- „Ausrutscher" und Rückfall und Umgang mit diesen

Ziel ist es, den Rückfall bereits im Prodromalstadium (d.h. bei frühen Anzeichen oder Symptomen) zu erfassen, um frühzeitig entsprechende Bewältigungsstrategien zu entwickeln. Besonders in Phasen von Selbstüberschätzung auf der einen und Resignation auf der anderen Seite sehen sich die Patienten mit Rückfallgedanken und -wünschen sowie der Angst vor einem Rückfall in ihren Alltagssituationen häufig konfrontiert (vgl. ebenda).

Durch das Ausarbeiten eines individuellen „Risikoprofils" werden die Bewältigungsstrategien auf die besondere Problemlage des Klienten abgestimmt. Die Betroffenen werden für künftige Risikosituationen sensibilisiert, um dann gezielte und adäquate Vorbereitungen treffen bzw. Vermeidungsstrategien entwickeln zu können, wobei es im Wesentlichen darauf ankommt, den drohenden (Verhaltensrückfall) wie den akuten Rückfall (Substanzrückfall) in seiner gesamten Dynamik verstehen und akzeptieren zu lernen.

„Ein Blick in die Praxis zeigt ..., (daß) drogenabhängige Menschen ... vielfach nur unzureichend über den Verlauf und die Phänomene ihrer Erkrankung informiert und nur ungenügend auf drohende und stattfindende Rückfälle vorbereitet (sind)" (*Klos, Görgen* 2009, 8).

Ein systematisches Rückfallpräventionstraining ist durch einen psychoedukativen Ansatz und eine Lifespan-Developement-Perspektive unter der expliziten Einbeziehung von Rückfallmanagement gekennzeichnet (vgl. ebenda).

Rückfallprophylaxe muss als Kernaufgabe in der Beratung, Betreuung und/ oder Behandlung suchtmittelabhängiger Jugendlicher verstanden werden, um das Krankheitsverständnis der Klienten auszudifferenzieren.

Inhalte des Rückfallpräventionstraings
(vgl. *Körkel, Schindler* 2003; *Klos, Görgen* 2009)
(insgesamt 16 Sitzungen a 2 Unterrichtsstunden = 90 Minuten)

Modul 1: Einführung in das Rückfallprophylaxe-Training – Grundinformationen
Vermittelt werden Grundinformationen über Rückfälligkeit und damit die Basis für eine realistische Einschätzung der eigenen Rückfallgefährdung.

Modul 2: Wege aus der Abhängigkeit
Die Klienten „gewinnen" eine Vorstellung von der Prozesshaftigkeit von Verhaltensänderungen und „verdeutlichen" sich ihren Standort im Betreuungsprozess.

Modul 3: Resilienzen
Vermittelt wird der Zusammenhang von Persönlichkeit, Lebenskontext und Suchtmittelkonsum. Im Vordergrund der Arbeit stehen die Ressourcenorientierung und die Erarbeitung allgemein wirkender und individueller Schutzfaktoren sowie persönliche Rückfallgefährdungen und Ansatzpunkte für eine gezielte Rückfallvorbeugung zu identifizieren.

Modul 4: Risikofaktoren - Ablehnen von Aufforderungen zum Suchtmittelkonsum
Die Klienten werden für Rückfallgefahren und die Identifizierung von Rückfallrisiken sensibilisiert; Erstellung eines persönlichen Gefährdungsprofils.
    Vermittelt werden Möglichkeiten, Aufforderungen zum Suchtmittelkonsum effektiv abzulehnen, d.h. die Fähigkeit, andere Personen angemessen über die eigene Abhängigkeit zu informieren.

Modul 5: Ambivalenzen
Vermittelt werden die Vor- und Nachteile des Suchtmittelkonsums, der angestrebten Abstinenz. Ziel ist eine selbstbestimmte Entscheidung für oder gegen Abstinenz zu treffen und diese zu festigen.

Modul 6: Strategien für den Umgang mit Suchtdruck - Unangenehme Gefühle:
    Sensibilisierung
Die Klienten entwickeln Strategien, Rückfallsituationen zu vermeiden bzw. ihnen angemessen zu begegnen.
    Vermittelt wird die Fähigkeit, Zugang zu unangenehmen Gefühlen zu finden, die im Alltag belastend wirken, d.h. diese „erkennen" und klar benennen zu können.

Modul 7: Unangenehme Gefühle: Bewältigung
Vermittelt werden Suchtmittelfreie Bewältigungsmöglichkeiten, die es dem Einzelnen erleichtern, mit belastenden unangenehmen Gefühlen umgehen zu können; Abgrenzungs- und Ablehnungstraining.

Modul 8: Konsumformen - Kontrollierter Suchtmittelkonsum
Die Klienten erstellen mit Hilfe eines Fragebogens ihr individuelles Gefährdungsprofil, um „Einsichten" in den Aspekt der Suchtverlagerung zu gewinnen.
    Vermittelt werden eine differenzierte, entdramatisierte Betrachtungsweise des Phänomens „Kontrollierter Suchtmittelkonsum" und Strategien des Umgangs mit Kontrollwünschen.

Modul 9: Kriminalität und Rückfälligkeit
Vermittelt wird der Zusammenhang von potentieller Rückfälligkeit und deviantem Lebensstil; aufgezeigt werden mögliche Gefahren und Schwierigkeiten sowie die Konsequenzen für einen abstinenten Entwicklungsprozess.

Modul 10: Materielle Sicherheit - Ausgewogener Lebensstil
Die Klienten erarbeiten den Zusammenhang der Aspekte „materielle Sicherheit", „Kriminalität" und „Lebensgefühl".

Vermittelt werden Möglichkeiten eines ausgewogenen Lebensstils, in dem Belastungen nicht überwiegen und Entspannungsmöglichkeiten (Fähigkeit zur Stressreduktion) „verankert" sind.

Modul 11: Risikobereitschaft und Rückfall
Die Klienten verdeutlichen sich die persönliche Einschätzung ihrer Risikobereitschaft und stellen den Zusammenhang zu lebensgeschichtlich relevanten Ereignissen her.

Vermittelt werden Möglichkeiten, sich mit den eigenen Vorstellungen und Befürchtungen über persönliche Rückfallverläufe auseinanderzusetzen und Einblick in die Dynamik von Rückfallprozessen, um die Zuversicht zu stärken, (auch) nach einem Rückfall „nicht aufzugeben".

Modul 12: Umgang mit Ausrutscher und Rückfall
Vermittelt werden Möglichkeiten, nach einem Rückfall zur Abstinenz (zurückzukehren", d.h. Stärkung der Resilienz und Selbstwirksamkeitsüberzeugungen.

Modul 13: Gespräche zum Thema Rückfall
Vermittelt werden Möglichkeiten, mit vertrauten Personen über die Möglichkeit eines Rückfalls zu sprechen und sich auf ein solches Gespräch vorzubereiten.

Modul 14: Positive Gefühle
Die Klienten lernen Situationen und Aktivitäten zu erkennen, die mit positiven Gefühlen verbunden sind. Erstellt werden „individuelle Pläne zur Sicherung bzw. Entwicklung von persönlichen Ressourcen".

Modul 15: Anerkennung und Kritik - Belohnung
Vermittelt werden Kompetenzen im Umgang mit Anerkennung/Kritik, d.h. dies auszudrücken bzw. entgegenzunehmen und zu erfahren; wie dies auf andere wirkt.

Die Klienten entwickeln für sich ein realistisches Belohnungssystem, lernen dies zu pflegen bzw. auszubauen.

Modul 16: Behandlung/Betreuung
Vermittelt werden Informationen über die Möglichkeiten der ambulanten und (teil)stationären Angebote des Drogenhilfesystems und die Wirksamkeit der einzelnen Leistungssegmente.

9 Schlussbemerkungen

Die Beratungs- und Betreuungsangebote für suchtmittelkonsumierende und – abhängige Jugendliche im Strafvollzug müssen ausdifferenziert und am Bedarf der Zielgruppe ausgerichtet werden.

Die Handlungsprogramme, die von der Politik (z.B. Entschließung des Rats der Europäischen Union von 2003, Aktionsplan Drogen und Sucht der Bundesregierung von 2003, EU-Drogenaktionsplan 2005-2008; vgl. auch *AG Drogenarbeit und Drogenpolitik NRW e.V.* 2005) entwickelt werden, haben nicht die Neuausrichtung bestehender Arbeitsansätze zum Inhalt, sondern gehen von einer „Verwaltung der bestehenden Angebote" aus und vernachlässigen die fachliche Diskussion über eine bedarfsgerechte Weiterentwicklung der Hilfe- und Leistungsangebote in Bezug auf drogenkonsumierende Jugendliche.

Insbesondere für den Bereich suchtmittelabhängiger Jugendlicher im Strafvollzug muss festgestellt werden, dass die Zielgruppe von den bestehenden Angeboten nur unzulänglich erreicht wird und die Vermittlung in adäquate Hilfeangebote durch die Reglementierungen des Vollzuges verkompliziert und unnötig verzögert wird.

Zunehmend leiden die Jugendlichen unter Symptomen früher Störungen (Hyperaktivität/ADS, Schwierigkeiten im Umgang mit Aggression, psychischen Erkrankungen, Essstörungen, Traumatisierungen, sozialer Isolation, Schulverweigerung u.v.m.; vgl. auch *AG Drogenarbeit und Drogenpolitik NRW e.V.* 2005), und versuchen diesen mit (z.T. sehr massivem) Suchtmittelkonsum i.S. einer Selbstmedikation zu begegnen.

Daraus muss sich die Verpflichtung ableiten, den Hilfesuchenden zum frühestmöglichen Zeitpunkt die optimale Unterstützung anzubieten.

Dabei ist unabdingbare Voraussetzung, dass wir die Lebenswelt dieser Zielgruppe wahrnehmen, erfassen und verstehen, um in der Lage zu sein, den Jugendlichen angemessene Hilfeangebote zu vermitteln.

Das Suchthilfesystem ist insbesondere auch für die Jugendlichen im Strafvollzug zuständig. In Fragen, die über ihre Leistungsangebote nicht abgedeckt werden können, vermittelt das Hilfesystem sie im Sinne des case-managements an die entsprechenden Kooperationspartner und Leistungsanbieter in der Region.

Die Autoren sind der Auffassung, dass erreicht werden muss, das Selbstverständnis von Suchthilfe zu erweitern und das Aufgabenspektrum der Angeboten so weiterzuentwickeln, dass insbesondere auch junge Mensche im Strafvollzug angemessene Möglichkeiten zur Entwicklung (von chancenreichen Lebenslagen) in der Lebensspanne erhalten.

Mit „Konzeptionelle Akzentuierungen in der Betreuung suchtmittelkonsumierender und -abhängiger Jugendlicher im Strafvollzug" haben wir versucht, Möglichkeiten aufzuzeigen, wie unter den Bedingungen des Strafvollzuges Hilfeangebote für suchtmittelkonsumierende/-abhängige Jugendlichen gestaltet werden können.

Literaturhinweise

Arbeitsgemeinschaft Drogenarbeit und Drogenpolitik NRW e.V. (2005): Handlungsperspektiven zu Hilfen und Präventionsmaßnahmen bei drogenkonsumierenden Jugendlichen und jungen Erwachsenen in NRW (unveröffentliches Arbeitspapier)

Arbeitsgemeinschaft der Spitzenverbände der Freien Wohlfahrtspflege des Landes NRW (Arbeitsausschuß Drogen und Sucht/Landesstelle für Suchtfragen NRW) (2005): Früherkennung und Frühintervention bei riskantem Suchtmittelkonsum von Kindern und Jugendlichen, Münsteraner Erklärung, in: http://www.lssh.de/uploads/file/veranstaltungen/2007/Jahresworkshop_05-03-07/muensteraner_erklaerung.150.pdf

akzept e.V. (1995): Materialien Nr. 1 - Leitlinien für die psychosoziale Begleitung im Rahmen einer Substitutionsbehandlung

akzept e.V., Deutsche AIDS-Hilfe e.V., Wissenschaftliches Institut der Ärzte Deutschlands e.V. (2008): 3. Europäische Konferenz zur Gesundheitsförderung in Haft, Berlin, 07. bis 09. November 2007, Dokumentation, Berlin

Amann, U. (2009): Bindungsrepräsentationen suchtmittelabhängiger Jugendlicher und ihrer Eltern, in: http://www.hausarbeiten.de/faecher/vorschau/135249.html, 15.12.2009

Bundesärztekammer (1999): Sicherung und Weiterentwicklung der medizinischen Rehabilitation - Forderungen und Positionen, http://bundesaerztekammer.de/30/Rehabilitation/ 30Forderungen.html

Bundesärztekammer (2002): Richtlinien der Bundesärztekammer zur Durchführung der substitutionsgestützten Behandlung Opiatabhängiger

Bundesärztekammer, Arzneimittelkommission der deutschen Ärzteschaft (2009): Stellungnahme zum Entwurf eines Gesetzes zur diamorphingestützten Substitutionsbehandlung (BT-Drs. 16/11515) sowie zum Entwurf eines Gesetzes über die diamorphingestützte Substitutionsbehandlung (BT-Drs. 16/7249), Anhörung des Gesundheitsausschusses des Deutschen Bundestages am 23.03.2009, Berlin

Bundesausschuß der Ärzte und Krankenkassen (2002): Beschluß zur Neufassung der Substitutionsrichtlinien vom 28.10.2002

Bundesministerium für Gesundheit (BMG) (2008): Neue Zahlen zur „Drogenaffinität Jugendlicher in Deutschland", in: http://www.bmg.bund.de/SharedDocs/Pressemit teilungen/DE/Drogenbeauftragte/2008/PM-14-11-08.html, Pressemitteilungen des BMG vom 14.11.2008 und http://www.bmg.bund.de/cln_178/nn_1605522/ SharedDocs/Downloads/DE/Drogen-Sucht/Drogen_20und_20Sucht_20allgemein /Drogenaffinit_C3_A4tsstudie_202008,templateId=raw,property=publicationFile.pd f/Drogenaffinitätsstudie%202008.pdf

Bundespsychotherapeutenkammer (2006): Psychisch kranke Kinder und Jugendliche schlecht versorgt, BPTK-Newsletter, Ausgabe 1/2006, 3, Berlin

Clauß, A. (2007): Rezension vom 24.04.2007 zu: *Opp, G., Fingerle, M.* (Hrsg.): Was Kinder stärkt. Erziehung zwischen Risiko und Resilienz, Ernst Reinhardt Verlag (München) 2007, 2., völlig neu bearbeitete Auflage, ISBN 978-3-497-01908-3, in: socialnet Rezensionen unter http://www.socialnet.de/rezensionen/4744.php, 09.12.2009

Deutsche AIDS-Hilfe (DAH) e.V. (2008): Betreuung im Strafvollzug, Ein Handbuch, Berlin

Deutsche Hauptstelle für Suchtfragen (DHS) (2000): Positionspapier 2001, Hamm

Europäischer Gerichtshof (2008): Urteil vom 16.102008, NL 2008, S. 290 (NL 08/5/14), Kammer I, Bsw. Nr. 5.608/05, http://www.menschenrechte.ac.at/docs/08_5_14, 27.04.2009

Fachverband Drogen und Rauschmittel e.V. (FDR) (2008): Presseinformation zum 31. Bundesdrogenkongreß, in: http://fdr-online.info/media/pdf-Dateien/Presseinforma tionen/Presseinformation%20BDK%202008.pdf

Gemeinsamer Bundesausschuß (GBA) (2006): Richtlinien des Gemeinsamen Bundesausschusses über die Bewertung ärztlicher Untersuchungs- und Behandlungsmethoden gem. § 135 SGB V (BUB-Richtlinien), Richtlinie Methoden vertragsärztlicher Versorgung in der Fassung vom 17.01.2006, veröffentlicht im Bundesanzeiger 2006; Nr. 48 (S. 1523)

Güntner, H.D. (2007): Korsika - oder „Wie man Pädagogik vermeidet", Erlebnispädagogik - begriffliche und inhaltliche Ortsbestimmung, in: http://www.schule-bw.de/unterricht/paedagogik/erlebnis-paedagogik/korsika/erlebnispaed.htm

Innenministerium des Landes NRW (2007): Gesetz zur Regelung des Jugendstrafvollzuges in Nordrhein-Westfalen (Jugendstrafvollzugsgesetz Nordrhein-Westfalen - JStVollzG NRW), Düsseldorf

Klos, H., Görgen, W. (2009): Rückfallprophylaxe bei Drogenabhängigkeit - Ein Trainingsprogramm, Hogrefe Verlag, Göttingen

Körkel, J., Schindler, C. (2003): Rückfallprävention mit Abhängigen - Das strukturierte Trainingsprogramm S.T.A.R., Springer Verlag, Berlin

Krausz, M., Schäfer, I., Lucht, M., Freyberger, H.J. (2005): Suchterkrankungen, in: *Egle, U.T., Hoffmann, S.O., Joraschky, P.* (2005): Sexueller Mißbrauch, Mißhandlung, Vernachlässigung, Schattauer, Stuttgart, 483-498

Literaturhinweise

Lammel (2003): Entwicklungspyramide, in: Jugendliche Drogenkonsumenten - Bedarfe der Zielgruppe und Anforderungen an geeignete Angebote, www.ag-dropo.de/ material/lammel%2028.11.08.pdf

Lammel (2009): Jugendkulturen und Suchtmittelaffinität, in: Wissenschaftliche Gespräche der DG-Sucht am 04.12.2009 „Jugend zwischen Abstinenz und Abhängigkeit - Sozialwissenschaftliche Erkenntnisse zum Suchtmittelkonsum Jugendlicher" (unveröffentl. Vortrag)

Mrazek, P.J., Haggerty, R.J. (1994): Arbeitsteiliges Spektrum der Versorgungsaufgaben, in: *Röhrle, B. (2006):* Prävention und Gesundheitsförderung im Kontext von Psychotherapie, in: http://www.ptk-bayern.info/startseite/archiv_nachrichten/2006/07-12_10_06_Bericht_zum_LLPT_Folien.pdf

Petzold, H.G. (1997): Das Ressourcenkonzept in der sozial interventiven Praxeologie und Systemberatung. *Integrative Therapie* 4, Paderborn, 435-471

Petzold, H.G. (2003a): Integrative Therapie, 3 Bde, überarb. und erg. Neuauflage, Junfermann, Paderborn

Petzold, H.G. (2004): Drogenabhängigkeit als Krankheit, in: *Petzold, H. G., Schay, P.* (Hrsg.) (2004): Integrative Suchttherapie - Methoden, Praxis, Forschung, VS Verlag für Sozialwissenschaften, Wiesbaden, 513-532

Petzold, H.G. (2005s): Qualität in Therapie, Selbsterfahrung und Ausbildung. Ergebnisse einer Ausbildungsevaluation (n=7068) und Instrumente der Qualitätsdokumentation: EAG-Stundenbegleitbogen, IT-Checkliste, IT-Therapieprozeßdokumentation, in: *Integrative Therapie* 3/2005, Junfermann, Paderborn, 294-326

Petzold, H.G., Schay, P. (Hrsg.) (2006): Integrative Suchtarbeit - Innovative Modelle, Praxisstrategien und Evaluation, VS Verlag für Sozialwissenschaften, Wiesbaden

Petzold, H. G., Schay, P. (Hrsg.) (2007): Integrative Suchttherapie - Methoden, Praxis, Forschung, 2. überarb. Auflage, VS Verlag für Sozialwissenschaften, Wiesbaden

Petzold, H.G., Schay, P.; Hentschel, U. (2004): Niedrigschwellige und karrierebegleitende Drogenarbeit als Elemente einer Gesamtstrategie der Drogenhilfe. in: *Petzold, H.G., Schay, P.; Ebert, W.* (Hrsg.): Integrative Suchttherapie, VS Verlag für Sozialwissenschaften, Wiesbaden, 79-107

Pressemitteilung der Drogenbeauftragten der Bundesregierung (2002): Richtlinien über die Bewertung ärztlicher Untersuchungs- und Behandlungsmethoden bei der substitutionsgestützten Behandlung Opiatabhängiger, Berlin

Robert Koch Institut (2004): Schwerpunktbericht der Gesundheitsberichterstattung des Bundes, Gesundheit von Kindern und Jugendlichen, Berlin

Schay, P. (2006): Psychosoziale Betreuung Substituierter - Leitlinien und Finanzierungsmodelle, in: *Schay, P.* (Hrsg.) (2006): Innovationen in der Drogenhilfe - Beispiele alternativer Finanzierungsmöglichkeiten und inhaltlicher Weiterentwicklung, VS Verlag für Sozialwissenschaften, Wiesbaden

Schay, P., Liefke, I. (2009): Sucht und Trauma - Integrative Traumatherapie in der Drogenhilfe, VS-Verlag für Sozialwissenschaften, Wiesbaden

Schay, P., Pultke, U. (2006): Integrative Arbeit mit jungen drogenkonsumierenden/-abhängigen Menschen - Hilfen/Leistungsangebote/Präventionsmaßnahmen bei drogenkonsumierenden/-abhängigen Jugendlichen, in: *Schay, P.* (2006): Innovationen in der Drogenhilfe, VS-Verlag für Sozialwissenschaften, Wiesbaden, 117-164

Scheiblich, W., Petzold, H.G. (2006): Probleme und Erfolge stationärer Behandlung drogenabhängiger Menschen im Verbundsystem - Förderung von „REGULATIONSKOMPETENZ" und „RESILIENZ" durch „komplexes Lernen" in der Karrierebegleitung, in: *Petzold, H.G., Schay, P., Scheiblich, W.* (Hrsg.) (2006): Integrative Suchtarbeit, VS Verlag für Sozialwissenschaften, Wiesbaden, 477-532

Schepker, R. (2005): Psychische Folgen von Drogenkonsum Jugendlicher, (unveröffentl.) Powerpoint-Präsentation, zfp-weissenau, Wangen im Allgäu

Sell, St. (2008): Vision sozialer Dienstleistungen und beschäftigungspolitischer Modelle für Suchtkranke im SGB II, in: Remagener Beiträge zur aktuellen Sozialpolitik 02-2008, Koblenz

Stöver, H. (2007): Substitution in Haft Deutsche, AIDS-Forum DAH, Band 52, Berlin

Thomasius, R. et al. (2001): Anhaltende neurotoxische Schäden durch Ecstasy. Dt. Ärzteblatt 98, Heft 47 vom 23.11.2001, Seite A-3132

Thomasius, R. et al. (2003): Suchtstörungen, in: *Herpertz-Dahlmann, B., Resch, F., Schulte-Markwort, M., Warnke, A.* (2003): Entwicklungspsychiatrie - Biopsychologische Grundlagen und die Entwicklung psychischer Störungen, Schattauer, 693-726

Universität Hamburg (2009): Drogenabhängige im Strafvollzug, in: http://www.kriminologie.unihamburg.de/wiki/index.php/Drogenabh%C3%A4ngige _im_Strafvollzug

Wanke, K., Täschner, K.L. (1985): Rauschmittel: Droge-Medikament-Alkohol, Enke, Stuttgart

WAZ (2010): Milliardengrab Alkohol, 07.04.2010

wikipedia (2007): Erlebnispädagogik, in: http://de.wikipedia.org/wiki/Erlebnispaedagogik

Psychosoziale Betreuung Substituierter im Drogenhilfesystem Herne

Peter Schay

1	Vorbemerkungen	54
2	Drogenhilfesystem Herne	55
3	Historie der Substitutionsbehandlung	57
4	Standards der Substitutionsbehandlung	58
5	Behandlung suchtkranker Menschen im Rahmen einer Substitutionsbehandlung	60
6	Suchtmedizinische Versorgungsqualität	68
	6.1 Behandlungspraxis bei Beikonsum	72
7	PSB = verpflichtender Bestandteil der Substitutionsbehandlung	74
	7.1 Substitutionsbehandlung im Vollzug	76
8	PSB-Kernleistungen	80
9	Angebote zur beruflichen (Wieder-)Eingliederung substituierter Abhängigkeitskranker	81
10	Grundlagen der Finanzierung/PSB-Fachkräfte	85
11	Zusammenfassung	86
	Literaturangaben	92

1 Vorbemerkungen

Im Mittelpunkt rehabilitativer Zielsetzungen steht nach dem SGB IX die Selbstbestimmung und gleichberechtigte Teilhabe am Leben in der Gesellschaft zu fördern sowie Benachteiligungen zu vermeiden oder ihnen entgegenzuwirken. Leistungen zur sozialen und medizinischen Rehabilitation behinderter oder von Behinderung bedrohter Menschen werden erbracht, um Behinderungen einschließlich chronischer Krankheiten abzuwenden, zu beseitigen, zu mindern, auszugleichen, eine Verschlimmerung zu verhüten oder um Einschränkungen der Erwerbsfähigkeit zu vermeiden, zu überwinden, zu mindern, eine Verschlimmerung zu verhüten.

Die Sekundärwirkungen anhaltender Chronifizierung von Erkrankungen mit zunehmenden körperlichen, psychischen und psychosomatischen Folgeerkrankungen, gilt es durch systematischen Ausbau rehabilitativer Ansätze und Strukturen mit dem Fokus auf Erhalt der körperlichen und psychomentalen Fähigkeiten zur Selbstversorgung soweit wie möglich zu verhindern bzw. zu mindern.

Die derzeitige Situation im Hinblick auf Zugangs- und Zuständigkeitsfragen von Leistungen zur Rehabilitation und Teilhabe ist geprägt von Regelungen im Rahmen des gegliederten Systems. Kritik erwächst aus dem Umstand, dass sektorale und trägerspezifische Besonderheiten in den Bereichen Rehabilitations-Zugang, Rehabilitations-Ziele und Rehabilitations-Leistungen der Umsetzung des übergeordneten, umfassenden Teilhabegedankens, der Ausrichtung auf ein gemeinsames Rehabilitations-Ziel (gem. § 10 SGB IX) im Wege stehen.

Der individuelle Bedarf einer Rehabilitation wird sich nicht so sehr nach der Krankheitsdiagnose richten, sondern nach der konkreten Beeinträchtigung der Aktivität und der Teilhabe des Einzelnen in Verbindung mit seiner persönlichen Konstitution und Anschauung (personbezogene Kontextfaktoren) und den Umweltfaktoren. Die Behinderung eines Klienten kann als das Ergebnis der negativen Wechselwirkung zwischen einem Gesundheitsproblem (der Krankheit) dieser Person und ihren Kontextfaktoren auf die funktionale Gesundheit angesehen werden. Daher werden die Auswirkungen einer Beeinträchtigung der Gesundheit in sehr unterschiedlichem Maße auch von Umweltfaktoren (u. a. auch wirtschaftlichen wie z.B. dem Arbeitsmarkt) und der gesellschaftspolitischen Situation (z.B. demographischer Wandel) einer Region oder eines Landes abhängen. Bei der Weiterentwicklung der Leistungsangebote der sozialen und medizinischen Rehabilitation wird dies inhaltlich und strukturell berücksichtigt werden müssen.

2 Drogenhilfesystem Herne

Der Herner Therapieverbund bietet zahlreiche Möglichkeiten, den Bedürfnissen und Notwendigkeiten der einzelnen suchtkranken Person gerecht zu werden. Im Sinne einer Rehabilitation in unterschiedlichen Formen/Settings ist es möglich, Schritte in die eine oder auch andere Richtung vorzunehmen. Bei Rückfällen kann der Patient an jedem Punkt aufgefangen und adäquat der individuellen Situation entsprechend behandelt und unterstützt werden. Das Verbundsystem bietet im Sinne eines Netzwerks dem Einzelnen differenzierte Behandlungsmöglichkeiten und dadurch ein hohes Maß an Sicherheit und Schutz.

In den Leistungsangeboten gehen wir „von der Grundposition aus, dass Suchtarbeit/-therapie nur eine optimale, nachhaltige Qualität gewinnen kann, wenn sie im Rahmen vernetzter Strukturen als Hilfen, Unterstützung, Förderung, Entwicklungsarbeit über angemessene Zeitstrecken durchgeführt wird, in Verbundsystemen, in denen Maßnahmen der Hilfeleistungen als „Ketten supportiver und protektiver Einflüsse" ... zum Tragen kommen, die sich den „Verkettungen unglücklicher, kritischer und belastender Umstände" („chains of risks, adverse and critical events", *Petzold, Müller* 2004) entgegenstellen" (*Scheiblich, Petzold* 2006, 477).

Mit seinen Diensten und Einrichtungen und den darin tätigen Mitarbeitern, aber auch in seinem klientenzentrierten, integrativ orientiertem theoriegeleiteten Handeln versteht sich der Verbund für die Patienten als ein „tragfähiges" soziales Netz, das als *„professioneller Konvoi von Helfern und Hilfsagenturen"* (vgl. *Petzold* 2004) Sicherheit und Stabilität, Unterstützung und Begleitung, Behandlung und Förderung bietet.

Abbildung 1: Netzwerk „Therapieverbund Herne"

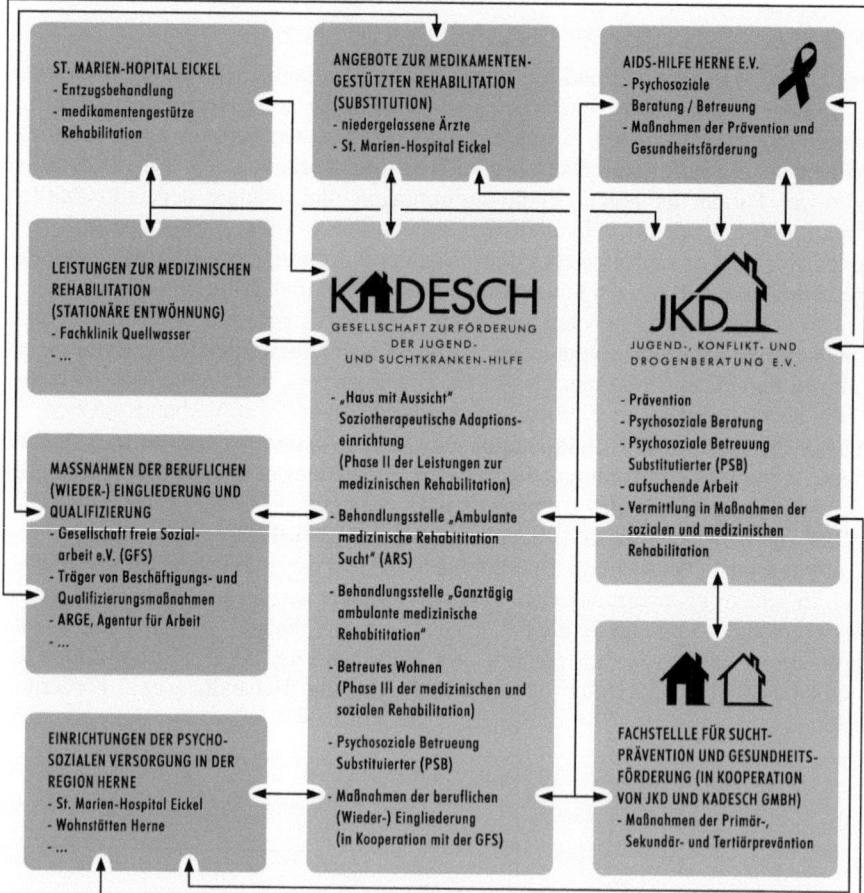

Die Leistungsangebote der Kadesch GmbH und Jugend-, Konflikt- und Drogenberatung e.V. werden in verschiedenen „Fachbereichen" realisiert, wobei im Kontext einer Substitutionsbehandlung der Bereich „Psychosoziale Betreuung" relevant ist.

3 Historie der Substitutionsbehandlung

Mary Nyswander und *Vincent Dole* entwickelten 1963 das Konzept der Methadon-Erhaltungs-Behandlung. Als Erfolgsparameter galten physische Stabilisierung, soziale und berufliche Integration, Entkriminalisierung und Herauslösung aus dem Drogenmilieu. Die Erfolge dieser Behandlungsform führten 1970 zur Anerkennung der Methadonbehandlung als eine zweckmäßige Behandlungsform durch die New York State Medical Society.

Als Folge der sich entwickelnden Ausbreitung der Substitutionsbehandlung, der unzureichenden personellen Ausstattung der Projekte und Kontrolle der Einnahme des Substitutes wurden 1974 in den USA mit dem Narcotic Addict Treatment Act einheitliche Mindestanforderungen und Behandlungsregeln für die Methadonsubstitution eingeführt.

In Deutschland stellte die Beraterkommission des Bundesgesundheitsamtes fest, dass die Anwendung von morphin-ähnlichen wirkenden Substanzen zur Behandlung Drogenabhängiger ärztlich nicht begründet und als kunstfehlerhaft zu begutachten ist (vgl. *Ullmann* 2009, A 874). Kam der 77. Deutsche Ärztetag (1975) noch zu dem Schluss, dass eine Substitutionsbehandlung nur unter ganz bestimmten Voraussetzungen zu erwägen sei, stellte der 81. Deutsche Ärztetag (1978) fest, dass diese Behandlungsform abzulehnen sei.

Der Bundesgerichtshof urteilte 1979: „Bei jedem Opiatabhängigen besteht infolge der krankheitsbezogenen Einschränkung seiner Willensfreiheit eine sehr erhebliche Wahrscheinlichkeit dafür, dass er ein ihm verschriebenes Betäubungsmittel nicht als Heilmittel, sondern als Suchtmittel verwendet."

Erst mit dem Betäubungsmittelgesetz (1981) wurde rechtlich klargestellt, dass eine Substitutionsbehandlung unter bestimmten Voraussetzungen zulässig ist.

Unabhängig von der Rechtslage lehnte die Kassenärztliche Bundesvereinigung noch 1988 diese Behandlungsmöglichkeit ab, da diese pharmakologisch unwirksam sei.

Durch die Richtlinien für die gesetzlichen Krankenkassen in der Fassung vom 02.07.1991 entstand dann erstmals die Möglichkeit, die Methadonbehandlung als Leistung der gesetzlichen Krankenkassen durchzuführen.

> „Aber nach der Betäubungsmittel-Verschreibungsverordnung (BtMVV) ist die Behandlung der Opiatabhängigkeit nur mit dem Ziel der schrittweisen Wiederherstellung der Betäubungsmittelabstinenz erlaubt. ... Zu den wesentlichen Zielen (gehören), dass sich der Patient aus der Drogenszene herauslöst und seinen Arbeitsplatz behält" (*Ullmann* 2009, A 874/A 876),

bzw. die berufliche Wiedereingliederung angestrebt wird und die Abstinenz.

„Der Bundesgerichtshof (BGH) bestätigte in 2008 eine Entscheidung des Landgereichtes Hanau, wonach bei einer von den Richtlinien abweichenden Substitutionsbehandlung überhaupt keine ärztliche Behandlung vorliege" (ebenda, A 876).

4 Standards der Substitutionsbehandlung

„Die Standards der Substitutionsbehandlung basieren u.a. auf
- Richtlinien der Bundesärztekammer zur Durchführung der substitutionsgestützten Behandlung opiatabhängiger (BÄK 2002)
- Richtlinien über die Bewertung ärztlicher Untersuchungs- und Behandlungsmethoden (BUB-Richtlinien) (Bundesausschuss der Ärzte und Krankenkassen 2003)
- Handbuch Qualitätssicherung in der ambulanten Substitutionstherapie Opiatabhängiger (ASTO-Handbuch) (ÄK Westfalen-Lippe 2001)
- Leitlinien der Arbeitsgemeinschaft der Wissenschaftlichen Medizinischen Fachgesellschaften e.V. (AWMF) zur postakuten Behandlung Opiatabhängiger (Havemann-Reinecke u.a. 2004)
- Veröffentlichungen von Mitgliedern der Deutschen Gesellschaft für Suchtmedizin (Gölz 1999, Gölz 2000, Backmund u.a. 2006)
- Konsens-Texte der Weltgesundheitsorganisation (WHO/UNODC/UNAIDS 2004)
- Betäubungsmittel-Verschreibungsverordnung (BtMVV) (Lander/Möller 2001)"
(*Stöver* 2007, 11ff)[1].

„Wissenschaftliche Erkenntnisse und über 25jährige praktische Erfahrungen zeigen, dass die Substitution
- eine sichere Behandlungsform darstellt,
- eine Reduktion des Heroinkonsums sowie der Mortalität und Morbidität bewirkt,
- das Risiko einer HIV-Infektion minimiert,
- zu einer Senkung der Zahl drogenkonsumbedingter Todesfälle beiträgt,
- die Patient(inn)en in Behandlung zu halten vermag,
- die physische und psychische Gesundheit sowie die Lebensqualität der Patient(inn)en steigert,
- zur Reduktion der Kriminalität und Wiederinhaftierung beiträgt,

---

[1] Die *Bundesärztekammer (BÄK)* hat 2010 die Richtlinien zur Durchführung der substitutionsgestützten Behandlung Opiatabhängiger novelliert; hierzu vgl. auch 5.

- kostengünstig ist,
- zu positiven Ergebnissen innerhalb verschiedener kultureller Zusammenhänge führt" (*Stöver* 2009).

Die Substitutionsbehandlung und die Anzahl der Substitutionspatienten haben im Versorgungssystem zunehmend an Bedeutung gewonnen:

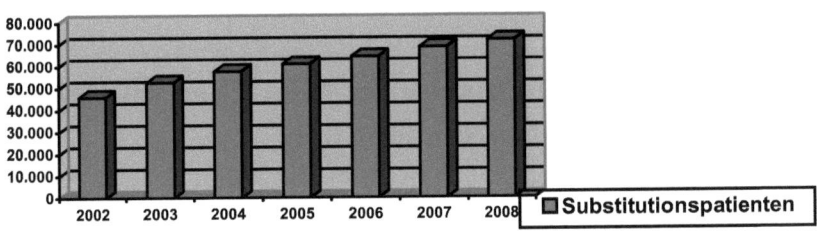

Abbildung 2: *Schaubild:* Anzahl gemeldeter Substitutionspatienten in Deutschland (*Stöver* 2009)

„Nach 5 Jahren Substitution muß der Arzt eine Prüfung der Behandlung veranlassen und gegenüber der Kassenärztlichen Vereinigung und der Krankenkasse Qualitätsstandards nachweisen (erstmals zum 31.12.2004). Dazu gehört auch eine Bescheinigung über die Teilnahme an psychosozialer Betreuung" (*Suchtbericht 2005 der Stadt Hamm*, zitiert nach: http://www.hamm.de/pdf/sucht-bericht.pdf).

Im Gesetz zur diamorphingestützten Substitutionsbehandlung ist dies präziser gefasst:

„Die Behandlung ... ist nach jeweils spätestens zwei Jahren Behandlungsdauer (durch Einholung einer Zweitmeinung) daraufhin zu überprüfen, ob die Voraussetzungen für die Behandlung noch gegeben sind und ob die Behandlung fortzusetzen ist (und ggf. zu beenden)" (*Deutscher Bundestag*, Drucksache 16/11515 vom 19.12.2008, Artikel 3, 5d (9d) und A. Allgemeines, II. d).

Dementsprechend wird auch die Bedeutung der Psychosozialen Betreuung (PSB) hervorgehoben, d.h.
- die PSB-Fachstelle muss in das örtliche Drogenhilfesystem eingebunden sein und

- die PSB ist in den ersten 6 Monaten der Behandlung „obligatorisch" (vgl. ebenda, A. Allgemeines II. b und II. d).

Diese Vorgaben für den behandelnden Arzt und die PSB-Fachstelle müssen als Mindeststandard einer Substitutionsbehandlung gesehen werden, da die zu behandelnde Opiatabhängigkeit i.d.R. mit somatischen und psychiatrischen Folgeerkrankungen einhergeht.

5 Behandlung suchtkranker Menschen im Rahmen einer Substitutionsbehandlung

„Dass Drogenabhängigkeit eine schwere Krankheit darstellt und dass die damit einhergehende körperlich-gesundheitliche sowie psychische Verwahrlosung einschließlich des suchtbedingten Beschaffungszwangs einem Leben in Würde entgegensteht, ist evident und bedarf keiner näheren Erläuterung. Folglich begründen Art. 2 Abs. 2 S. 1 GG in Verbindung mit Art. 1 Abs. 1 GG ... eine besondere Verantwortung ..., deren angemessene medizinische Versorgung sicher zu stellen" (*Rottmann* 2007, 5).

„Das alleinige Auswechseln des Opiats durch ein Substitutionsmittel stellt jedoch keine geeignete Behandlungsmethode dar" (Präambel der *Richtlinien des Gemeinsamen Bundesausschusses über die Bewertung ärztlicher Untersuchungs- und Behandlungsmethoden gem. § 135 SGB V (BUB-Richtlinien)* 2006).

„Die Richtlinie regelt die Voraussetzungen zur Durchführung der substitutionsgestützten Behandlung ... bei manifest opiatabhängigen in der vertragsärztlichen Versorgung" (ebenda, § 1).

„Bei Einleitung einer Substitution dokumentiert und begründet der Arzt die festgestellte medizinische Indikation und die im Rahmen des umfassenden Therapiekonzepts vorgesehenen weiteren medizinischen Behandlungsmaßnahmen ... . Darüber hinaus ist in der Dokumentation anzugeben, durch welche Stelle die begleitende psychosoziale Betreuung durchgeführt wird. Eine aktuelle schriftliche Bestätigung der psychosozialen Beratungsstelle über die Aufnahme oder die Fortführung einer psychosozialen Betreuung ist der Dokumentation beizufügen. Ist ausnahmsweise keine psychosoziale Betreuung erforderlich, ist dies durch die psychosoziale Beratungsstelle schriftlich zu bestätigen" (ebenda, § 7).

Auch die Bundesärztekammer (BÄK) und die Arzneimittelkommission der deutschen Ärzteschaft (AkdÄ) weisen in ihrer Stellungnahme (2009, 3) zur Substitutionsbehandlung darauf hin, dass durch eine gesetzliche Sicherstellung der psychosozialen Betreuung substituierter Drogenabhängiger „deutliche Behandlungsverbesserungen ... erwartbar wären", d.h. „eine angemessene psychosoziale Betreuung muß regelhaft vorgehalten werden ... und ein dauerhaftes Element der Behandlung ... darstellen".

Mit der Novellierung der Richtlinien zur Durchführung der substitutionsgestützten Behandlung Opiatabhängiger hat der Vorstand der *BÄK* 2010 die Bedeutung der psychosozialen Betreuung für einen Behandlungserfolg eindeutig bestätigt, d.h.
- der Arzt hat darauf hinzuwirken, dass der Patient mit der entsprechenden Einrichtung Kontakt aufnimmt,
- in der Einrichtung Art und Umfang der PSB abgeklärt wird,
- die Behandlungsziele im Einzelfall konkretisiert und an der gegenwärtigen Situation des Patienten ausgerichtet werden,
- PSB nach den von der Drogenhilfe erarbeiteten Standards erfolgt.

„Zur Abwehr akuter gesundheitlicher Gefahren kann die Substitution ausnahmsweise auch dann erfolgen, wenn und solange eine PSB nicht möglich ist. Eine evtl. erforderliche psychiatrische oder psychotherapeutische Behandlung kann eine erforderliche PSB nicht ersetzen" (ebenda, 4).

„Die Maßnahmen zur Qualitätssicherung ... der substitutionsgestützten Behandlung umfassen insbesondere ... die Erstellung eines individuellen Therapieplanes ... (und) die Festlegung der psychosozialen Betreuung. ... Praxen ..., die mehr als 50 Opiatabhängige substituieren, sollen im Rahmen einer geregelten Kooperation die psychosozialen Begleitmaßnahmen integrieren" (*BÄK* 2010, 14).

Eine Opioidabhängigkeit ist aufgrund ihres komplexen Erscheinungsbildes und ihrer differenzierten Ursachenstruktur eine Krankheit, die mit dem Ziel der Abstinenz oder mit dem Ziel die Abhängigkeit medikamentös zu beeinflussen (Substitutionsbehandlung) der Behandlung bedarf (vgl. *Michels* et al. 2009, *Schay* 2006), insbesondere um auch die durch eigene traumatisierende Erfahrungen, schwere psychische Probleme (Komorbidität) und Vor- und Folgeerkrankungen (wie HIV-/HCV-Infektionen) gegebenen Einschränkungen behandeln und eine Betreuung der mit der Abhängigkeit verbundenen psychosozialen Probleme gewährleisten zu können (vgl. ebenda).

Die Behandlung suchtkranker Menschen im Rahmen einer Substitutionsbehandlung ist mit der Behandlung anderer schwerer chronischer Erkrankungen gleichzustellen. Insoweit ist die Substitutionsbehandlung „für die Drogenhilfe unverzichtbar und zentraler Bestandteil aller Maßnahmen der „Schadensminimierung" (harm reduction), die Menschen unabhängig von ihrem Abstinenzwillen und ihren Abstinenzmöglichkeiten Hilfen zum (gesunden) Überleben anbieten" (*Michels* et al. 2009, 112); d.h. eine Substitutionsbehandlung ohne kompetente Berücksichtigung der individuellen psychosozialen Situation muss erfolglos bleiben.

„Primäre Ziele sind das Überleben des Drogenabhängigen, eine Reduktion des Drogenkonsums bzw. die Freiheit von Beikonsum sowie eine gesundheitliche und soziale Stabilisierung (Unterkunft, Lebensunterhalt, Freunde). Neben dem Drogenmißbrauch gibt es häufig auch andere Störungen (Komorbidität), die einer Lösung bedürfen" (*Küfner, Ridinger* 2008, 27ff).

„Allgemeines Ziel ist, den Klienten bei der Bewältigung von aktuellen Störungen und daraus resultierenden Belastungen und Problemen zu unterstützen und die Wahrscheinlichkeit für das Auftreten neuer Belastungen und Probleme zu reduzieren bzw. besser erträglich zu machen" (ebenda, 36).

Als äußerst problematisch ist in diesem Kontext, dass „die durchschnittliche Arzt-Patienten-Relation von 1:21 (im Jahr 2003) auf 1:28 (im Jahr 2008) angestiegen ist" und „sich die Versorgungssituation weiter verschärfen wird" (*Schulte* et al. 2009, 125ff).

„Strukturelle Verbesserungsvorschläge ... (müssen insbesondere) auf einen quantitativen Ausbau der psychosozialen Betreuung" (ebenda) und aufgrund der Prävalenz schwerer psychiatrischer Begleiterkrankungen eine Verbesserung der Kooperationsmöglichkeiten mit den psychiatrischen Fachpraxen/-krankenhäusern abzielen.

„Für die substitutionsgestützte Behandlung mit zusätzlicher psychosozialer Betreuung konzentrieren sich die Ziele international auf die Parameter „Verbleib in der Behandlung", „Haltekraft der Behandlung" und Reduktion des illegalen Opiatkonsums". Weitere Bereiche ... sind: ... Gesundheitsverbesserungen, Mortalität und Delinquenzentwicklung" (*Michels*, 116-117).

Übereinstimmend kommen Fachleuten zu dem Ergebnis, dass „die sozialen und psychotherapeutischen Maßnahmen ... (dabei) stark im Vordergrund stehen sollten" (*Küfner, Ridinger* 2008, 5).

Die Untersuchung von *Grosse Holtforth* et al. (2007) zeigt, dass bei Abhängigkeitskranken die Veränderung des Suchtverhaltens das dominierende Therapieziel ist, dabei aber nicht übersehen werden darf, dass es weitegehende Ziele gibt, die die Patienten erreichen wollen (vgl. auch *Grosse Holtfort, Grawe* (2002): Berner Inventar von Therapiezielen).

„Behandlungsziele beziehen sich einerseits auf Symptome und Störungen und andererseits auf die elementaren Ressourcen zur Lösung von Problemen und Aufgaben. Primäres Behandlungsziel ist nicht, die Probleme des Patienten zu lösen, sondern auf einer Metaebene den Patienten zu befähigen, mit diesen Problemen selbst und mit Hilfe seines sozialen Umfeldes fertig zu werden" (ebenda, 65).

Lebensbereich	Problembeurteilung (0 = kein Problem, 5 = sehr großes Problem)	Beispiele
Alltagssituation	☐-----☐-----☐-----☐-----☐-----☐ 0 1 2 3 4 5	• Erledigung administrativer Angelegenheiten • Alltagsstrukturierung (Freizeit, Ernährung)
Wohnsituation	☐-----☐-----☐-----☐-----☐-----☐ 0 1 2 3 4 5	• unsichere oder keine Wohnung • Zusammenleben mit Anderen
finanzielle Situation	☐-----☐-----☐-----☐-----☐-----☐ 0 1 2 3 4 5	• Sicherung des Lebensunterhaltes? • Schulden? • Probleme im Umgang mit Geld?
rechtliche Situation	☐-----☐-----☐-----☐-----☐-----☐ 0 1 2 3 4 5	• drohende Anklagen? • aktuelle Strafbefehle? • Bewährungsauflagen?
Arbeits-/ Ausbildungssituation	☐-----☐-----☐-----☐-----☐-----☐ 0 1 2 3 4 5	• Arbeitslosigkeit? • Überforderung am Arbeitsplatz? • Unzufriedenheit mit Arbeitsbedingungen?
Körperliche Situation		
Gesundheitszustand	☐-----☐-----☐-----☐-----☐-----☐ 0 1 2 3 4 5	• häufige oder chronische Krankheit • Risikofaktoren (z.B. Bluthochdruck)
Gebrauch psychotroper Substanzen	☐-----☐-----☐-----☐-----☐-----☐ 0 1 2 3 4 5	• häufiger Konsum, Abhängigkeit • Folgeerkrankungen • soziale Konflikte wegen Konsum
Psychische Situation		
Selbstwertgefühl, Grundstimmung	☐-----☐-----☐-----☐-----☐-----☐ 0 1 2 3 4 5	• Unzufriedenheit mit sich selbst • Minderwertigkeitsgefühle • Niedergeschlagenheit
Selbstkontrolle (Steuerung von Gefühlen und Gedanken)	☐-----☐-----☐-----☐-----☐-----☐ 0 1 2 3 4 5	• Ausdruck von Gefühlen • Kontrolle von Gefühlen: Panik, Zwänge, Aggression • Selbstmordgedanken • Kontrolle von Gefühlen: Panik, Zwänge, Aggression

Realitätsbezug	□-----□-----□-----□-----□-----□ 0 1 2 3 4 5	• Störungen der Wahrnehmung: Sehen, Hören, Fühlen, ... • Probleme mit dem Gedächtnis, der Konzentration, dem Denken ... • Personen und soziale Regeln verstehen
Beziehungssituation		
Partnerbeziehung	□-----□-----□-----□-----□-----□ 0 1 2 3 4 5	• Konflikte mit Partner • nicht verarbeitete Trennung • Drohungen mit Gewalt
Familie	□-----□-----□-----□-----□-----□ 0 1 2 3 4 5	• Konflikte mit Familie • aktueller Missbrauch
Freunde	□-----□-----□-----□-----□-----□ 0 1 2 3 4 5	• Konflikte mit Freunden • nicht verarbeitete Trennung • keine Freunde
Soziokulturelle Situation		
(Druck des sozialen Umfeldes)	□-----□-----□-----□-----□-----□ 0 1 2 3 4 5	• Probleme aufgrund politischer, religiöser oder kultureller Wertvorstellungen (z.B. bei Migranten, Asylbewerbern) • Unvereinbarkeit verschiedener sozialer Rollen (z.B. Beruf vs. Arbeit)

Abbildung 3: PREDI Problemliste Klient (ebenda, 223)

Die medikamentengestützte Rehabilitation beinhaltet also neben der Verabreichung des Substitutes (= medizinische Behandlung in der Arztpraxis) die Psychosoziale Betreuung (= Begleittherapie in der PSB-Fachstelle).

Nur die enge Verbindung dieser beiden Behandlungselemente gewährleistet, dass der Klient die für ihn notwendige Behandlung erhält.

Ungeachtet dieser Tatsache, ist jedoch festzustellen, dass die substituierenden Ärzte einerseits auf die Einhaltung der verbindlichen Strukturen für die medizinisch-technisch-rechtlichen Belange achten, andererseits das (verpflichtende) Behandlungselement der psychosozialen Betreuung (häufig) vernachlässigt wird. Damit gewinnt die Frage des aktuellen Stands und der weiteren Zukunftsperspektive der psychosozialen Betreuung substituierter Drogenabhängiger an Bedeutung.

Unter Experten besteht Übereinstimmung, dass

- Leitlinien zur Gestaltung der psychosozialen Betreuung unverzichtbar sind, um für die Klienten einen Behandlungsstandard gewährleisten zu können, der den Erfordernissen einer medizinischen Rehabilitation gerecht wird.

- die psychosoziale Betreuung der substituierten Drogenabhängigen parallel zur ärztlichen Behandlung einen wesentlichen Bestandteil der Qualitätssicherung der Substitutionsbehandlung darstellt[2].

Neben den genannten Aspekten unterstützt die PSB den suchtkranken Menschen insbesondere bei der (Wieder-)Aufnahme tragfähiger Bindungen, (Wieder-)Erlangung sozialer Fähigkeiten und beruflichen (Wieder-)Eingliederung.

Alle psychosozialen Maßnahmen müssen dementsprechend darauf gerichtet sein, ein Höchstmaß an Gesundheit für den Patienten zu garantieren.

Grundsätzlich muss dabei berücksichtigt werden, dass die Substitutionsbehandlung zieloffen erfolgt und die Abstinenz nicht das (vorrangige) Ziel sein kann. Ziel ist die Verbesserung des körperlichen und psychischen Status, die Reduktion illegalen Suchtmittelkonsums und die Reintegration in Arbeit und Beschäftigung.

Nach einem Überblick der aktuellen Forschung zur PSB (hier: die wesentlichen Ergebnisse der sog. „Heroinstudie" der Bundesregierung) können Aussagen zu zwei unterschiedlichen, spezifischen Formen der PSB gemacht werden, die bei der Studie systematisch zum Einsatz kamen,
- Psychoedukation und Drogenberatung sowie
- Casemanagement und motivierende Gesprächsführung.

In der Studie zeigte sich deutlich, dass die Nutzer von PSB eindeutig höhere Behandlungserfolge erzielen als die Nicht-Nutzer. Dies gilt sowohl für die Heroinpatienten als auch für die Methadonpatienten. Dies gilt auch für die Klienten, die besonders schlechte Voraussetzungen mitbrachten (schlechtere psychische Verfasstheit, geringer ausgeprägte soziale Netzwerke etc.). Daraus muss abgeleitet werden, dass das psychosoziale Betreuungsangebot weiter zu optimieren ist und PSB einen wesentlichen Faktor bei der Erreichung des Zieles und des Erfolgs dieser Behandlung darstellt. Dies gilt insbesondere für eines der wesentlichen Ziele von Substitution - die Reintegration in Arbeit und Beschäftigung (vgl. *Degwitz* 2008). „Mit der Dauer und der Intensität der psychosozialen Intervention steigt die Motivation der Klienten, ihre Ressourcen zu aktivieren und ihre Lebenssituation zu verbessern. Die positiven Wirkungen sind dann am stärksten, wenn (PSB) nicht nur unterstützend und motivierend (ist), sondern ... zusammen mit (dem) Klienten Ziele (erarbeitet) und Hilfepläne (ausformuliert werden), die in der Folgezeit umgesetzt werden" (*Vogt* 2008, 23).

---

[2] Die Bedeutung der PSB wird auch im Gesetz zur diamorphingestützten Substitutionsbehandlung noch einmal verdeutlicht: Nach § 5 Abs. 9 c BtMVV ist in den ersten 6 Monaten die PSB verpflichtend.

Fazit 1: Eine medikamentengestützte Rehabilitation kann nur in Verbindung mit einer fundierten PSB sinnvoll und erfolgreich sein.

Die Bedeutung dieser gesetzlichen Vorgabe wird deutlich vor dem Hintergrund, dass die Patienten nicht nur unter den Folgen ihrer Suchterkrankung leiden, sondern eine Reihe von Komorbiditäten zu diagnostizieren sind, die der Behandlung bedürfen, wenn ein nachhaltiger Behandlungserfolg erzielt werden soll (vgl. auch *Tretter, F., Müller, A.* (2001): Psychologische Therapie der Sucht).

Fazit 2: Wird PSB als alltagsnahe, verbindliche, bei Bedarf auch längerfristige und wenn nötig hochfrequente Intervention verstanden, können die Ziele der Substitutionsbehandlung erreicht werden.

Hierbei sind folgende Aspekte hervorzuheben:

1. Die Substitution Drogenabhängiger hat sich in den vergangenen 15 Jahren zu einem bedeutenden Baustein in der Betreuung unserer Klienten entwickelt.
2. „Psychosoziale Betreuung bezeichnet alle komplexen Angebote für eine bestimmte Gruppe von Klienten, bei denen eine Kombination von ausgeprägten körperlichen Beeinträchtigungen, psychischen und sozialen Folgeproblemen im Zusammenhang mit dem Konsum von psychotropen Substanzen eingetreten ist und die durch die Bündelung unterschiedlicher Problembereiche eine eigenverantwortliche Lebensführung nicht mehr regeln können" (*DHS-Leistungsbeschreibung* 2000).
3. In den Substitutionspraxen und - bei psychiatrischer Diagnose - in den Einrichtungen der gemeindenahen psychiatrischen Versorgung werden Drogenkranke langfristig und lebens(abschnitts)begleitend betreut.
4. Die enge Vernetzung der Qualitätszirkel substituierender Ärzte und der Einrichtungen der gemeindenahen psychiatrischen Versorgung mit dem regionalen Drogenhilfesystem ist eine unabdingbare Voraussetzung für eine optimale Versorgung dieser Klientel.
5. Das Drogenhilfesystem gewährleistet eine qualitativ hochwertige psychosoziale Betreuung dieser Klientel. Der überwiegende Teil dieser Klienten hat regelhaft mehrfach in der Woche Kontakt mit den Mitarbeitern.
6. Die Substitutionsbehandlung erfolgt zieloffen; die übergeordnete Zielsetzung der psychosozialen Betreuung substituierter Drogenabhängiger (PSB) ist aber letztlich der Ausstieg aus der Sucht.
7. Um diese Zielsetzung erreichen zu können, müssen medizinische Behandlung, medizinische Rehabilitation, berufliche Eingliederung und soziale In-

tegration als ganzheitliches Geschehen verstanden werden und wirksam ineinander greifen.
8. Zu beachten ist, dass wir es i.d.R. mit mehrfachbeeinträchtigen abhängigen Menschen zu tun haben, die
   - vielfache Vorbehandlungen, insbesondere stationärer Art, absolviert haben,
   - häufig gravierende körperliche und psychische Beeinträchtigungen aufweisen,
   - sich in einer schwierigen sozialen Situation befinden, etwa mit stark gestörten Beziehungen im sozialen Umfeld, möglicherweise von Wohnungslosigkeit bedroht oder betroffen sind,
   - einen Mangel an stabiler äußerer Absicherung aufweisen,
   - Personen mit instabiler Abstinenzmotivation sind.
9. Ein wichtiges Teilziel im Prozess der Substitutionsbehandlung ist ein kontrolliertes monovalentes Konsummuster (wenn es bei Behandlungsbeginn nicht besteht).
   Die möglichen Ursachen für Beikonsum sind zu thematisieren, insbesondere dann, wenn problematische Konsummuster erkennbar werden.
   Grundsätzlich gilt, dass bevor die Beendigung der PSB bzw. ein Hinwirken auf die Beendigung der Substitutionsbehandlung als letzte Möglichkeit im Umgang mit Beikonsum erwogen wird, zu prüfen ist, ob eine Erhöhung der Substitutdosis oder andere Maßnahmen zu einer Verringerung des Beigebrauchs beitragen können. Kommen solche Maßnahmen nicht in Frage oder bleiben sie wirkungslos, so ist zu prüfen, ob ein fraktionierter Entzug der beigebrauchten Substanzen möglich und sinnvoll ist.
   Leider zeigt sich hier aus unserer Sicht, dass die Problematik des Beikonsums von den Ärzten sehr unterschiedlich gesehen wird und ein abgestimmtes Vorgehen häufig nicht umzusetzen ist.
10. Inhalte der PSB sind:
    - Case Management als Grundlage der Prozesssteuerung, d.h.
      - Steuerung und Überwachung der in der Hilfeplanung festgesetzten Ziele
      - Koordination der Hilfen
      - Verbindlichkeit in der zeitlichen Umsetzung der Hilfen
      - anwaltschaftliche Vertretung der Interessen des Betreuten
      - Kooperationsgespräche, um zu verbindlichen Absprachen zu kommen

- im Kontakt mit dem Betreuten Überprüfung der Zielerreichung
- Begleitung und Unterstützung in juristischen Belangen
- Unterstützung bei der Schuldenregulierung
- Einzelbetreuung/Beratung
- Aufsuchende und nachgehende Arbeit
- Krisenintervention
- Gruppenarbeit
- Angebote zur beruflichen (Wieder-) Eingliederung
- Hilfen zur Alltagsstrukturierung
- Angehörigenarbeit

Alle Angebote werden individuell und im Einzelfall genutzt.

6 Suchtmedizinische Versorgungsqualität

„Sucht ist eine behandlungsbedürftige chronische Krankheit. ... Ein besonders von der Öffentlichkeit beachteter Bereich ist die Substitutionsbehandlung Opiatabhängiger. Ein umfassendes Behandlungskonzept, welches insbesondere die psychosoziale Betreuung einbezieht, ist unabdingbar" (*Bundesärztekammer* 1999).

„Nach § 5 Abs. 2 Nr. 6 der 15. BtMÄndV darf ein Arzt ... Substitutionsmittel nur dann verschreiben, wenn er die Mindestanforderungen an eine suchttherapeutische Qualifikation erfüllt" (*Ärztekammer Sachsen-Anhalt* 2009).
„Die notwendigen Kenntnisse für die Substitution (müssen) im Rahmen der 50-stündigen Zusatzweiterbildung Suchtmedizin erworben werden" (*Vorstand der Landesärztekammer BW* 2006).

„Die Einführung der Fachkunde „Suchtmedizinische Grundversorgung" als Qualifizierungsnachweis für den Bereich der Suchtmedizin bekam im Jahr 2001 mit der Novellierung der Betäubungsmittel-Verschreibungsverordnung (BtMVV) eine besondere Bedeutung. Hier wurde eine suchttherapeutische Qualifikation als Anforderung an Ärzte, die Substitutionsbehandlungen bei opiatabhängigen Patienten durchführen wollen, festgeschrieben" (*DHS* 2009).

„Nach den Richtlinien der Bundesärztekammer zur Durchführung der substitutionsgestützten Therapie ist oberstes Ziel der Behandlung die Suchtmittelfreiheit. Die möglichen Stufen eines umfassenden Therapiekonzeptes sind die Sicherung des

Überlebens, gesundheitliche und soziale Stabilisierung sowie die berufliche Rehabilitation und soziale Reintegration. Darüber hinaus ist die Behandlung eine präventive Maßnahme hinsichtlich der Verbreitung von Infektionskrankheiten, insbesondere durch HIV- und Hepatitiserreger. Das Erreichen dieser Ziele hängt wesentlich von der individuellen Situation des Opiatabhängigen ab" (*Vorstand der Landesärztekammer BW 2006*).

„In den Arbeitsfeldern der Prävention, der sozialen Beratung, der Überlebenshilfen und in der Behandlung bzw. medizinischen Rehabilitation sind ... vor allem Dipl. Sozialarbeiter/-pädagogen, Dipl. Psychologen, Dipl. Pädagogen (und) Ärzte ... tätig. Eine strikte Trennung zwischen den an der Behandlung beteiligten Professionen ist nur schwer möglich, da in den Versorgungsbereichen wie Diagnostik, Beratung und Behandlung eine mehrdimensionale Betrachtungsweise vorherrscht und die unterschiedlichen Kompetenzen der beteiligten Berufsgruppen im Gesamtbehandlungsprozeß Suchtkranker zusammen laufen müssen. ... Vor dem Hintergrund der multiprofessionellen Zusammenarbeit im Gesamtbehandlungsprozeß Suchtkranker müssen unterschiedliche fachlich-methodische Kompetenzen zusammengeführt werden. Dies setzt voraus, dass die jeweiligen Akteure neben der eigenen Kompetenz im Arbeitsfeld auch befähigt werden müssen, sich in andere Disziplinen einzudenken, um mit deren Vertreter überhaupt kooperieren zu können" (*DHS* 2009).

Gesetzliche, rechtliche, administrative Barrieren, bürokratische Durchführungsbestimmungen und die Vergütungs- und Honorierungsregelungen für die Behandlung somatischer und psychiatrischer Erkrankungen haben bei deutlich gestiegenen Patientenzahlen dazu geführt, dass die Zahl der substituierenden Ärzte stagniert bzw. in einigen Regionen sinkt. Im Bereich der Ärztekammer Westfalen-Lippe ist die Zahl der substituierenden Ärztinnen und Ärzte im Zeitraum 1997-2006 mit 304 (1997) und 313 (2006) praktisch unverändert geblieben, bei einer Verdoppelung der zu behandelnden Patient (von ca. 4.000 in 1997 auf ca. 10.000 in 2006), d.h. in 1997 hat ein Arzt 10 Patienten und in 2006 bereits 29 substituiert.

Elsner (2010) zeigt die Versorgungssituation in den Substitutionspraxen (Stichtag: 01.07.2008) auf, wobei auch der wirtschaftliche Einnahmefaktor für die Praxen gesehen werden muss:

Anzahl gemeldeter Substitutionspatienten pro Arzt	Anteil der meldenden substituierenden Ärzte	Anzahl Ärzte N = 2.673	Behandlungszeit Vorgabe EBM: pro Patient pro Tag 4 Min.	Einnahmen/Arzt Einnahme pro Patient pro Jahr ca. € 2.560,00
bis zu 3 Patienten	25,2%	674	bis zu 12 Min./Tag	bis zu € 7.680,00
4-50 Patienten	56,5%	1.510	16-200 Min./Tag	€ 10.240,00 - € 128.000,00
51-150 Patienten	16,6%	444	204-600 Min./Tag	€ 130.560,00 - € 384.000,00
über 150 Patienten	1,7%	45	über 10 Std./Tag	über € 384.000,00

Abbildung 4: Versorgungs-/Einnahmesituation (*Elsner* 2010)

Die Versorgungsqualität in Herne hat sich in den vergangenen Jahren „zugespitzt": 2009 werden in 3 Praxen ca. 190, 90 bzw. 20 Patienten substituiert.

„Unzureichend ist (auch) die Situation der psychosozialen Betreuung. So variieren Umfang und Inhalt der psychosozialen Maßnahmen von Bundesland zu Bundesland, von Kommune zu Kommune und von Drogeneinrichtung zu Drogeneineinrichtung. Auch die Finanzierung und das Angebot der psychosozialen Betreuung (Platzzahl) sind nicht immer bedarfsgerecht ausgestaltet. Dies ist insbesondere deshalb problematisch, da Substitutionspatientinnen und -patienten zur Teilnahme an einer solchen Betreuung faktisch verpflichtet sind. (Zu konstatieren ist auch) eine ... Unterversorgung von Suchtkranken ... etwa bei der Behandlung von Hepatitis C oder komorbiden psychischen Störungen" (*Deutscher Bundestag* 2008).

Qualitätszirkel substituierender Ärzte

Die Substitutionsbehandlung muss im Rahmen einer therapeutischen Gesamtstrategie erfolgen, die medizinische, psychologische, pädagogische und soziale Maßnahmen umfasst, d.h. eine enge Kooperation von behandelndem Arzt und PSB-Fachstelle ist unabdingbar.

Mit dem Qualitätszirkel erfüllen die substituierenden Ärzte ihre Fort- und Weiterbildungsverpflichtung. Des weiteren sollen durch dieses Gremium u.a. die Voraussetzungen dafür gewährleistet werden, dass

- die Versorgungsqualität der Substitutionsbehandlung kontinuierlich verbessert wird.

- in allen Praxen den Patienten ein qualitatives PSB-Angebot unterbreitet werden kann.
- die Kooperation mit dem Drogenhilfesystem bedarfsgerecht ausgestaltet ist.

Um ein umfassendes Therapiekonzept umsetzen zu können, ist eine enge und intensive Zusammenarbeit zwischen substituierendem Arzt und PSB-Fachstelle unabdingbar (vgl. *Land Bremen* 2008). „Die Zusammenarbeit mit qualifizierten Fachkräften des Drogenhilfesystems ... ist unverzichtbar" (ebenda). Die Zusammenarbeit vollzieht sich im Qualitätszirkel substituierender Ärzte (vgl. *Konstanzer Modell* 2006). „Insbesondere durch die Intensivierung der Zusammenarbeit (der beteiligten Akteure) ist es gelungen, den prozessualen Charakter der Substitutionsbehandlung deutlich zu machen" (Landtag von BW 2009).

Unberührt von der Verpflichtung, bei jedem Patienten auf die Umsetzung des umfassenden Behandlungskonzeptes zu achten, ist für die Substitutionsbehandlung von mehr als 50 Klienten eine zwingende Voraussetzung u.a., dass der substituierende Arzt mit einer PSB-Fachstelle eine organisatorische und strukturelle Einheit bildet (vgl. Anl. 2, 3 + 4: *Bundesärztekammer-Richtlinien* 2002, Pkt. 3; Fragebogen der KVWL), d.h. eine entsprechende Vereinbarung zwischen der PSB-Fachstelle und dem substituierenden Arzt getroffen werden muss.

Es muss also selbstverständlich sein, dass die bestehenden Systeme der Kooperation mit den substituierenden Ärzten, dem Gesundheitswesen, den unterschiedlichen Angeboten der sozialen und medizinischen Rehabilitation beständig weiterentwickelt werden müssen, so dass - bezogen auf den jeweiligen Patienten - bedarfsgerechte und passgenaue Förderkonzepte gemeinsam gestaltet und realisiert werden können.

Entsprechend der rechtlichen Rahmenbedingungen und der Bundesärztekammer-Richtlinien ist eine zentrale Aufgabe des Qualitätszirkels substituierender Ärzte, dafür Sorge zu tragen, dass jeder Patient umfassend über die PSB-Kernleistungen (siehe 8.) informiert wird und ihm sind die für ihn geeigneten Maßnahmen aufgezeigt werden, d.h. geeignete Kooperationsformen mit dem Drogenhilfesystem gegen sind.

Grundsätzlich sollten alle mit der Substitutionsbehandlung zusammenhängenden Fragen von den beteiligten Akteuren möglichst im Konsens gelöst werden, wobei die Aufgabe der PSB-Fachstelle aber auch darin bestehen muss, in der täglichen Praxis gegebene Probleme (bspw. die Beikonsumproblematik) offen anzusprechen.

6.1 Behandlungspraxis bei Beikonsum

Besonders problematisch ist in der Behandlungspraxis der Beikonsum[3].

„Die Vergabe des Substitutionsmittels hat zu unterbleiben, wenn ein aktueller Beikonsum festgestellt wird, der den Patienten bei zusätzlicher Verabreichung des Substituts gesundheitlich gefährden würde. ... Hierbei ist die Zusammenarbeit mit der psycho-sozialen Betreuungsstelle angeraten" (*Bundesärztekammer-Richtlinien*, 11. Therapiekontrolle/Beikonsum).

Im gesamten Behandlungsverlauf muss sich der substituierende Arzt

„anhand klinischer und laborchemischer Parameter ein genaues Bild davon machen, ... ob bzw. in welchem Umfang ein Konsum anderer psychotroper Substanzen besteht. ... Bei vorliegendem Konsum ... sollte zunächst die Ursache eruiert werden und nach Möglichkeiten ihrer Beseitigung gesucht werden. Dabei ist insbesondere an folgende Gründe zu denken:

- eine erfolgte Destabilisierung der individuellen Lebenssituation,
- eine inadäquate Dosierung oder Wahl des Substitutionsmittels,
- eine komorbide psychische oder somatische Erkrankung.
-

... Hierbei ist die Zusammenarbeit mit der psychosozialen Betreuungsstelle angeraten" (*BÄK* 2010, 10).

Als ein Mindeststandard in Bezug auf eine Alkoholproblematik hat sich in Substitutionspraxen entwickelt, dass vor <u>jeder</u> Vergabe des Substitutionsmittels eine Atemkontrolle durchgeführt wird und bei positivem Testergebnis keine Vergabe erfolgt.

„Eine Substitutionstherapie ist zu beenden, wenn ... sie mit einem fortgesetzten, problematischen Konsum anderer gefährdender Substanzen einhergeht, ... (der Patient) an vereinbarten psychosozialen Begleitmaßnahmen nicht teilnimmt" (*BÄK* 2010, 11).

Abbruchkriterien der Behandlung sind „Ausweitung oder Verfestigung des Gebrauchs von Suchtstoffen neben der Substitution (und) dauerhafte Nicht-

---

[3] „Ein wichtiges Problem ... besteht (auch) darin, ... Sicherheit und Störungsfreiheit der Substitution zu gewährleisten. ... 2/3 der substituierenden Ärzte (gaben) an, daß die unerlaubte Medikamentenweitergabe (an andere Personen als den beabsichtigten Empfänger) ein erhebliches (49%) oder ein besonders schwerwiegendes (17%) Problem darstellt. Auch den Mißbrauch der Substitute betrachtet man als erhebliches (42%) oder besonders schwerwiegendes (12%) Problem" (*akzept e.V.* 2009).

Teilnahme des Substituierten an ggf. erforderlichen psychosozialen Betreuungsmaßnahmen" (*GBA* 2006, § 8, 3. + 4.).

„Sofern der Beikonsum nicht lebensgefährdend ist, sollte er zunächst nur Anlaß sein, im Gespräch gemeinsam die Ursachen zu erforschen und eine allmähliche Verhaltensänderung herbeizuführen. Liegt der Versuch einer Selbsttherapie mit ungeeigneten Mitteln vor, sollte der Arzt den Beikonsum durch eine medizinisch sinnvolle Therapie ersetzen. ... Vor allem, wenn gleichzeitig eine soziale Reintegration und eine berufliche Rehabilitation gelungen ist, sollte ein fortgesetzter unproblematischer Nebenkonsum nicht mit einem Therapieabbruch geahndet werden (*Stöver* 2007, 17f).

„Wenn fortlaufend Beikonsum auftritt, sollte zunächst diagnostisch versucht werden die Vermutung eines traumatischen Erlebnisses des Patienten abzuklären, z.B. mit Hilfe eines Fragebogens über traumatische Erlebnisse des Missbrauchs. ... Bei einer Aufarbeitung (des Traumas) ist die emotionale Beteiligung so zu regulieren, dass der Patient nicht für längere Zeit emotional überschwemmt wird und die Steuerung seiner Emotionen immer möglichst schnell wieder erreicht und stabilisiert wird" (*Küfner, Ridinger* 2008, 85f; hierzu auch: *Schay, Liefke* 2009).

In der Praxis zeigt sich, dass bei Beikonsum

- der Arzt an keinerlei Standard/Vorgaben gebunden ist, sondern nach eigenem Ermessen entscheidet und
- i.d.R. die PSB-Stelle nicht eingebunden wird.

Übereinstimmung besteht darin, dass

„eine substitutionsgestützte Behandlung erst dann abgebrochen werden soll, wenn vorherige Interventionsstrategien des Arztes und der psycho-sozialen Betreuungsstelle (beispielsweise eine stationäre Entzugsbehandlung) zu keinem anderen Ergebnis geführt haben" (*Bundesärztekammer-Richtlinien*, 11. Therapiekontrolle/Beikonsum).

„Die Reduktion bzw. die Einstellung des Beikonsums ... ist aber erklärtes Ziel jeder Substitution" (*Küfner, Ridinger* 2008, 99).

Vorteile der Drogenfreiheit	Nachteile der Drogenfreiheit
• Voraussetzung, um langfristige Ziele zu erreichen • mehr Wachheit • mehr Antrieb • mehr Geld für andere Dinge • größere Überlebenschance (keine Überdosierung) • Vermeidung von Verelendung • mittelfristig weniger Entzugssymptome • neue Motivation, anstehende Aufgaben in Schule, Beruf etc. anzugehen und zu bewältigen • mehr Eigenständigkeit und Unabhängigkeit • Lösung von Konflikten in Familie und Beziehungen • keine Risiko in der Drogenszene • _____	• Verzicht auf positive Wirkung der Droge Welche: _____ • Stress und unangenehme Gefühle können stärker erlebt werden • zunächst deutliche Wahrnehmung gesundheitlicher und psychischer Probleme • bisher mit Drogenkonsum, -beschaffung verbrachte Zeiten müssen anders gefüllt werden: evtl. zunächst Langeweile, Leere • finanzielle Einschränkung bei Aufgabe von bisher mit dem Gebrauch verbundenem Dealen • negative Reaktionen von anderen Drogenkonsumenten • Aufgeben von Freundschaften mit anderen Drogenkonsumenten • _____

Welche Argumente überwiegen? _____

Können Sie sich für eine Seite entscheiden? ☐ ja ☐ nein

Abbildung 5: Vor- und Nachteile von Beikonsumfreiheit (Quelle: *Küfner, Ridinger* 2008, 241)

7 PSB = verpflichtender Bestandteil der Substitutionsbehandlung

„In Deutschland ist eine Substitutionsbehandlung nur zulässig, wenn eine PSB sichergestellt ist. ... PSB umfaßt alle psychologischen und soziotherapeutischen Interventionen, die darauf abzielen, die Lebenssituation eines Drogenabhängigen zu verbessern und den Beigebrauch zu reduzieren sowie komorbide Störungen zu behandeln" (*Küfner, Ridinger* 2008, 18f).

PSB = verpflichtender Bestandteil der Substitutionsbehandlung

Die individuelle Ausgangssituation für die psychosoziale Betreuung ergibt sich aus der körperlichen, psychischen und sozialen Gesamtsituation (gesundheitliche und soziale Probleme, psychische Störungen und Ressourcen) und aus den Erwartungen des Patienten an die Substitutionsbehandlung (vgl. ebenda, 20).

Für den substituierenden Arzt haben hier die Bundesärztekammer-Richtlinien (vgl. BÄK, in: Westfälisches Ärzteblatt 4/2003) und die Richtlinie zur substitutionsgestützten Behandlung Opiatabhängiger des Gemeinsamen Bundesausschusses (GBA 2006) einen hohen Verbindlichkeitsgrad. Danach ist

> „die substitutionsgestützte Behandlung nur zulässig im Rahmen eines umfassenden Behandlungskonzeptes, das die jeweils erforderlichen psychiatrischen oder psychotherapeutischen Behandlungsmaßnahmen sowie psycho-soziale Betreuungsmaßnahmen begleitend einbezieht. ... Die psycho-soziale Betreuung (wie sie durch das Suchthilfesystem erbracht werden kann) soll dem Patienten durch geeignete Unterstützungsmaßnahmen in psychischen, sozialen und lebenspraktischen Bereichen helfen, die psychischen und sozialen Folgen der Abhängigkeit von illegalen Substanzen zu erkennen und zu überwinden. Ihr Umfang richtet sich dabei nach den individuellen Umständen und dem Krankheitsverlauf des Patienten. Ihre unterstützende Wirkung auf die Behandlung ist fachlich unbestritten und ihr indikationsbezogener Einsatz daher unabdingbar" (*BÄK*, 3. Therapiekonzept und *GBA*, Präambel).

Die Verpflichtung des substituierenden Arztes bei jedem Patienten im Rahmen des umfassenden Behandlungskonzeptes auf die Wahrnehmung der notwendigen PSB hinzuwirken, hat der Vorstand der Ärztekammer Westfalen-Lippe (ÄKWL) hervorgehoben, in dem er in 2003 beschlossen hat, den Leitfaden der ÄKWL zur substitutionsgestützten Behandlung i.v.-Drogenabhängiger durch die Richtlinien der Bundesärztekammer zu ersetzen.

Auch die Richtlinien „Methoden vertragsärztlicher Versorgung" des Gemeinsamen Bundesausschusses vom 17.01.2006, zuletzt geändert am 18.01.2007 und am 01.04.2007 in Kraft getreten, sehen in der Präambel vor, dass eine Substitutionsbehandlung nur zulässig ist, soweit erforderliche, begleitende psychiatrische und/oder psychotherapeutische Behandlungs- oder psychosoziale Betreuungs-Maßnahmen mit einbezogen werden.

Gemäß § 10 dieser Vorschrift soll der Arzt „nicht mehr als 50 opiatabhängige Patienten gleichzeitig substituieren".

Zur Sicherstellung der Versorgung kann hiervon unter der Voraussetzung abgewichen werden, dass die „Praxen ... im Rahmen einer organisatorischen und fachlichen Einheit die psycho-sozialen Betreuungsmaßnahmen integrieren" (*Bundesärztekammer-Richtlinien*, 3. Therapiekonzept).

Da weder von der ÄKWL noch von der Kassenärztlichen Vereinigung Westfalen-Lippe (KVWL) durch geeignete qualitative Maßnahmen dafür Sorge getragen/überprüft wird, dass die substituierenden Ärzte dieser Vorgabe verbindlich nachkommen, zeigen sich in der Behandlungspraxis zum Teil deutliche Unzulänglichkeiten, die leider zu Lasten der Klienten gehen.

Um die Behandlungspraxis zu optimieren und den Behandlungsrahmen in den Substitutionspraxen zu erweitern (beispielsweise bei Komorbiditäten), haben sich im Drogenhilfesystem Herne folgende Ansatzpunkte entwickelt:

1. Das St. Marien Hospital Eickel hat sich als psychiatrisches Fachkrankenhaus in den zurückliegenden Jahren Kompetenz in der Behandlung Drogenabhängiger erworben.
   Krankenhaus und Drogenhilfesystem Herne praktizieren seit vielen Jahren eine enge und effektive Kooperation in der Versorgung Drogenabhängiger.
2. Im Verbund mit der ARGE und der Gesellschaft freie Sozialarbeit e.V. werden Maßnahmen entwickelt, um die berufliche Integration der Klienten nachhaltig effektiver gestalten zu können (vgl. auch 9.).

7.1 Substitutionsbehandlung im Vollzug

Mindestens ein Drittel der männlichen und 50% der weiblichen Inhaftierten sind i.V.-Drogenkonsumenten, wobei die Konsumenten von Alkohol, Cannabis und andere Drogen nicht eingerechnet sind (vgl. *DAH* 2008, 79f).

Dabei muss berücksichtigt werden, dass bei einem erheblichen Anteil der Inhaftierten auch eine Komorbidität zu diagnostizieren ist (*Lehmann* 2009):

PSB = verpflichtender Bestandteil der Substitutionsbehandlung   77

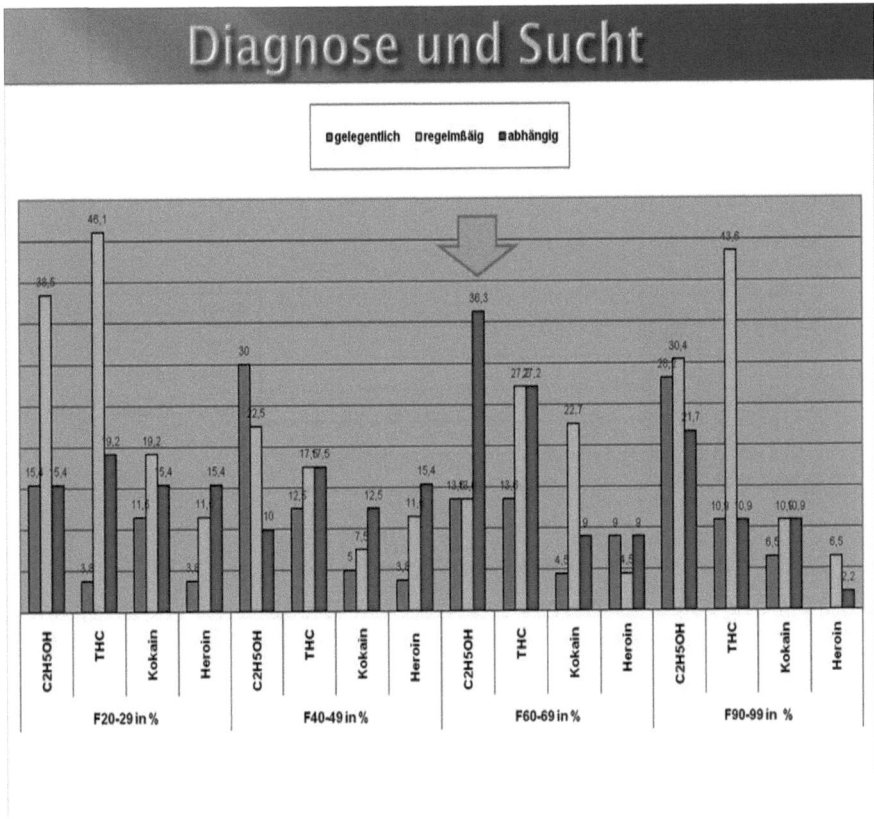

Abbildung 6:   Komorbidität, *Lehmann* (2009)

In einem gemeinsamen Positionspapier zur Substitutionstherapie im Vollzug stellen das *Justizministerium des Landes NRW* und die *Ärztekammer Westfalen-Lippe* 2010 fest, dass die Behandlung „den Krankheitsverlauf positiv beeinflussen und der Erreichung des Vollzugszieles dienlich sein" kann und es „wünschenswert wäre, die Anzahl von Substitutionsbehandlungen ... deutlich zu erhöhen". Da aber „die gesundheitliche Betreuung der Gefangenen ... in der Zuständigkeit und Verantwortlichkeit des Anstaltsarztes (liegt) ... (und) ... weitgehend Einigkeit (besteht), dass der Anspruch eines Gefangenen auf ärztliche Heilbehandlung nicht deckungsgleich mit dem Anspruch eines gesetzlich Krankenversicherten ist ... (und) der Gefangene ... keinen Anspruch auf Verordnung einer von ihm geforderten bestimmten Behandlungsmaßnahme durch den Anstaltsarzt (hat)".

Obwohl unter allen Fachleuten unstrittig ist, dass die Suchtmittelabhängigkeit im „Vollzugsalltag" ein massives Problem darstellt (vgl. auch *Pastoor* 2010), wird der Vollzug dem Anspruch, dass das Arbeitsfeld Suchtkrankenbehandlung" einen Schwerpunkt der medizinischen Versorgung darstellen muss, offensichtlich nicht gerecht[4].

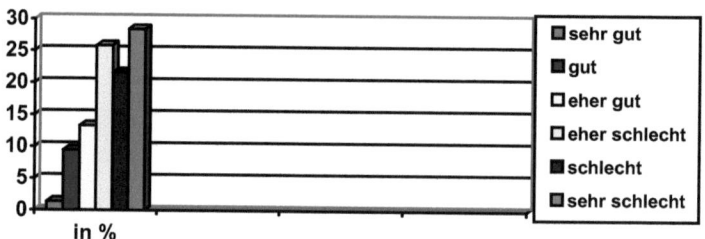

Abbildung 7: KABP-Befragung Gefangene (N=1.486), Bewertung der Qualität der medizinischen Versorgung in Haft (vgl. *akzept* et al. 2008, 31)

Grundsätzlich gilt, dass

„für den Behandlungserfolg der Opiatabhängigkeit ... die umfassende Diagnostik und Behandlung der psychiatrischen und somatischen Begleiterkrankungen von entscheidender Bedeutung (ist) (*Huber* 2007, 7) und auf dieser Basis die effektivste Behandlungsform einzuleiten ist.

„Die Substitutionsbehandlung ist eine medizinisch begründete Behandlungsform, die unabhängig vom Aufenthaltsort der Patient(inn)en aufrechtzuerhalten ist: Abbruchgründe ergeben sich dann auch nur aus dem medizinischen und psychosozialen Behandlungskontext und nicht aus den Kontroll- und Sanktionsmaßnahmen des Vollzugs. ...
Zielgruppen einer Substitutionsbehandlung im Vollzug sind Drogenabhängige, die
- auch außerhalb in einer solchen Behandlung waren,

---

[4] Nach *Lehmann* (2009) sind die Möglichkeiten der medizinischen Intervention ressourcenmäßig begrenzt und bspw. eine psychotische Symptomatik ist mit vollzuglichen Mitteln nicht zu erreichen.

- aus dem Vollzug heraus einen Antrag auf Beginn einer solchen Behandlung stellen,
- sich in der Phase vor der Entlassung befinden,
- sich in einer Entzugsbehandlung befinden" (*akzept* et al. 2008, 17f).

Aus dem Strafvollzugsgesetz und auch den Landesvollzugsgesetzen ergibt sich, dass sich die Gesundheitsbehandlung in Haft an der Regelbehandlung des Leistungskataloges der gesetzlichen Krankenversicherung orientieren muss. Daraus ist auch abzuleiten, dass die Substitutionsbehandlung als Teil der Gesundheitsvorsorge (§§ 56,58 StVollzG) dem Gefangenen zu gewähren ist. Dies insbesondere, da aus medizinischer Sicht die Effektivität dieser Behandlungsform in einer Vielzahl von Studien, die höchsten wissenschaftlichen Ansprüchen genügen, belegt wird (vgl. *Stöver* 2007, 51f).

Um so erstaunlicher ist, dass „von den rund 20.000 Süchtigen in den bundesdeutschen Gefängnissen ... gerade einmal 500 dauerhaft substituiert" (*akzept* et al. 2008, 9; vgl. auch *Pastoor* 2010) werden, d.h. die Substitutionsbehandlung im Vollzug die Ausnahme darstellt.

Anzunehmen ist, dass bei den Anstaltsärzten ein „mangelndes Verständnis" dafür besteht, dass die Opiatabhängigkeit eine chronische Krankheit ist (vgl. ebenda, 15).

Als weitere (bisher ungelöste) Problemlagen im Kontext der Substitutionsbehandlung im Vollzug sind hervorzuheben

- die Verfügbarkeit der Substitutionsmittel (Methadon, Subutex, ...),
- separate Abteilungen für substituierte Inhaftierte,
- die Verfügbarkeit der psychosozialen Betreuung und
- die Vernetzung mit regionalen Einrichtungen, insbesondere
  - PSB-Fachstellen und
  - dem allgemeinen (Drogen-)Hilfesystem (beispielsweise bei der Entlassungsvorbereitung).

Fazit: Nach dem Urteil des Europäischen Gerichtshofes vom 16.10.2008 muss der Vollzug bei Menschen mit nachgewiesener psychischer Störung bzw. Suizidtendenz spezielle (Behandlungs-) Maßnahmen mit Rücksicht auf deren Zustand gewährleisten, um mögliche Gefahren abzuwenden und seiner positiven Verpflichtung zum Schutz des Lebens nachzukommen.

Erstaunlich ist, dass vor diesem Hintergrund Politik und Justiz (immer noch) keine Handlungsnotwendigkeiten erkennen und billigend in Kauf nehmen, dass die inhaftierten Drogenabhängigen sich selbst überlassen bleiben.

8 PSB-Kernleistungen

Die Leistungen der Psychosozialen Betreuung Substituierter habe ich in dem Schaubild noch einmal zusammenfassend dargestellt:

PSB-KERNLEISTUNGEN
PSB-Kernleistungen mit Beispielen und Erläuterungen

VORBEREITENDE LEISTUNGEN
- Erstkontakt (bspw. Sprechstunde in der Substitutionspraxis)
- klientenorientierte Problemanalyse
- Motivierungsarbeit
- Abklärung des PSB-Bedarfes
- Aufzeigen von PSB-Möglichkeiten
- ggf. Erarbeitung eines individuellen Hilfeplanes

VERMITTLUNG VON
- Angeboten zur Sicherung der materiellen Existenz
- niedrigschwelligen Angeboten (Dusch- und Waschgelegenheiten, ...)
- Angeboten der Tagesstrukturierung
- Angeboten zum qualifizierten Entzug
- Angeboten zur Entwöhnung (Vorarbeiten)
   = psychosozialer Bericht
   = medizinisches Gutachten
   = Indikationsstellung für die Art der Rehabilitationsmaßnahme
   = Klärung der leistungsrechtlichen Voraussetzungen
- Angeboten des Ambulant Betreuten Wohnens
- Möglichkeiten der beruflichen Integration
- Möglichkeiten der Angehörigen- und Familienberatung
- Hilfeangeboten anderer Fachdienste

VERWALTUNGS-/LEITUNGSLEISTUNGEN/ QUALITÄTSMANAGEMENT
- konzeptionelle und organisatorische Aufgaben im Bereich
   - Qualitätsentwicklung
   - Haushaltsplanung
   - Personaleinsatz
- konzeptionelle Weiterentwicklung
- Weiterbildung und interdisziplinärer Austausch
- Supervision
- Dokumentation und Statistik

PSYCHOSOZIALE BETREUUNG
entsprechend der Richtlinien der Bundesärztekammer beinhaltet ein komplexes Angebot bei einer Bündelung unterschiedlicher Problembereiche,
- insbesondere bei Kombination ausgeprägter körperlicher Beeinträchtigungen, psychischen und sozialen Folgeproblemen, d.h. Unterstützung bei
   - der alltäglichen Lebensgestaltung
   - der Erbringung von Leistungen zur Sicherung der materiellen Existenz
   - bei der Bearbeitung von Rückfällen
   - Krisenbewältigung, Akuthilfe
   Die Hilfen finden statt als
   - aufsuchende Tätigkeit
   - Rückfallpräventionstraining
   - Überlebenshilfe i.S. der Schadensreduzierung
   - spezifische Einzelinterventionen
   - zeitlich klar definierte Einzelintervention mit Problemfokus

FALLBESPRECHUNG/VERNETZUNG
- regelmäßige Koordination und Abstimmung der individuellen Hilfeplanung zwischen Klient, Arzt und PSB-Stelle i.S. von „Hilfeplan- und Personenzentrierten Konferenzen"
- fachlicher Austausch im regionalen psychosozialen Hilfesystem und mit Einrichtungen/Diensten des Versorgungsgebietes
- Weiterentwicklung der regionalen Versorgungssituation

ERGÄNZENDE LEISTUNGEN ...
- soziale Integrationsleistungen (SGB II und XII)
- (Wieder)Eingliederung in das Erwerbsleben (SGB II, V und XII)
- Primärprävention (SGB VIII; KJHG)
- ambulante und ganztägig ambulante Rehabilitation (SGB V und VI)
- externe Suchtberatung in JVA'en
- persönliche Begleitung zu Hilfeangeboten anderer Fachdienste/Einrichtungen

Abbildung 8: PSB-Kernleistungen (vgl. auch *Schay* 2006, Leitlinien psychosozialer Betreuung Drogenabhängiger; *Bezirk Mittelfranken* 2008, Leistungsbeschreibung PSB)

9 Angebote zur beruflichen (Wieder-)Eingliederung substituierter Abhängigkeitskranker

Die Arbeit mit suchtmittelkonsumierenden/-abhängigen Menschen zeigt, dass insbesondere die Strukturierung des Alltags ein wichtiges Element für eine erfolgreiche (Re-)Integration in die Gesellschaft ist. Dabei ist die Heranführung an Arbeitsprozesse und die (Re-)Integration in den Arbeitsmarkt ein entscheidender Faktor.

Aufgrund der besonderen Problematik dieser Klientel ist entsprechend § 16 Abs. 2 eine Kooperation von ARGE und Drogenhilfesystem zur Erhaltung, Verbesserung und Wiederherstellung der Erwerbsfähigkeit angezeigt, wenn Erkenntnisse über eine mögliche Suchtproblematik als Erwerbshindernis vorliegen.

Eine frühzeitige Problemerkennung und fachgerechte Unterstützung sind notwendig, um eine notwendige langfristige Veränderung von Lebensstilen zu erreichen und das Vermittlungshemmnis „Sucht" zu beseitigen.

Unter Einbeziehung entsprechender Angebote zur frühzeitigen Erkennung und ggf. Behandlung der Abhängigkeitserkrankung kann die Erwerbsfähigkeit i.S. des SGB II erhalten, verbessert oder wiederhergestellt werden.

Da die Zielgruppe der unter 25jährigen in den ersten Arbeitsmarkt vermittelt werden soll und gem. § 3 Abs. 2 SGB II unverzüglich nach Antragstellung eine Ausbildung, eine Arbeit oder eine Arbeitsgelegenheit (Arbeit und Arbeitsgelegenheit mit Qualifizierungsanteilen) vermittelt werden soll, ist diese Klientel von besonderer Bedeutung. Zu erwarten ist, dass in dieser Altersgruppe die Einsicht in die eigene Suchtproblematik eher gering ausfällt.

Berufsorientierende/-integrierende Maßnahmen

Die Leistungen des Drogenhilfesystems orientieren sich an den Ressourcen der Klienten und sind klar zielorientiert. Zur Ressourcenorientierung gehört z.B. Mobilisieren von Zuversicht, das Aufnehmen einer emotional bedeutsamen Beziehung, ein „Auftauen" verfestigter Erlebens- und Verhaltensmuster, das Interpretieren des Lebens nach einem dem Klienten plausiblen Konzept sowie korrigierende emotionale Erfahrungen.

Über einen geregelten Tagesablauf soll die Beikonsum-Problematik bzw. die Gefahr eines Rückfalls in alte Strukturen und Verhaltensmuster effektiver aufgefangen werden.

Um dieses zu erreichen, findet die Stabilisierung der Patienten auf verschiedenen Ebenen statt. Ihnen wird zunächst ein vorgegebenes - vorzugsweise im Rahmen der „Arbeitsgelegenheiten mit Mehraufwandentschädigung (AGH)" -, auf ihre Fähigkeiten zugeschnittenes Arbeitsfeld angeboten. Hier erfahren die Patienten Arbeitsstrukturen unter Einbindung der sogenannten Primär- und Sekundärtugenden und ihre Ausdauerfähigkeit und Kontinuität bezogen auf ihre Arbeitsfähigkeit werden „trainiert". Bei allen Arbeits- und Handlungsabläufen wird das angestrebte Ziel der dauerhaften Integration auf dem Arbeitsmarkt verfolgt.

Die wöchentliche Arbeitszeit beträgt in der Regel 30,0 Stunden, je nach persönlichen Voraussetzungen kann auch eine Beschäftigung in Teilzeitform ermöglicht werden.

Das Prinzip der Freiwilligkeit soll aus Motivationsgründen vorherrschen. Die PSB-Fachkraft prüft vor Beschäftigungsbeginn in Beratungsgesprächen Ernsthaftigkeit und Motivation der Patienten und weist auf die Bedingungen des Beschäftigungsverhältnisses hin. In einem zweiten Schritt wird dann die Zuweisung durch den Arbeitsvermittler der ARGE vorbereitet.

Nach der Zuweisung durch die ARGE schließt der Beschäftigungsträger mit dem Patienten einen bis zu 12monatigen Beschäftigungsvertrag, der die Aufgaben, Rechte und Pflichten beider Vertragspartner genau definiert.

Daraus abgeleitet ergibt sich folgender methodischer Maßnahmeverlauf für den Patienten:
- Feststellen des bisherigen Beruflebens (Anamnese)
- Entwicklung eines individuellen Förderplanes
- Festlegung von Zielvereinbarungen und Darstellung der Sanktionsmitttel bei Nichteinhaltung
- Festlegung einer Zeitschiene zur Realisierung der als notwendig erachteten Förderschwerpunkte
- Regelmäßige Überprüfung über das Erreichen der Zielvereinbarungen

Um vorgenannte Ziel erreichen zu können übernimmt bzw. gewährleistet der Beschäftigungsträger für die Patienten:
- die Entwicklung von Förderplänen mit dem Schwerpunkt der Berufswegplanung
   a) Angestrebte Tätigkeit
      - Arbeit auf dem freien Arbeitsmarkt (Vollzeit, Teilzeit, geringfügige Beschäftigung)
      - Arbeit auf dem 2. Arbeitsmarkt (AGH, JobPerspektive, ABM, etc.)

- Ausbildung oder Umschulung
- Einbindung von Trainingsmaßnahmen zur Arbeitserprobung
b) Ermittlung vorhandener Fähigkeiten und Ressourcen
- formale Qualifikationen (Schule, Ausbildung, Zusatzausbildungen)
- Kompetenzen, ggf. in eigenen Kompetenzfeststellungsverfahren erarbeiten,
- Arbeitserfahrungen, Hobbys
- Selbständige Mitwirkung bei der Arbeitssuche, Kontakt zu Arbeitgebern u. ARGE
- die Sozialberatung
- die Unterstützung im Bewerbungsprozess
- die mit der Beschäftigung zu verzahnende Qualifizierung

Weitere Teilziele sind unter den Bedingungen von Arbeit:
- Alltagsstrukturierung
- Training von Pünktlichkeit, Zuverlässigkeit, Ordentlichkeit, Fleiß
- Stabilisierung der Gesundheit
- Erhöhung der Konflikt-, Kritik- und Kommunikationsfähigkeit
- Training der Fähigkeit zu angemessenem Verhalten/Erhöhung der Frustrationstoleranz
- angemessene Regulierung von Nähe und Distanz
- Förderung der Teamfähigkeit durch gemischte Arbeitsgruppen

Im Folgenden werden exemplarisch die Arbeitsfelder der Gesellschaft für freie Sozialarbeit (GFS) beschrieben, die auf drei Standorte in Herne aufgeteilt sind:
- Brockenhaus I (Corneliusstraße 19)
- Brockenhaus II (Hauptstraße 295)
- Radstation (am Hbf Wanne-Eickel)

Im Brockenhaus I werden gebrauchte Möbel abgeholt, aufgearbeitet, ausgestellt und verkauft. Darüber hinaus werden Haushaltsauflösungen, Umzüge und kleinere Renovierungsarbeiten im Auftrag der ARGE oder anderer gemeinnütziger Organisationen durchgeführt. Die GFS verfügt an diesem Standort über eine Schreinerei, eine kleine Elektrowerkstatt und eine Lackiermöglichkeit.

Im Brockenhaus II werden im wesentlichen gebrauchte Kleidung und Haushaltsartikel angeboten. Diese Waren werden ebenso wie die Möbel des Brockenhaus I bei Kunden abgeholt, aufgearbeitet und im Ladenlokal präsentiert und verkauft.

Die Radstation mit ihren Arbeitsfeldern Bewachung, Verleih und Mini-Werkstatt wird für die Patienten nur im Ausnahmefall und bei besonderer Eignung zur Verfügung stehen.

Bestandteil der Beschäftigungsmaßnahme ist eine fachpraktische und -theoretische Qualifizierung mit einem Anteil von 20% der Arbeitszeit, um die Integrationschancen auf dem Arbeitsmarkt zu erhöhen. Hierbei werden jedoch individuelle Beeinträchtigungen berücksichtigt, wie z.B. Konzentrationsschwierigkeiten, Müdigkeit infolge der Substitutionsbehandlung, Medikamentengebrauch u.ä.m.; ggf. ist im Einzelfall ein höherer Anteil an fachpraktischer Qualifizierung sinnvoll.

Die Qualifizierung wird von der GFS in den Bereichen
- Bau/Holz/Farbe
- Lager/Transport/Verkehr
- Verkauf/Dienstleistungen

angeboten und ist in zwei Teile gegliedert, deren Inhalte hier kurz skizziert werden:

Teil 1: Allgemein
- Einführung in die EDV
- Bewerbungs- und Kommunikationstraining
- Arbeits- und Sozialrecht
- Arbeitssicherheit/Unfallschutz

Teil 2: Fachtheoretische und fachpraktische Qualifizierung
- Reparatur von Möbeln inkl. vor- und nachbereitender Arbeitsschritte
- fachgerecht Handhabung von Maschinen und anderen Hilfsmitteln
- Gewährleistungspflichten
- Mängelrüge, Reklamation, Schadenersatz
- das Verkaufsgespräch, der Kaufvertrag
- Lagerverwaltung
- Zahlungsweisen
- Lieferscheine und Rechnungen

10 Grundlagen der Finanzierung/PSB-Fachkräfte

Um diese PSB-Kernleistungen fach- und sachgerecht umsetzen zu können, müssen gemeinsam von den Leistungsträgern, den substituierenden Ärzten und der PSB-Fachstelle Rahmenbedingungen geschaffen werden, damit diese Aufgaben von PSB-Fachkräften wahrgenommen werden können, die als Dipl. Sozialarbeiter/-pädagogen, Dipl. Pädagogen, Dipl. Psychologen oder vergleichbar qualifiziert ausgebildet sind und die i.d.R. über mehrjährige Berufserfahrung sowie eine geeignete Fort-/ Weiterbildung verfügen.

Grundsätzlich erfolgt die Finanzierung der PSB

- im Rahmen der Leistungsvereinbarung zwischen der Kommune und dem Drogehilfesystem als Leistung der „kommunalen Daseinsvorsorge" im Sinne des § 8 Abs. 1 der Gemeindeordnung NRW und
- als Festbetragsfinanzierung nach den Förderrichtlinien des Landes NRW.

Mit diesen Fördermitteln wird im Drogenhilfesystem eine PSB-Fachkraft mit 38,5 Std./Wo. vorgehalten, womit der Betreuungsbedarf nicht gedeckt werden kann, d.h. Komplementärmittel müssen akquiriert werden, bspw. über

- die substituierenden Ärzte in Form einer Aufwandentschädigung für eine in der Praxis tätige PSB-Fachkraft des Drogenhilfesystems, die einmal in der Woche als Ansprechpartner für die Patienten zur Verfügung steht;
- die ARGE als soziale Integrationsleistung (hier: psychosoziale Betreuung, Suchtberatung, Schuldnerberatung), die gem. § 16 Abs. 2 SGB II in Verbindung mit § 11 Abs. 5 und §§ 67 ff SGB XII als Kann-Leistung zu ermöglichen sind, wenn sie für die Eingliederung in das Erwerbsleben bzw. die Überwindung sozialer Schwierigkeiten notwendig sind;[5]

und

---

[5] Anmerkung: Diese Leistungen, auf deren Inanspruchnahme grundsätzlich hinzuwirken ist, gelten ausdrücklich auch für erwerbsfähige Drogenabhängige mit einem Hilfeanspruch auf Eingliederungshilfe. „Es ist rechtlich unhaltbar, eine Fachberatung nach SGB XII bei SGB II-Leistungsberechtigten im Falle einer Ablehnung der entsprechenden Leistung nach § 16 Abs. 2 SGB II auszuschließen. ... Wenn also Ermessensleistungen nach § 16 Abs. 2 SGB II abgelehnt werden oder nicht ausreichen, um die Hilfeziele der Leistungen nach SGB XII zu erreichen, kommen entsprechende Hilfen nach SGB XII in Betracht oder sind sogar gemäß den dort geltenden Soll-Bestimmungen und individuellen Rechtsansprüchen verpflichtend zu gewähren" (*Busch-Geertsema* 2005).

- Spenden, Bußgelder, Eigenmittel, ...

Fazit: „Eine ... verpflichtende Sicherstellung und Finanzierung der psychosozialen Betreuung (PSB) (muss) implementiert werden" (*Schulte* et al. 2009, 130).

Da die Rehabilitationsziele der Substitutionsbehandlung mit den Bestimmungen der medizinischen Rehabilitation im Sinne der kranken- und rentenversicherungsrechtlichen Bestimmungen (vgl. SGB V und VI) übereinstimmen (vgl. auch, dieses Buch: Adaption als Leistung der medizinischen Rehabilitation Abhängigkeitskranker), muss die Finanzierung der PSB leistungsrechtlich sichergestellt werden.

11 Zusammenfassung

Die substitutionsgestützte Rehabilitation hat im Drogenhilfesystem eine Brückenfunktion zur gesundheitlichen und psychosozialen Stabilisierung, sowie zu weiterführenden Hilfen im Sinne einer mittel- bis langfristigen Loslösung aus der Drogenbindung.

„PSB soll Substitutionspatienten durch geeignete Unterstützungsmaßnahmen in psychischen, sozialen und lebenspraktischen Bereichen helfen, die psychischen und sozialen Folgen der Abhängigkeit von psychotropen Substanzen zu erkennen und zu überwinden. Die Einbindung (aller am Behandlungs- und Betreuungsprozess Beteiligten) in die Leistungserbringung soll aktiv gefördert werden" (*Schay* 2006).

Zusammenfassung

Bescheinigung

zur Psychosozialen Betreuung Substituierter (PSB)
im Drogenhilfesystem Herne

Name des Klienten: _____

Vorname: _____

geb.: _____

wohnhaft: _____

substituierender Arzt: _____

verantwortliche PSB-Fachkraft: _____

Termine der Clearinggespräche: 1. _____ 2. _____ 3. _____

Die medikamentengestützte Rehabilitation beinhaltet neben der Verabreichung des Substitutes (= medizinische Behandlung in der Arztpraxis) die Psychosoziale Betreuung (= Begleittherapie in der PSB-Fachstelle).

Nur die enge Verbindung dieser beiden Behandlungselemente gewährleistet, dass der Klient die für ihn notwendige Behandlung erhält.

Der Klient ist nach geltender Gesetzeslage gehalten, sich während der medikamentengestützten Rehabilitation einer begleitenden Psychosozialen Betreuung zu unterziehen, um das Behandlungsziel einer möglichst baldigen, vollkommenen Drogenfreiheit zu erreichen.

Sofern der Klient dieser Verpflichtung nicht nachkommt und keinen Kontakt zu einer PSB-Fachstelle aufnimmt, sowie dem substituierenden Arzt hierüber keine Bescheinigung vorlegt, muss er von der Behandlung ausgeschlossen werden.

Um den Klienten über die umfangreichen Leitungsangebote im Rahmen der PSB ausführlich informieren zu können und die Notwendigkeit einer PSB vermitteln zu können, finden *drei Clearinggespräche* statt, in den der Hilfebedarf der Klienten abgeklärt wird.

In den Beratungsgesprächen wird von der PSB-Fachkraft eine Problembeurteilung in den Lebensbereichen Alltagssituation, körperliche Situation, psychische Situation, Beziehungssituation und soziokulturelle Situation vorgenommen:

Lebensbereich	**Problembeurteilung** (0 = kein Problem, 5 = sehr großes Problem)	**Beispiele**
Alltagssituation	☐-----☐-----☐-----☐-----☐-----☐ 0 1 2 3 4 5	▪ Erledigung administrativer Angelegenheiten ▪ Alltagsstrukturierung (Freizeit, Ernährung)
Wohnsituation	☐-----☐-----☐-----☐-----☐-----☐ 0 1 2 3 4 5	▪ unsichere oder keine Wohnung ▪ Zusammenleben mit Anderen
finanzielle Situation	☐-----☐-----☐-----☐-----☐-----☐ 0 1 2 3 4 5	▪ Sicherung des Lebensunterhaltes? ▪ Schulden? ▪ Probleme im Umgang mit Geld?
rechtliche Situation	☐-----☐-----☐-----☐-----☐-----☐ 0 1 2 3 4 5	▪ drohende Anklagen? ▪ aktuelle Strafbefehle? ▪ Bewährungsauflagen?
Arbeits-/ Ausbildungssituation	☐-----☐-----☐-----☐-----☐-----☐ 0 1 2 3 4 5	▪ Arbeitslosigkeit? ▪ Überforderung am Arbeitsplatz? ▪ Unzufriedenheit mit Arbeitsbedingungen?

Zusammenfassung

Körperliche Situation		
Gesundheitszustand	☐-----☐-----☐-----☐-----☐-----☐ 0 1 2 3 4 5	▪ häufige oder chronische Krankheit ▪ Risikofaktoren (z.B. Bluthochdruck)
Gebrauch psychotroper Substanzen	☐-----☐-----☐-----☐-----☐-----☐ 0 1 2 3 4 5	▪ häufiger Konsum, Abhängigkeit ▪ Folgeerkrankungen ▪ soziale Konflikte wegen Konsum
Psychische Situation		
Selbstwertgefühl, Grundstimmung	☐-----☐-----☐-----☐-----☐-----☐ 0 1 2 3 4 5	▪ Unzufriedenheit mit sich selbst ▪ Minderwertigkeitsgefühle ▪ Niedergeschlagenheit
Selbstkontrolle (Steuerung von Gefühlen und Gedanken)	☐-----☐-----☐-----☐-----☐-----☐ 0 1 2 3 4 5	▪ Ausdruck von Gefühlen ▪ Kontrolle von Gefühlen: Panik, Zwänge, Aggression ▪ Selbstmordgedanken ▪ Kontrolle von Gefühlen: Panik, Zwänge, Aggression
Realitätsbezug	☐-----☐-----☐-----☐-----☐-----☐ 0 1 2 3 4 5	▪ Störungen der Wahrnehmung: Sehen, Hören, Fühlen, ... ▪ Probleme mit dem Gedächtnis, der Konzentration, dem Denken ... ▪ Personen und soziale Regeln verstehen
Beziehungssituation		
Partnerbeziehung	☐-----☐-----☐-----☐-----☐-----☐ 0 1 2 3 4 5	▪ Konflikte mit Partner ▪ nicht verarbeitete Trennung ▪ Drohungen mit Gewalt
Familie	☐-----☐-----☐-----☐-----☐-----☐ 0 1 2 3 4 5	▪ Konflikte mit Familie ▪ aktueller Missbrauch
Freunde	☐-----☐-----☐-----☐-----☐-----☐ 0 1 2 3 4 5	▪ Konflikte mit Freunden ▪ nicht verarbeitete Trennung ▪ keine Freunde
Soziokulturelle Situation		
(Druck des sozialen Umfeldes)	☐-----☐-----☐-----☐-----☐-----☐ 0 1 2 3 4 5	▪ Probleme aufgrund politischer, religiöser oder kultureller Wertvorstellungen (z.B. bei Migranten, Asylbewerbern) ▪ Unvereinbarkeit verschiedener sozialer Rollen (z.B. Beruf vs. Arbeit)

Auf der Basis der Problembeurteilung wird vereinbart, dass die

- ☐ **PSB regelmäßig, d.h.**
  - ☐ **wöchentlich**
  - ☐ **14tägig**
  - ☐ **monatlich**
  - ☐ **bei Bedarf**
  - ☐ **in Krisensituationen**

stattfindet.

- ☐ **PSB**
  - ☐ **aufgrund einer psychosozial stabilen Ausgangslage**

aktuell nicht erforderlich ist.

Die medikamentengestützte Rehabilitation (Substitutionsbehandlung) wird aus psychosozialer Sicht befürwortet.

Die Notwendigkeit der PSB muss regelmäßig überprüft werden. Dementsprechend gilt die PSB-Bescheinigung für den Zeitraum von 6 Monaten. Nach Ablauf dieser Zeit findet erneut ein Clearinggespräch statt:

Termin: _____

Erklärung zur Entbindung von der Schweigepflicht

Der Klient gibt sein Einverständnis, dass JKD e.V./Kadesch GmbH und substituierender Arzt berechtigt sind, alle zur gezielten Förderung seiner Person erforderlichen Auskünfte (Gutachten, Untersuchungsergebnisse, Diagnosen, Therapiepläne etc.) mündlicher und schriftlicher Art untereinander auszutauschen und/oder abzustimmen, um diese Informationen in meiner Behandlung/Betreuung berücksichtigen zu können.

Meine Erklärung ist zeitlich nicht befristet und beabsichtigt ausdrücklich auch den wiederkehrenden Informationsaustausch.

Mir ist bekannt, dass ich diese Erklärung über die Entbindung von der Schweigepflicht jederzeit mit Wirkung für die Zukunft widerrufen kann.

Herne, den

_____   _____
(PSB-Fachkraft)   (Klient)

Literaturangaben

Ärztekammer Sachsen-Anhalt (2009): Neuregelung der Qualifikation zur Suchttherapie, in: http://www.aeksa.de/10arzt/70themen/130Sucht/

akzept e.V. (1995): Materialien Nr. 1 - Leitlinien für die psycho-soziale Begleitung im Rahmen einer Substitutionsbehandlung

akzept e.V. (2009): Weiterentwicklung der Substitutionsbehandlung Opiatabhängiger, IMPROVE-Eine Befragung unter Drogenkonsumenten, Patienten und Ärzten - Ansätze zur Verbesserung einer erfolgreichen Therapieform, in: http://www.akzept.org/experten_gespraech/pdf/IMPROVE_kurzfinal.pdf

akzept e.V., Deutsche AIDS-Hilfe e.V., Wissenschaftliches Institut der Ärzte Deutschlands e.V. (2008): 3. Europäische Konferenz zur Gesundheitsförderung in Haft, Berlin, 07. bis 09. November 2007, Dokumentation, Berlin

Beratungsstelle für Alkohol- und Drogenfragen Krefeld (2002): Qualitätsmanagement, Konzeption u.a. zur Psychosozialen Betreuung bei Substitution

BtMG (Betäubungsmittelgesetz), aktuelle Fassung

Bundesärztekammer (BÄK) (1999): Sicherung und Weiterentwicklung der medizinischen Rehabilitation - Forderungen und Positionen,
   http://bundesaerztekammer.de/30/Rehabilitation/30Forderungen.html

Bundesärztekammer (BÄK) (1999): Curriculum Suchtmedizinische Grundversorgung, in: http://www.bundesaerztekammer.de/downloads/currsuchtmedizin.pdf

Bundesärztekammer (BÄK) (2002): Richtlinien der Bundesärztekammer zur Durchführung der substitutionsgestützten Behandlung Opiatabhängiger, Berlin

Bundesärztekammer (BÄK), Arzneimittelkommission der deutschen Ärzteschaft (AkdÄ) (2009): Stellungnahme zum Entwurf eines Gesetzes zur diamorphingestützten Substitutionsbehandlung (BT-Drs. 16/11515) sowie zum Entwurf eines Gesetzes über die diamorphingestützte Substitutionsbehandlung (BT-Drs. 16/7249), Anhörung des Gesundheitsausschusses des Deutschen Bundestages am 23.03.2009, Berlin

Bundesärztekammer (BÄK) (2010): Richtlinien der Bundesärztekammer zur Durchführung der substitutionsgestützten Behandlung Opiatabhängiger, vom Vorstand der BÄK am 19.02.2010 verabschiedet

Bundesgerichtshof (BGH) (1979): BGHSt 29, 6 vom 08.05.1979, in: INDRO e.V. (2010): Akzeptanzorientierte Drogenarbeit 2010; 7: 1-12, ISSN 1861-0110

Bühringer, G., Gastpar, M. u.a. (1995): Methadon-Standards - Vorschläge zur Qualitätssicherung bei der Methadon-Substitution im Rahmen der Behandlung von Drogenabhängigen

Bürgerschaft der Freien und Hansestadt Hamburg (2005): Ausstiegsorientierte Reform der Suchtkrankenhilfe in Hamburg, 18. Wahlperiode-Drucksache18/2202, 4/2005

Bundesausschuß der Ärzte und Krankenkassen (2002): Beschluß zur Neufassung der Substitutionsrichtlinien vom 28.10.2002

Bundesärztekammer (2002): Richtlinien der Bundesärztekammer zur Durchführung der substitutionsgestützten Behandlung Opiatabhängiger

Busch-Geertsema, V. (2005): Psychosoziale Hilfen im SGB II und SGB XII - rechtliche Grundlagen, Risiken und Schnittstellen, unterschiedliche Organisationsansätze -, Gesellschaft für innovative Sozialforschung und Sozialplanung e.v., Bremen

Caritas-Verband-Suchthilfe (2003): Leistungspflicht von Sozialhilfeträgern bei der psychosozialen Betreuung innerhalb von Substitutionsbehandlungen

Degwitz, P. (2008): Vielfältiger Nutzen? Ein Überblick über die Forschung - Wirksamkeitsnachweise zur PSB bei Substitution, in: Deutsche Hauptstelle für Suchtgefahren e.V. (DHS) (2008): Fachtag „Vielfalt nutzbar machen. Die Zukunft der psychosozialen Arbeit mit Substituierten" der DHS in Kooperation mit akzept e.v. und dem Fachverband Drogen und Rauschmittel e.v. (FDR) am 10.10.2008 in Hannover, in: http://fdr-online.info/media/pdf-Dateien/degkwitz.pdf

Deutsche AIDS-Hilfe (DAH) e.v. (2008): Betreuung im Strafvollzug, Ein Handbuch, Berlin

Deutscher Bundestag (2008): Versorgungsqualität der Substitutionsbehandlung für Opiatabhängige verbessern, 16. Wahlperiode, Drucksache 16/8212, in: http://www.dip21.bundestag.de/dip21/btd/16/082/1608212.pdf

Deutscher Bundestag (2008): Entwurf eines Gesetzes zur diamorphingestützten Substitutionsbehandlung, 16. Wahlperiode, Drucksache 16/11515, Berlin

Deutsche Hauptstelle für Suchtfragen (DHS) (2000): Positionspapier 2001, Hamm

Deutsche Hauptstelle für Suchtfragen (DHS) (2009): Weiterbildungen im Arbeitsbereich Sucht, in: http://www.dhs.de/makeit/cms/cms_upload/dhs/dossier.endfassung.pdf

Elsner, H. (2010): Psychosoziale Beratung und medizinische Aspekte der Substitution, in: DROGEN & JUSTIZ, 9. Fachtagung am 11.02.2010: 20 Jahre Substitution - zwischen Schadensminderung und Sucht auf Rezept, http://www.drogenberatung-westvest.de/wp-content/201002112-vortrag-dr-elsner-pdf

Europäischer Gerichtshof (2008): Urteil vom 16.102008, NL 2008, S. 290 (NL 08/5/14), Kammer I, Bsw. Nr. 5.608/05, http://www.menschenrechte.ac.at/docs/08_5_14, 27.04.2009

Fachverband Drogen und Rauschmittel e.V. (2003): Leitlinien der psychosozialen Begleitung Substituierter, Hannover

Fachverband Sucht e.V. u.a. (2002): Dokumentation „Fachtag Dialog stationäre Drogentherapie" am 26.11.2002, Heidelberg

Fachverband Sucht e.V. (2003): Zur Umsetzung des SGB IX", Heidelberg

Fachverband Sucht e.V. (2005): Fragenkatalog für Empfehlungen geeigneter chronischer Erekrankungen für neue strukturierte Behandlungsprogramme an den „Gemeinsamen Bundesausschuß", Heidelberg

Fachverband Drogen und Rauschmittel e.V. (FDR) (2009): Positionspapier ‚Illegale Drogen - Schwangerschaft - Kind', in: http://fdr-online.info/pages/fachkraefte bereich/texte/tagungs-und-seminarberichte/drogen--schwangerschaft--kind.php

Gemeinsamer Bundesausschuß (GBA) (2006): Richtlinien des Gemeinsamen Bundesausschusses über die Bewertung ärztlicher Untersuchungs- und Behandlungsmethoden gem. § 135 SGB V (BUB-Richtlinien), Richtlinie Methoden vertragsärztlicher Versorgung in der Fassung vom 17.01.2006, veröffentlicht im Bundesanzeiger 2006; Nr. 48 (S. 1523)

Gerlach, Ch., Stöver, H. u.a. (2000): Psychosoziale Betreuung Substituierter, 2000

Grosse Holtforth, M., Grawe, K. (2002): Bern Inventory of Treatment Goals: Part 1, Development and first application of a taxonomy of treatment goal themes, in: Psychotherapy Research, 12, 79-99

Grosse Holtforth, M., Michalak, J., Berking, M. (2007): Patientenziele in der Psychotherapie, Psychotherapeut 52, 6-15

Huber, K. (2007): Substitutionstherapie der Opiatabhängigkeit, Springer Verlag, Wien

Justizministerium des Landes NRW, Ärztekammer Westfalen-Lippe (2010): Ärztliche Behandlungsempfehlungen zur medikamentösen Therapie der Opiatabhängigkeit im Justizvollzug, Substitutionstherapie in der Haft (unveröffentlicht)

Konstanzer Modell (2006): Das Konstanzer Modell der Substitutionstherapie, in: http://www.drogenberatung_konstanz.de/html/projekte/bericht06_konstanzer_model1.doc

Küfner, H., Ridinger, M. (2008): Psychosoziale Behandlung von Drogenabhängigen unter Substitution (PSB-D), Manual 2.0, Pabst Science Publishers, Lengerich

Land Bremen, Senatorin für Arbeit, Frauen, Gesundheit Jugend und Soziales (2008): Gemeinsame Empfehlungen zur Substitutionsbehandlung Opiatabhängiger im Land Bremen, in: http://www.soziales.bremen.de/sixcms/media.php/13/gemeinsame_empfehlungen_substitutionsbehandlungung_opiatabhängiger_2008.pdf

Landtag von Baden-Württemberg (2008): Methadonsubstitution in Baden-Württemberg, 14. Wahlperiode, Drucksache 14/4063 vom 18.02.2009

Lehmann, Marc (2009): Situationsbeschreibung psychisch auffälliger Jugendlicher im Strafvollzug, Vortrag auf dem Fachgespräch „Ist die Jugend noch zu retten" der Arbeitsgemeinschaft Drogenarbeit und -politik in NRW e.V. und des Psychosozialen Plenums in der Stadt Herne am 02.10.2009, Herne

Liga der Spitzenverbände der freien Wohlfahrtspflege Rheinland-Pfalz - Fachgruppe: Landesstele für Suchtfragen (2003): Standards für die Psychosoziale Begleitung substituierter Drogenabhängiger

Michels, I.I., Sander, G., Stöver, H. (2009): Praxis , Probleme und Perspektiven der Substitutionsbehandlung Opiatabhängiger in Deutschland, in: Bundesgesundheitsblatt - Gesundheitsforschung - Gesundheitsschutz 2009 - 52: 111-121, online publiziert: 21.09.2009, Springer Medizin Verlag

Niedersächsisches Sozialministerium; Methadongestützte Psycho-/Sozialtherapie für Heroinabhängige (Zwischenbericht der wissenschaftlichen Begleitung)

Pastoor, C. (2010): Substitution in Haft, in: DROGEN & JUSTIZ, 9. Fachtagung am 11.02.2010: 20 Jahre Substitution - zwischen Schadensminderung und Sucht auf Rezept, http://www.drogenberatung-westvest.de/wp-content/201002114-vortrag-c-pastoor-pdf

Petzold, H.G. (2004): Zentrale Modelle und Kernkonzepte der Integrativen Therapie, *POLYLOGE*: Materialien *aus* der Europäischen Akademie für psychosoziale Gesundheit, 03/2002, überarbeitete Version, Kernkonzepte II, in: www.FPI-Publikationen.de/materialien.htm, Düsseldorf/Hückeswagen

Petzold, H.G., Schay, P. (Hrsg.) (2006): Integrative Suchtarbeit - Innovative Modelle, Praxisstrategien und Evaluation, VS Verlag für Sozialwissenschaften, Wiesbaden

Petzold, H. G., Schay, P. (Hrsg.) (2007): Integrative Suchttherapie - Methoden, Praxis, Forschung, 2. überarb. Auflage, VS Verlag für Sozialwissenschaften, Wiesbaden

Petzold, H.G., Schay, P., Hentschel, U. (2007): Niedrigschwellige Drogenarbeit und „intermittierende" Karrierebegleitung als Elemente einer Gesamtstrategie der Drogenhilfe, in: *Petzold, H. G./Schay, P. (Hrsg.)*; (2007): Integrative Suchttherapie - Methoden, Praxis, Forschung, 2. überarb. Auflage, VS Verlag für Sozialwissenschaften, Wiesbaden

Pressemitteilung der Drogenbeauftragten der Bundesregierung (2002): Richtlinien über die Bewertung ärztlicher Untersuchungs- und Behandlungsmethoden bei der substitutionsgestützten Behandlung Opiatabhängiger, Berlin

Rottmann, M. (2007): Stellungnahme der Stadt Frankfurt a.M. - Dezernat für Umwelt und Gesundheit - zur heroingestützten Behandlung an den Ausschuß für Gesundheit des Deutschen Bundestages zu seiner öffentlichen Anhörung zum Entwurf eines Gesetzes zur Änderung des Betäubungsmittelgesetzes und anderer Vorschriften (BT-Drs. 16/4696) am 19.09.2007, Frankfurt a.M.

Schay, P. (2006): Psychosoziale Betreuung Substituierter - Leitlinien und Finanzierungsmodelle, in: *Schay, P. (Hrsg.)* (2006): Innovationen in der Drogenhilfe - Beispiele alternativer Finanzierungsmöglichkeiten und inhaltlicher Weiterentwicklung, VS Verlag für Sozialwissenschaften, Wiesbaden

Schay, P., Liefke, I. (2009): Sucht und Trauma - Integrative Traumatherapie in der Drogenhilfe, VS Verlag für Sozialwissenschaften, Wiesbaden

Schay, P., Pultke, U., Petzold,H.G. (2007): Berufliche Integration Drogenabhängiger - Integrative Therapie als Ansatz im Netzwerk der Suchtkrankenhilfe -, in: *Petzold, H.G., Schay, P. (Hrsg.)* (2007): Integrative Suchttherapie - Methoden, Praxis, Forschung, 2. überarb. Auflage, VS Verlag für Sozialwissenschaften, Wiesbaden

Scheiblich, W., Petzold, H.G. (2006): Probleme und Erfolge stationärer Behandlung drogenabhängiger Menschen im Verbundsystem - Förderung von „REGULATIONSKOMPETENZ" und „RESILIENZ" durch „komplexes Lernen" in der Karrierebegleitung, in: *Petzold, H.G., Schay, P., Scheiblich, W. (Hrsg.)* (2006): Integrative Suchtarbeit, VS Verlag für Sozialwissenschaften, Wiesbaden, 477-532

Schöfer, G., Bartling, A. (2003): Psychosoziale Begleitung: Ideologische Chimäre oder konkrete substitutionsbegleitende Hilfen, (unveröffentlichtes) Positionspapier des Senators für Arbeit, Frauen, Gesundheit, Jugend und Soziales Bremen

Schulte, B., Gansefort, D., Stöver, H., Reimer, J. (2009): Strukturelle Hemmnisse in der Substitution und infektiologischen Versorgung Opiatabhängiger, in: Suchttherapie - Prävention, Behandlung, wissenschaftliche Grundlagen, 10. Jahrgang, 03-2009, Georg Thieme Verlag KG, Stuttgart, 125-130

Stadt Hamm (2005): Suchtbericht 2005 im Rahmen der kooperativen Suchthilfeplanung in der Stadt Hamm, in: http://www.hamm.de/pdf/suchtbericht.pdf

Steingass, H.-P. (2003): Suchtkrank, suchtkränker, am kränkesten-chronisch mehrfach beeinträchtigte Abhängigkeitskranke (CMA), in: *H.-P. Steingass (Hrsg.)* (2003): Chronisch mehrfach beeinträchtigte Abhängige, Remscheider Gespräche 1, Geesthacht

Stöver, H. (2007): Substitution in Haft Deutsche, AIDS-Forum DAH, Band 52, Berlin

Stöver, H. (2009): Fortschritte in der Substitutionsbehandlung: Rahmenbedingungen und Qualitätskriterien, Fortbildung für Mitarbeiter aus Drogenberatungen am 04.03.2009, Köln (unveröffentlicht)

Tretter, F., Müller, A. (2001): Psychologische Therapie der Sucht: Grundlagen, Diagnostik, Therapie, Hogrefe, Göttingen

Ullmann, R. (2009): Substitutionsbehandlung Heroinabhängiger: Behandlung wird kriminalisiert, in: Deutsches Ärzteblatt 2009, 106 (18): A 874-A 877, Berlin

Vogt, I. (2008): Motivierendes Case Management (MOCA) in der deutschen Studie zur heroingestützten Behandlung von Opiatabhängigen, in: Tagungsdokumentation der Fachtagung „Psychosoziale Betreuung der Substitution: Wirksamkeit - Akzeptanz - Perspektiven" am 23.05.2008, Berlin, 22-26, in: www.vistaberlin.de/fileadmin/Presse/Fachtagung_Publikationen.pdf (vgl. auch: *Vogt, I., Schmid, M., Schu, M., Simmedinger, R.* (2007): Motivierendes Case Management (MOCA) in der deutschen Studie zur heroingestützten Behandlung von Opiatabhängigen, in: Suchttherapie 2007, 8, Thieme Verlag, Stuttgart, 19-25

Vorstand der Landesärztekammer BW (2006): Hilfestellung und Qualitätssicherung in der Substitutionstherapie, in: http://www.aerztekammer-bw.de/20/suchtmedizin/asto.html

Wittchen, H.-U., Jacobi, F. (2002): Die Versorgungssituation psychischer Störungen in Deutschland - eine klinisch-epidemiologische Abschätzung anhand des Bundes-Gesundheitssurveys 1998 -, in: *Psychotherapeutenjournal 0/2002*

Adaption als Leistung der medizinischen Rehabilitation Abhängigkeitskranker

Peter Schay

1	Vorbemerkung	98
2	Die Adaptionsphase als Maßnahme der medizinischen Rehabilitation im Sinne der kranken- und rentenversicherungsrechtlichen Bestimmungen	100
	2.1 Historie	101
	2.2 Rechtliche Situation	103
	2.3 Zielgruppen	104
3	Inhalte und Ziele der Adaptionsphase (Phase II der medizinischen Rehabilitation Abhängigkeitskranker)	106
	3.1 Wiederherstellung der Erwerbsfähigkeit / Berufliche Integration	108
4	Schlussbemerkung	110
	Literaturhinweise	110

1 Vorbemerkung

Die Rehabilitation und Teilhabe suchtkranker Menschen ist seit vielen Jahren ein rechtlich besonders umstrittener Bereich und immer wieder Gegenstand rechtlicher Auseinandersetzungen, was sich daraus ableitet, dass die Abhängigkeitskrankheit in ihren vielfältigen Erscheinungsformen und ihren psychischen und sozialen Kontextfaktoren ein breites Spektrum an Interventionen notwendig macht.

Die Abgrenzung entlang der traditionellen Interventionsformen Akutbehandlung, medizinische Rehabilitation und soziale Rehabilitation und damit die Frage, welcher Leistungsträger für die jeweilige Rehabilitationsleistung zuständig ist, wird dem komplexen Sachverhalt nicht gerecht.

Ungeachtet dieser (rechtlichen) Unsicherheit hat sich in der Vergangenheit eine tragfähige Arbeitsteilung zwischen den Rehabilitationsträgern und den Einrichtungen entwickelt.

Durch Einzelfallurteile (vgl. Urteil des BSG vom 26.06.07 - Az.: B 1 KR 34/06), in denen die Verantwortung für bestimmte Leistungen der medizinischen Rehabilitation (hier: der Krankenkasse als Trägerin der medizinischen Rehabilitation für eine Adaptionsbehandlung) verneint wird, werden einzelne Leistungssegmente der Leistungen zur medizinischen Rehabilitation in Frage gestellt und es entsteht eine erhebliche Unsicherheit für Patienten und Leistungserbringer.

> „Rehabilitation soll chronischen Erkrankungen vorbeugen, die Arbeitskraft chronisch Kranker soweit als möglich wiederherstellen und erhalten, Behinderungen ... durch funktionsbezogenes Training beheben oder mindern und Verhaltensstörungen oder Abhängigkeitserkrankungen u.a. durch psycho- und verhaltenstherapeutische Maßnahmen soweit beseitigen, daß den Patienten eine aktive Teilhabe am beruflichen und gesellschaftlichen Leben wieder möglich wird. Die Leistungen zur medizinischen Rehabilitation gehören gem. § 5 SGB IX (Anm. d. Verf.: und § 4 SGB IX) zu den Leistungen zur Teilhabe" (*Borges* et al. 2006).

Die Spitzenverbände der Krankenkassen und der Rentenversicherungsträger haben sich am 08.03.1994 ergänzt durch eine Stellungnahme des Medizinischen Dienstes vom 15.09.1993 darauf verständigt, dass die Adaptionsphase als letzte Phase der Leistungen zur medizinischen Rehabilitation integraler Bestandteil der stationären Entwöhnung ist, in der durch eine allmähliche Verringerung der Therapie die Stabilisierung und Verselbständigung des Patienten erreicht werden soll.

Vorbemerkung

Nach § 11 Abs. 2 SGB V in Verbindung mit § 26 SGB IX gehören zu den Leistungen der medizinischen Rehabilitation auch die Leistungen, die notwendig sind, um

- Behinderungen einschließlich chronischer Krankheiten abzuwenden, zu beseitigen, zu mindern, auszugleichen, eine Verschlimmerung zu verhüten oder
- Einschränkungen der Erwerbsfähigkeit zu vermeiden, zu mindern.

Bestandteil dieser Leistungen sind auch psychologische und pädagogische Hilfen, soweit diese im Einzelfall erforderlich sind.

Insbesondere für drogenabhängige Patienten ist nach ihrer stationärer Entwöhnung grundsätzlich eine weiterführende Behandlung (→ Adaptionsphase) sinnvoll und notwendig, beispielsweise um der Rückfallgefahr vorzubeugen und die berufliche Integration zu ermöglichen.

Katamnestische Untersuchungen (vgl. *Sonntag, Künzel* 2000, *Fischer* et al. 2007) zeigen *übereinstimmend:* Für den überwiegenden Teil der Patienten ist nach stationärer Entwöhnung eine erhebliche Rückfallgefahr gegeben ist, d.h. 46,1% werden in den ersten 4 Wochen und 71,1% in den ersten 3 Monaten nach Behandlungsende rückfällig.

Zufrieden sind die Patienten nach stationärer Entwöhnung mit ihrem Umgang mit Suchtmitteln und ihrem Gesundheitszustand. Stark unzufrieden sind sie mit ihrer finanziellen Situation und ihrer beruflichen/schulischen Situation.

Die Erfolg der medizinischen Rehabilitation ist also nur sicherzustellen, wenn den Patienten ein Behandlungssetting, d.h. stationäre Entwöhnung + Adaptionsphase, zur Verfügung gestellt wird, das die geeigneten und notwendigen Maßnahmen vorhält, um die Ziele nach SGB V, VI und IX erreichen zu können.

2 Die Adaptionsphase als Maßnahme der medizinischen Rehabilitation im Sinne der kranken- und rentenversicherungsrechtlichen Bestimmungen

Adaption – Regeltherapiedauer 13 (Indikation: Alkohol) bzw. 17 (Indikation: Drogen) Wochen – ist Bestandteil der Leistungen zur medizinischen Rehabilitation Abhängigkeitskranker gem. den Bestimmungen der SGB V, VI, IX und XII in der Leistungsträgerschaft der Krankenkassen, Rentenversicherungsträger und Sozialhilfeträger.

Entsprechend § 107 Abs. 2, Pkt. 1b SGB V und der Vereinbarung „Abhängigkeitserkrankungen" vom 04.05.2001 bestehen als Ziele, Krankheit zu heilen, ihre Verschlimmerung zu verhüten oder Krankheitsbeschwerden zu lindern, bereits erzielten Behandlungserfolg zu sichern oder zu festigen, eine dauerhafte Abstinenz zu erreichen und zu erhalten, körperliche und seelische Störungen weitgehend zu beheben oder auszugleichen sowie die möglichst dauerhafte (Wieder-) Eingliederung in Arbeit, Beruf, Schule und Gesellschaft zu erhalten bzw. zu erreichen.

Die psychotherapeutischen Behandlungselemente der medizinischen Rehabilitation werden in dieser Phase ergänzt durch die Arbeit zur Erreichung der beruflichen und sozialen (Wieder-) Eingliederung.

Während aus Sicht der Krankenversicherung (SGB V) die Rehabilitation darauf abzielt, einer drohenden Behinderung vorzubeugen, sie zu beseitigen, zu bessern oder eine Verschlimmerung zu verhüten, hat die Rehabilitation aus Sicht der Rentenversicherung (SGB VI) das Ziel,

- den Auswirkungen einer Krankheit oder einer körperlichen, geistigen oder seelischen Behinderung auf die Erwerbsfähigkeit der Patienten entgegenzuwirken oder sie zu überwinden und dadurch
- Beeinträchtigungen der Erwerbsfähigkeit der Patienten oder ihr vorzeitiges Ausscheiden aus dem Erwerbsleben zu verhindern oder sie möglichst dauerhaft in das Erwerbsleben wiedereinzugliedern.

Gem. § 13 SGB VI stimmen sich die Träger der Rentenversicherung und die Spitzenverbände der Krankenkassen über Einzelheiten zur Durchführung der Leistungen zur medizinischen und sozialen Rehabilitation ab.

Zwar stehen die medizinischen Rehabilitationsleistungen gem. SGB V + VI unter unmittelbarer ärztlicher Verantwortung/Leitung, überwiegend wird das Re-

habilitationsziel jedoch durch die Tätigkeit des nichtärztlichen Heilpersonals erreicht (vgl. *Haufe* 2006).
Das SGB IX verdeutlicht den umfassenden Teilhabebedarf, dem Leistungen zur Rehabilitation dienen. Die Leistungen des SGB IX zielen darauf ab:

- „eine Behinderung abzuwenden, zu beseitigen, zu mindern, ihre Verschlimmerung zu verhüten oder die Folgen zu mildern,
- Einschränkungen der Erwerbsfähigkeit oder Pflegebedürftigkeit zu vermeiden, zu überwinden, zu mindern oder eine Verschlimmerung zu verhüten, (...)
- die Teilhabe am Arbeitsleben entsprechend den Neigungen und Fähigkeiten dauerhaft zu sichern oder
- die persönliche Entwicklung ganzheitlich zu fördern und die Teilhabe am Leben der Gesellschaft sowie eine möglichst selbständige und selbst bestimmte Lebensführung zu ermöglichen oder zu erleichtern" (*Weissinger, Missel* 2006, 54).

2.1 Historie

Nachdem die DRV Westfalen und der Landschaftsverband Westfalen Lippe (LWL) sich am 09.12.87 darauf verständigt hatten, dass der LWL bis zu einer endgültigen höchst-richterlichen Entscheidung bei Adaptionsleistungen in Vorleistung tritt, hat die DRV Westfalen mit den Einrichtungen eine Vereinbarung gem. § 15 Abs. 2 SGB VI in 1992 abgeschlossen und auf der Basis des Urteiles des 13. Senats des BSG vom 23.04.1992 als Folge mehrerer Urteilen des 5. Senats ab dem 01.07.1993 die Behandlung in einer Adaptionseinrichtung als Leistung der medizinischen Rehabilitation finanziert (Az.: 13 RJ 27/91,13 RJ 25/91,5 RJ 76/88).

Die DRV Bund, die regionalen Rentenversicherungsträger und die Bundesknappschaft haben diese Rechtsauffassung übernommen.

Der LWL hat die Kosten in den Fällen übernommen, in denen kein Anspruch gegenüber der Renten- und Krankenversicherung bestand.

Damit verbunden war, dass auch die GKV die Adaptionsphase im Rahmen der medizinischen Rehabilitation i.d.R. finanziert hat.

Ungeachtet dieser Tatsache, hat die GKV - soweit die Einrichtungen bei der zuständigen Regionaldirektion der Krankenkassen einen Antrag auf Abschluss eines Versorgungsvertrages gem. § 111 SGB V gestellt haben -, diese mit der Begründung abgelehnt, dass die Einrichtungen inhaltlich und sachlich die Voraussetzungen nicht erfüllen.[1]

---

[1] Anmerkung: Mit dem zum 01.04.2007 in Kraft getretenen GKV-Wettbewerbsstärkungsgesetz (GKV-WSG) soll die medizinische Rehabilitation gestärkt werden. Dementsprechend stellt die Bundesregierung in ihrer Koalitionsvereinbarung (2009) fest, dass qualifizierte medizinische Rehabilita-

§ 107 SGB V definiert die Voraussetzungen, die von Einrichtungen i.S. dieses Gesetzes erfüllt werden müssen. Die Behandlungspraxis der Adaptionseinrichtungen zeigt deutlich, dass die Kriterien gem. Abs. 2 erfüllt werden, da

1. die stationäre Behandlung den Patienten dient,
   - um eine Schwächung der Gesundheit zu beseitigen,
   - um einer Gefährdung der gesundheitlichen Entwicklung entgegenzuwirken,
   - um eine Krankheit zu heilen, ihre Verschlimmerung zu verhüten oder Krankheitsbeschwerden zu lindern,
   - den in einer Vorbehandlung erzielten Behandlungserfolg zu sichern oder zu festigen
2. die Einrichtung
   - fachlich-medizinisch unter ständiger ärztlicher Verantwortung steht,
   - unter Mitwirkung von besonders geschultem Personal (Facharzt für Psychiatrie und Psychotherapie, Dipl. Psychologe, Dipl. Sozialarbeiter/-pädagogen und Dipl. Pädagogen mit psychotherapeutischer/suchtspezifischer Zusatzausbildung nach den Empfehlungen des VDR) den Gesundheitszustand der Patienten nach einem ärztlichen Behandlungsplan zu verbessern und den Patienten bei der Entwicklung eigener Abwehr- und Heilungskräfte hilft

und

3. die Patienten in der Einrichtung untergebracht und verpflegt werden.

Mit dem Gesundheitsreformgesetz vom 01.10.1989 ging es dem Gesetzgeber offenbar um eine Gleichbehandlung der Krankenhäuser und Rehabilitationseinrichtungen, so dass sich seit 1989 die Zahl der mit Versorgungsverträgen ausgestatteten Rehabilitationseinrichtungen deutlich erhöht hat.

Dies insbesondere, da für Einrichtungen, die bereits vor dem 01.01.1989 stationäre medizinische Leistungen für die GKV erbracht haben, ein Versorgungsvertrag gem. § 109 Abs. 3 SGB V als abgeschlossen galt.

In Bezug auf die Adaptionseinrichtungen hat das Gesetz jedoch an der Situation der Einrichtung nichts verändert, da die GKV auch bei den Adaptionsein-

---

tion eine wichtige Voraussetzung zur Integration von Kranken in Beruf und Gesellschaft ist (vgl. BMG vom 20.05.2010). Dies wird von der Arbeitsgemeinschaft der Verbände der Krankenkassen in Westfalen-Lippe (2007) inhaltlich dahingehend verkürzt, dass „zentrales Wesensmerkmal .. eine ständige fachärztliche Leitung" ist. Weitere konzeptionelle Hinweise: Fehlanzeige.

richtungen, die bereits vor dem 01.01.1989 nachweisbar medizinische Leistungen für die Krankenkassen erbracht haben, den Abschluss eines Versorgungsvertrages abgelehnt.[2]

2.2 Rechtliche Situation

Die Rentenversicherungsträger gehen davon aus, dass bei der Indikation „Alkohol" der Anteil der Patienten, für die die Adaptionsphase notwendig ist, bei mind. 25 % liegt und bei der Indikation „Drogen" der überwiegende Teil der Patienten sinnvollerweise die Phase II der medizinischen Rehabilitation in Anspruch nehmen muss.

Den Gesundheitsministern obliegt gem. § 208 SGB V die Rechtsaufsicht als oberste Verwaltungsbehörde des Landes, d.h. diese können Krankenkassen „anweisen", mit den Einrichtungen Versorgungsverträge abzuschließen und damit dafür Sorge tragen, dass jeder Rehabilitand alle notwendigen Maßnahmen der medizinischen Rehabilitation in Anspruch nehmen kann.

Als Folge der Entscheidung des *Bundessozialgerichtes* vom 26.06.2007 steht erneut im Kern der Diskussion die Frage, ob es sich bei einer Adaptionsmaßnahme um eine aus medizinischen Gründen erforderliche Rehabilitationsleistung handelt, die der Sicherung des Erfolges der Entzugsbehandlung und damit der Heilung der Suchtkrankheit dient, und ob diese ärztlich verantwortet wird, d.h. die Einrichtung muss „in organisatorischer, institutioneller Hinsicht „fachlich-medizinisch unter ständiger ärztlicher Verantwortung" (stehen) und unter Mitwirkung von besonders geschultem Personal darauf eingerichtet (sein), den Gesundheitszustand des Patienten

> „nach einem ärztlichen Behandlungsplan vorwiegend durch Anwendung von Heilmitteln einschließlich ... Bewegungstherapie ... oder Arbeits- und Beschäftigungstherapie, ferner durch andere geeignete Hilfen, auch durch geistige und seelische Einwirkungen, zu verbessern und den Patienten bei der Entwicklung eigener Abwehr- und Heilungskräfte zu helfen. Es muß also feststellbar eine planmäßige ärztliche Behandlung erfolgen, d.h. es müssen grundsätzlich Anhaltspunkte dafür gegeben sein, daß mit der Entwöhnungsbehandlung die Ziele der medizinischen Rehabilitationsmaßnahme (hier: Entwöhnung) nicht erreicht werden konnten und es im unmittelbaren Anschluß (z.B. wegen Scheiterns der Entwöhnung) unmittelbar einer weiteren medizini-

---

[2] Anmerkung: Die Arbeitsgemeinschaft der Verbände der Krankenkassen in Westfalen-Lippe hat als Ergebnis eines Petitionsverfahrens des Landtages NRW (Pet.-Nr. 14-P-2006-05233-00) zur Kenntnis nehmen müssen, dass in diesen Fällen die Voraussetzungen des §111 Absatz 3 Satz 1 SGB V vorliegen und ein Versorgungsvertrag als abgeschlossen gilt.

schen Rehabilitationsmaßnahme i.S. von § 40 SGB V bedarf, wie es § 40 Abs. 3 Satz 2 SGB V fordert" (*Bundessozialgericht* 2007).

Bereits in seinem Urteil vom 23.04.1992 hat das BSG zu der von der LVA Westfalen geforderten ärztlichen Mitwirkung in der medizinischen Rehabilitation ausgeführt: Die Aufgabe der Rentenversicherungsträger wird durch das Ziel definiert, die Erwerbsfähigkeit der Versicherten zu bessern oder wiederherzustellen. Eine Beschränkung auf bestimmte Arten von Rehabilitationsleistungen ist dabei nicht vorgesehen.

Nach dieser Rechtssprechung werden medizinische Leistungen zur Rehabilitation nicht durch einen Leistungskatalog, sondern durch das Ziel bestimmt.

2.3 Zielgruppen

Aufgenommen werden abhängigkeitskranke Frauen und Männer aller Nationalitäten und Kulturen (deutsche Sprachkenntnisse sind erforderlich), Jugendliche, Paare, Alleinerziehende/Paare (im Einzelfall auch mit Kindern) - entsprechend der Klassifizierung nach ICD-10/DSM-IV. Im Sinne der integrierten Behandlung werden alkohol-, medikamenten- und drogenabhängige Patienten aufgenommen. Im Regelfall werden die Patienten im Anschluss an eine stationäre Entwöhnungsbehandlung aufgenommen. Das Mindestalter beträgt 18 Jahre. Eine Altersbegrenzung nach oben gibt es nicht.

Merkmale der Patientengruppen, die im Behandlungskontext ggf. zu berücksichtigen sind:

- Soziale, persönliche und berufliche Integrationsschwierigkeiten, Defizite, Störungen, mangelnde Beziehungsfähigkeit, psychosomatische Erkrankungen, Traumatisierungen, Konflikte, niedrige Frustrationstoleranz, Impulsivität und mangelnde Steuerungsfähigkeit, reduzierte Erlebnisfähigkeit, fehlende Sinn- und Wertorientierung bei einer insgesamt instabilen und schwachen Persönlichkeitsstruktur.
- Arbeitslosigkeit, Konsumorientierung, gesellschaftliche und individuelle Orientierungs- und Perspektivlosigkeit, damit zusammenhängende Existenzängste und allgemeine Verunsicherung sowie die Kriminalitätsbelastung.
- Verdinglichung und Entfremdung als Konsequenz der Lebensbedingungen in der modernen Industriegesellschaft, Spaltung zwischen Person und Körper aufgrund komplexer Sozialisationsschäden.

Grundvoraussetzungen
Grundvoraussetzung für eine Aufnahme ist neben dem Abstinenzwunsch die Motivation der Patienten, sich mit therapeutischer Unterstützung einen Rahmen für eine suchtfreie und sozial abgesicherte Zukunft zu erarbeiten und aufzubauen.

Die Patienten müssen
- über "Krankheitseinsicht" verfügen;
- die Bereitschaft haben, sich auf eine therapeutische Beziehung und eine Auseinandersetzung mit sich selbst einzulassen;
- zur vollstationären medizinischen Rehabilitation motiviert sein;
- die Grundregeln, die in Behandlungsprogramm und Hausordnung festgelegt sind, akzeptieren.

Formale Aufnahmevoraussetzungen
1. Der Entlassungsbericht der vorbehandelnden Einrichtung soll bei Aufnahme vorliegen, damit bereits mit Beginn der Maßnahme die spezifischen Indikationen des Patienten möglichst umfassend bekannt sind sowie
2. die Leistungszusage des zuständigen Leistungsträgers.

Allgemeine Indikationen
Im Rahmen der Leistungen der stationären medizinischen Rehabilitation (hier: Phase 2 der medizinischen Rehabilitation) werden Patienten mit einer Abhängigkeit von legalen und illegalen Suchtmitteln (in substanzspezifischer und polytoxikomaner Ausprägung) behandelt (Erstdiagnose gem. ICD 10: F10, F11, F12, F13, F14, F15, F16, F17, F18, F19).

Kontraindikationen
1. psychiatrisch: akute Psychosen/akute Suizidgefährdung (Patienten, deren psychotische Erkrankung eine vollständige Remission (gem. ICD 10: F 20.x5) aufweisen, werden aufgenommen). Patienten mit einer dissozialen Persönlichkeitsstörung (F60.2), können nur aufgenommen werden, wenn die Therapiefähigkeit vom ltd. Arzt der Einrichtung festgestellt wird und keine massiven Gewalt- oder Sexualdelikte vorliegen.
2. somatisch: schwere körperliche Behinderungen und chronischen Erkrankungen, die die Teilnahme an der normalen Tagesstruktur über längere Zeiträume weitgehend ausschließt; Aids-Erkrankung im Finalstadium.
3. kognitiv: schwere Einschränkung der Wahrnehmung, der intellektuellen Fähigkeiten oder geistige Behinderung.

Spezifische Indikationen/Komorbidität
Sofern als Erstdiagnose eine unter den allgemeinen Indikationen aufgeführte Abhängigkeitserkrankung von legalen/illegalen Suchtmitteln vorliegt, ist die Einrichtung insbesondere auf die Mitbehandlung folgender Diagnosen ausgerichtet:

1. in Sonderheit (traumabedingte) Angststörungen (ICD-10: F4), Posttraumatische Belastungsstörung (F43.1)
2. Persönlichkeits- und Verhaltensstörungen: in Sonderheit Dissoziale Persönlichkeitsstörung (ICD-10: F60.2), Borderline-Persönlichkeitsstörung (F60.31), Histrionische Persönlichkeitsstörung (F60.4), Ängstlich (vermeidende) Persönlichkeitsstörung (F60.6), Abhängige Persönlichkeitsstörung (F60.7), Narzisstische Persönlichkeitsstörung (F60.8), Kombinierte und sonstige Persönlichkeitsstörungen (F61), Persönlichkeits- und Verhaltensstörung (F19.71)
3. Störungen des Sozialverhaltens (ICD-10: F92.0), Aufmerksamkeitsdefizitsyndrom (F90.0, F98.8)

3 Inhalte und Ziele der Adaptionsphase (Phase II der medizinischen Rehabilitation Abhängigkeitskranker)

In der Adaptionsphase werden die in der „intensivstationären" Therapiephase I (= Fachklinik) erreichten „Erfolge" in der Alltags- und Arbeitsrealität erprobt und stabilisiert.

Die Rehabilitations-/Behandlungsangebote müssen „indikationsbezogen, bedarfsgerecht, patientenorientiert und mit einer hohen Qualität" (*Weissinger, Missel* 2006, 50) erbracht werden. „Die Rehabilitation Abhängigkeitskranker ist „als Komplexbehandlung angelegt; sie verknüpft regelmäßig medizinische, psychotherapeutische, psychosoziale, arbeitsbezogene, soziotherapeutische und weitere Leistungen miteinander" (*Weissinger, Schneider* 2006, 4).

Um den Patienten die Möglichkeit zu geben, sich mit diesem umfassenden Leistungsangebot der Adaptionsphase in den Alltag integrieren zu können, sind dabei von besonderer Bedeutung:
- (Weitere) Stabilisierung und Vertiefung der Krankheitseinsicht und Festigung der Abstinenzentscheidung und -fähigkeit.

- Stabilisierung in der Konfrontation mit der Alltagsrealität, Realitätsprüfung und Zukunftsplanung.
- Entwicklung persönlicher und sozialer Kompetenzen, wie Erhöhung der Frustrationstoleranz, Erhöhung der Konfliktfähigkeit, Training eines angemessenen Abgrenzungsverhaltens gegenüber konsumierenden Menschen bzw. schwierigen Situationen, in denen Suchtmittel konsumiert werden.
- Erhöhung des Selbstwirksamkeitspotentials durch Stärkung von Selbstbewusstsein und Selbstvertrauen, Entwicklung pragmatischer Problemlösungsstrategien (Rückfallprävention u.a.).
- Förderung von konstruktiven Konfliktlösungsstrategien, Erlernen von Stressbewältigungstechniken.
- Entwicklung einer beruflichen Perspektive, Heranführung an den beruflichen Alltag, berufliche und soziale Integration vor Ort/in der Region (s.a. Berufliche (Wieder-) Eingliederung).
- Förderung der sozialen Integrationsfähigkeit.
  - Training lebenspraktischer Fertigkeiten (Haushaltsführung, Ernährung).
  - Erarbeitung und Umsetzung einer sinnvollen Freizeitgestaltung.
  - Aufbau tragfähiger und funktionierender Kontakte (soziales Kompetenztraining/ soziale Netzwerkarbeit).
- Entwicklung eines (bewegungs-)aktiven Lebensstils, Steigerung der körperlichen Vitalität.
- Erstellung/weitere Bearbeitung eines Schuldenregulierungsplanes.
  - Erstellung einer Übersicht über die bestehenden Verbindlichkeiten und sozialverträgliche Absprachen mit den Gläubigern.

Die psychotherapeutischen Behandlungselemente werden in der Adaptionsphase ergänzt durch die Arbeit zur Erreichung der sozialen und beruflichen (Wieder-) Eingliederung. Die dabei angebotene Unterstützung muss auf die spezifische Situation jedes Einzelnen abgestimmt werden.

Die äußere Struktur der Adaptionseinrichtung und die Behandlungsinhalte bestimmen den Alltag und die persönliche Situation des Patienten. Die Adaptionsphase gewährleistet eine Behandlung der Abhängigkeitserkrankung auf hohem fachlichen Niveau und auf dem aktuellen Stand der wissenschaftlichen Erkenntnisse.

3.1 Wiederherstellung der Erwerbsfähigkeit / Berufliche Integration

Bei der Adaptionsmaßnahme handelt es sich um eine aus medizinischen Gründen erforderliche Rehabilitationsleistung im Sinne der kranken- und rentenversicherungsrechtlichen Bestimmungen.

Eine Adaptionsmaßnahme ist notwendig, wenn bei Abhängigkeitskranken die stationäre Entwöhnungstherapie aufgrund der spezifischen Auswirkungen und Folgen der Abhängigkeit zum Erreichen des Rehabilitationsziels nicht ausreicht. Sie dient der Erprobung, ob der Versicherte unter Alltagsbedingungen den Anforderungen des Erwerbslebens und der eigenverantwortlichen Lebensführung gewachsen ist (Landessozialgericht Mainz 2006).

Unter Berücksichtigung dieser Gegebenheiten werden als Schritte zur Wiederherstellung der Erwerbsfähigkeit (beruflichen Integration) mit den Patienten folgende Punkte erarbeitet:

- Entwicklung einer beruflichen Perspektive
  - Prüfung der persönlichen Voraussetzungen

  (Anforderung von Zeugnissen, Bewilligungsbescheiden, Arbeitsnachweisen; Klärung für welche Art von Eingliederungsmaßnahmen die Voraussetzungen gegeben ist)

  Um die Erwartungshaltung der Patienten mit den Möglichkeiten des Arbeitsmarktes zu verbinden, werden die individuellen Voraussetzungen geprüft. Es wird abgeklärt, ob der Patient z.B. umschulungsberechtigt ist oder welche Maßnahmen vorgeschaltet werden müssen, damit er diese Berechtigung erlangt.

- Kontakt zur Agentur für Arbeit/ARGE

  (Arbeitssuchend melden, Termine bei Berufsberatung oder Arbeitsvermittlung)

  Alle Patienten melden sich arbeitssuchend, um die Angebote der Agentur für Arbeit wahrnehmen zu können. Gemeinsame Besuche bei der ARGE und dem Berufs-Informations-Zentrum (BIZ) finden regelmäßig statt.

- Vermittlung eines berufsorientierenden Praktikums

  (Kontaktaufnahme zu Betrieben und Firmen, Vermittlung von und Begleitung bei Vorstellungsterminen, Abschluss eines Praktikumsvertrages, Reflexionsgespräche)

Alle Patienten absolvieren ein externes Praktikum, um die Überprüfung der eigenen Fähigkeiten, Fertigkeiten aber auch Grenzen zu gelangen. Berufswünsche und Berufsvorstellungen werden somit in der Berufsrealität überprüft.

Ziel ist eine Heranführung an den Berufsalltag in Form eines Belastungstrainings, sowie die Auseinandersetzung mit den Anforderungen des Berufsalltags (Zuverlässigkeit, Pünktlichkeit und Leistungsfähigkeit).

- Vermittlung in Maßnahmen
(Vermittlung in Qualifizierungs-, Feststellungs-, Umschulungsmaßnahmen)
Die Zuständigkeit liegt bei der örtlichen ARGE, da die Finanzierung einer Maßnahme von dort bewilligt werden muss.

Um die Bewilligung einer Maßnahme zu optimieren ist es wichtig, die Patienten auf den Termin beim Arbeitsvermittler bzw. -berater vorzubereiten. Je genauer die Patienten wissen, welche Maßnahme sie machen wollen (Art und Dauer), desto einfacher ist es für den Vermittler, aktiv zu werden und den Vermittlungsprozess vorzubereiten.

- Vermittlung in Schulen
(Anmeldung bei der Berufsschule, Volkshochschule oder Abendschule zum Erlangen eines Schulabschlusses oder zur weiteren schulischen Qualifizierung)
Die detaillierten Kenntnisse über die unterschiedlichen Bildungsangebote und der enge Kontakt zu den Trägern schulischer Bildung eröffnen zeitnah Möglichkeiten zur Erlangung einer schulischen Qualifikation.

- Hilfe bei Bewerbungen
(Erstellen von Lebenslauf und Bewerbungsschreiben, Bewerbungstraining, Hilfe bei der Stellensuche)
Die Patienten erhalten die notwendigen Hilfestellungen bei schriftlichen Bewerbungsverfahren.

Über ein regelmäßiges Bewerbungstraining wird den Patienten mehr Sicherheit vermittelt, um in Bewerbungsgesprächen erfolgreich sein zu können.

4 Schlussbemerkung

Die Verfahrensabsprache zwischen den Spitzenverbänden der Krankenkassen und der Rentenversicherungsträger zur Entwöhnungsbehandlung Abhängigkeitskranker hat ungeachtet der Entscheidung des BSG-Urteils vom 26.06.07 weiterhin Bestand, d.h.

- die Adaptionsphase ist integraler Bestandteil medizinischen Rehabilitation Abhängigkeitskranker.

„Die Adaptionsphase ist beim überwiegenden Teil der Drogen-Langzeittherapie-Einrichtungen ein integraler Bestandteil der Behandlung. Eine mit Hilfe definitorischer Begriffe herbeigeführte Abtrennung von der vorherigen Phase der Langzeittherapie ist inhaltlich nicht zu begründen. ... Erst das Durchlaufen der gesamten Therapie ergibt einen therapeutischen Sinn ... „kurative Medizin allein reicht immer weniger aus, um den Folgen chronischer Krankheiten entgegenzuwirken, ... insbesondere (um) die Teilhabe der Betroffenen an Arbeit, Beruf und Gesellschaft zu ermöglichen oder zu sichern" (*FVS* 2008).

Literaturhinweise

Borges, P., Hofmann, O., Zimolong, A. (2006): Gutachten zur aktuellen und perspektivischen Situation der Einrichtungen im Bereich der medizinischen Rehabilitation, GEBERA-Gesellschaft für betriebswirtschaftliche Beratung mbH, Member of Deloitte Touche Tohmatsu, Düsseldorf
Bundesarbeitsgemeinschaft für Rehabilitation (1996): Arbeitshilfe für die Rehabilitation von Suchtkranken, Frankfurt a.M.
Bundesarbeitsgemeinschaft für Rehabilitation (2006): ICF-Praxisleitfaden. Trägerübergreifender Leitfaden für die praktische Anwendung der ICF (Internationale Klassifikation der Funktionsfähigkeit, Behinderung und Gesundheit) beim Zugang zur Rehabilitation, 2. überarb. Aufl., Frankfurt a.M.
Bundessozialgericht (2007): Terminbericht Nr. 31/07, Urteil vom 26.06.07, Az.: B 1 KR 36/06 R, in: http://juris.bundessozialgericht.de/cgi-bin/rechtsprechung
Fachverband Sucht e.V. (FVS) (2008): Stellungnahme des FVS zur leistungsrechtlichen Zuständigkeit der gesetzlichen Krankenkassen für die Adaptionsphase bei Abhängigkeitserkrankungen (Phase II der medizinischen Rehabilitation), in: www.sucht.de

Fischer, M., Missel, P., Nowak, M., Roeb-Rienas, W., Schiller, A., Schwehm, H. (2007): Ergebnisqualität in der stationären medizinischen Rehabilitation von Drogenabhängigen (Drogenkatamnese) -Teil II: Abstinenz und Rückfall in der Halbjahres- und Jahreskatamnese, in: Sucht Aktuell, Zeitschrift des Fachverbandes Sucht e.V., 14. Jg., Nr. 2, 10/2007, Bonn, 37-46

Fonagy, P.; Roth, A. (2004): Ein Überblick über die Ergebnisforschung anhand nosologischer Indikationen, in: Psychotherapeutenjournal 3/2004, R. v. Decker Verlag, Heidelberg

Grigoleit, Hp. (1997): Verfahrensabsprache der Spitzenverbände der Kranken- und Rentenversicherungsträger zur Adaptionsphase bei Abhängigkeitskranken vom 08.03.1994, in: *Gerkens, K., Meyer, Chr., Wimmer, D.* (2007): Handbuch Sucht, Asgard-Verlag Dr. Werner Hippe GmbH, 25. Lieferung, Bd. III, Kapitel 11, 11.15-1 bis 11.15-15, Loseblattausgabe, 10. Lieferung, Sankt Augustin

Härter, M., Bengel, J. (2001/4): Epidemiologie psychischer Störungen in der medizinischen Rehabilitation und (2004) Prävalenz und Behandlungsbedürftigkeit komorbider psychischer Störungen, in: *http://forschung.deutsche-rentenversicherung.de/ForschPortalWeb/*, 15.10.2006

Landessozialgericht Mainz (2006): Entscheidung: Urteil vom 19.10.2006, Az.: L 5 KR 50/06, Titel: Kostentragung bei Adaptionsmaßnahmen, in: http://juris3.justiz.rlp.de/rechtspr/displayurteil.asp

Männchen, D. (1993): Medizinische Rehabilitation der LVA Westfalen in Übergangseinrichtungen, in: *Jagoda, B.* (Hrsg.) (1994): Gemeindepsychiatrische Suchtkrankenversorgung - Regionale Vernetzung medizinischer und psychosozialer Versorgungsstrukturen, Tagungsberichte Band 21, Rheinland-Verlag, Köln

Rehabilitation und Teilhabe behinderter Menschen (2001): SGB IX, Beck-Texte im dtv, 1. Auflage, München

Saß, H./Wittchen, H.-U./Zaudig, M. (1998): Diagnostisches und statistisches Manual Psychischer Störungen DSM-IV, 2. verbesserte Auflage, Hogrefe-Verlag, Göttingen

Schulte-Markwort, M., Marutt, K., Riedesser, P. (2002): crosswalk ICD-10 - DSM IV, Klassifikation psychischer Störungen: eine Synopsis, Hans Huber, Bern

SGB Office - Gesamtkommentar zum Sozialgesetzbuch (2006): Haufe Office Line, CD-Rom, Version 8.1, 01/2006

Sonntag, D., Künzel, J. (Hrsg.) (2000): Hat die Therapiedauer bei alkohol- und drogenabhängigen Patienten einen positiven Einfluß auf den Therapieerfolg? Sonderheft 2/2000 der Zeitschrift SUCHT. Neuland Verlag, Geesthacht

Verband Deutscher Rentenversicherungsträger (VDR) (1994): Kriterien zur Bestimmung der Adaptionsphase, Rundschreiben der LVA Westfalen. Frankfurt a.M.

VDR (1994): Leitlinien zur Bestimmung einer ambulanten und/oder stationären Entwöhnungsbehandlung. Frankfurt a.M.

VDR (1995): Richtlinien, Empfehlungen und Vereinbarungen zur Rehabilitation in der gesetzlichen Rentenversicherung. Frankfurt a.M.

VDR (2001): Vereinbarung Abhängigkeitserkrankungen vom 05.05.2001

VDR (2004): Das Qualitätssicherungsprogramm der gesetzlichen Rentenversicherung in der medizinischen Rehabilitation - Checkliste und Manual der qualitätsrelevanten Prozeßmerkmale sowie Therapieziel-Katalog für das Peer Review-Verfahren der Indikationsbereiche Psychische Erkrankungen und Abhängigkeitserkrankungen, 7. überarbeitete Auflage, Frankfurt a.M.

Weissinger, V., Missel, P. (2006): Gesamtkonzept des Fachverbandes Sucht e.V. zur Behandlung von Abhängigkeitserkrankungen, in: *Sucht aktuell*, Zeitschrift des FVS, 13. Jg., Nr. 2, 10/2006, Bonn, 44-72

Weissinger, V., Schneider, R. (2006): Leitlinien und ihre Bedeutung für die Suchttherapie in Deutschland: Statement des Fachverbandes Sucht e.V., in: *Sucht aktuell*, Zeitschrift des FVS, 13. Jg., Nr. 2, 10/2006, Bonn, 4-7

Ambulant Betreutes Wohnen für abhängigkeitskranke Menschen

Peter Schay

> Werden kennt kein Ende
> der Strom fließt weiter
> jeder Augenblick ist neu
> der Schmerz des Wachsens
> der Mühe wert
> *(Bruno-Paul de Roeck)*

	Der Träger	114
1	Ausgangslage	115
2	Karrierebezogene Langzeitstrategie soziotherapeutischer Interventionen	118
3	Ambulant Betreutes Wohnen	121
	3.1 Konzeptuelle Schwerpunkte des Ambulant Betreuten Wohnens	122
	3.2 Kurzbeschreibung des Leistungsangebotes	124
	3.3 Bedarfsanalyse	126
	3.3.1 Risikofaktoren, Ressourcen, Protektive Faktoren, Resilienzen	126
	3.4 Zielgruppen	130
	3.5 Ziele und Inhalte des Ambulant Betreuten Wohnens	131
	3.6 Situationserhebung	132
	3.7 Zieldefinitionen (Grob- und Feinziele) des ambulant Betreuten Wohnens	134
	3.8 Betreuungsleistungen	134
	3.9 Aufnahmebedingungen	141
	3.10 Behandlungsvertrag	141
4	Personalkonzept	141
5	Qualitätssicherung	142
	Literaturhinweise	143

Anlagen:
- Kadesch GmbH: Der Leistungsanbieter
- Betreuungsvertrag für das Ambulant Betreute Wohnen
- Einwilligung nach den Datenschutzbestimmungen
- Recht auf Beratung und Beschwerde
- Selbstverpflichtung der Freien Wohlfahrtspflege des Landes NRW für internes und externes Beschwerdemanagement in Einrichtungen und Diensten der Pflege, Alten- und Behindertenarbeit

Der Träger

Kadesch GmbH gestaltet lebensfeldorientierte ambulante und stationäre Unterstützungsangebote für Menschen, die suchtkrank sind und verfolgt eine am regionalen Bedarf und fachlichen Standards ausgerichtete Angebotsausrichtung.

Die Achtung und Wertschätzung eines jeden Menschen prägen das Selbstverständnis des Trägers, der sich in seinem institutionellen Tätigsein - unabhängig von unterschiedlichen religiösen und weltanschaulichen Bindungen - der Erkenntnis verpflichtet, dass jedes menschliche Leben einzigartig, unersetzlich, unverfügbar und in seiner Verschiedenheit (unabhängig von Krankheit, Behinderung und Leistungsfähigkeit) von gleichem Wert ist.

Die Arbeit mit Betroffenen psychischer und Abhängigkeitsstörungen setzt voraus, sich den Grenzen des eigenen Handelns bewusst zu sein und sich an der Erkenntnis zu orientieren, dass Substanzmissbrauch häufig als ein Selbstheilungsversuch angesichts seelischer Überforderung interpretiert werden kann.

Das Bedingungsgefüge zwischen gesellschaftlicher Realität und komorbiden Störungen ist für den Träger handlungsrelevant. Er unterstützt mit seinen Angeboten Betroffene dabei, ihre Beeinträchtigungen im Umgang mit einer psychischen Störung und Abhängigkeitserkrankung mit individuellen Lösungen auf sozialräumlicher Grundlage zu versehen und begegnet den Betroffenen mit Achtung und Respekt.

Der Träger weiß um den Zusammenhang zwischen psychischen Störungen, Abhängigkeitserkrankung, Krisen und Sinnsuche. Er unterstützt persönliche Bedürfnisse Betroffener nach Wertorientierung und weltanschaulicher Orientierung durch partnerschaftlich vereinbarte Formen individueller Lebensbegleitung.

Zielsetzung des Trägers ist, in der Gebietskörperschaft Herne in Abstimmung zwischen dem örtlichen und überörtlichen Sozialhilfeträger Versorgungslücken in den Angeboten für Menschen mit einer psychischen Störung und Abhängigkeitserkrankung zu verhindern und insbesondere das Ambulant Betreute Wohnen in seine Leistungsangebote zu integrieren.

Im Sinne des § 2 Abs. 2 SGB XII ist das Ziel, eine wohnortnahe und damit sozialräumlich verankerte Leistungsstruktur für Menschen mit einer psychischen Störung und Abhängigkeitserkrankung zu erreichen. Dabei achtet der Träger insbesondere auf die bedarfsgerechte Unterstützung und Versorgung sowie die Sicherung der Rechtsansprüche dieser Klientel nach § 67ff SGB XII.

Grundsätze und Handlungsmaximen

- Die Angebote verstehen sich als wohnortnahe Hilfen und orientieren sich am individuellen Unterstützungsbedarf der Klientel.
- Das Wunsch- und Wahlrecht und das Selbstbestimmungsrecht der Klientel werden geachtet.
- Die Flexibilisierung der Übergänge zwischen ambulanten und stationären Angeboten wird innerhalb der rechtlichen Rahmenbedingungen niedrigschwellig und passgenau gewährleistet.

Durch das Angebotsnetzwerk in der Gebietskörperschaft Herne werden

- die bedarfsgerechte Versorgung der Klientel und
- die sozialräumliche Planung, Organisation und Umsetzung der Angebote

gewährleistet und

- die im Einzelfall erforderlichen Leistungen bedarfsgerecht und personenzentriert abgestimmt und passgenau erbracht und
- die erforderlichen Planungs- und Koordinierungsleistungen adäquat sichergestellt.

1 Ausgangslage

Das Ambulant Betreute Wohnen für abhängigkeitskranke Menschen ist eine Weiterentwicklung der Eingliederungshilfen gem. §§ 39, 40 BSHG, § 55 SGB IX und § 53 SGB XII mit dem Ziel, Menschen mit Behinderungen (hier: Abhängigkeitserkrankung gem. ICD 10-F.10-F.19, F.50) ein selbstbestimmtes Leben zu ermöglichen und zu sichern.

Es ist als ein am Bedarf der betreuten Person orientiertes und verbindlich vereinbartes Betreuungsangebot zu verstehen, das sich auf ein breites Spektrum an Hilfestellungen in den Bereichen Wohnen, Arbeit, Freizeit und soziales Netzwerk bezieht. Es handelt sich um ein gemeindeintegriertes Hilfeangebot, das der betreuten Person ein selbst bestimmtes Leben in einer eigenen Wohnung ermöglicht.

Zielgruppe sind Personen in besonderen sozialen Schwierigkeiten mit psychischen Störungen und einer Abhängigkeitserkrankung, die eine abstinente Lebensführung anstreben. Wegen der besonderen Lebensverhältnisse ist eine Inanspruchnahme der Angebote der Suchtkrankenhilfe nicht möglich oder aus fachlicher Sicht unter Berücksichtigung der Anamnese nicht erfolgsversprechend.

Neben der Bearbeitung der Suchtproblematik ist eine Entwicklung der Fähigkeiten notwendig, Schwierigkeiten bei der Teilnahme am leben in der Gemeinschaft ohne fremde Hilfe zu bewältigen. Verpflichtungen des täglichen Lebens müssen teilweise übernommen werden und in allen Lebensbereichen ist Förderung notwendig.

Ziel der Betreuung ist es, den durch den Substanzmissbrauch eingeengten Freiheitsspielraum des Einzelnen wiederherzustellen, die bereits eingetretenen Störungen zu behandeln und weitere Schäden zu verhindern.

Die Betreuungsleistungen leiten sich von den im Einzelfall vorgefundenen sozialen Problemlagen, Entwicklungsdefiziten, psychischen und psychiatrischen Störungsbildern sowie den vereinbarten Betreuungszielen ab, werden in ihrer Intensität und Dauer entsprechend der Lebens- und Sozialwelt gestaltet und beinhalten/vernetzen sozialarbeiterische, soziotherapeutische und beraterische Hilfen, sowie im Einzelfall auch (psycho-)therapeutische Hilfen zur Bewältigung kritischer Lebenssituationen.

Die Anamnese von Menschen mit Persönlichkeitsstörungen vom Borderlinetyp, Suchterkrankungen, Essstörungen, autoaggressivem Verhalten und Somatisierungs- und Angststörungen weist oft psychosoziale Krisen und traumatische Erfahrungen auf. Kennzeichnend für eine psychosoziale Krise ist der

> „Verlust des seelischen Gleichgewichts, den ein Mensch verspürt, wenn er mit Ereignissen und Lebensumständen konfrontiert wird, die er im Augenblick nicht bewältigen kann, weil sie von der Art und dem Ausmaß her seine ... Fähigkeiten ... zur Bewältigung seiner Lebenssituation überfordern" (*Sonneck* 2003, 319).

In unserer Arbeit begegnen wir seit Jahren diesen Phänomen: Viele unserer Klienten haben Deprivation, körperliche und sexuelle Gewalt erfahren, sind in schwerste psychosoziale Krisen geraten. Diese Erfahrungen haben sich schädigend auf ihre Seele, ihren Körper und ihr soziales Netzwerk ausgewirkt.

Es ist ein bedrückendes Faktum, dass für einen sehr großen Teil abhängigkeitskranker Menschen nur unzulängliche Betreuungs- und Behandlungsmethoden angeboten werden, die ihnen ein suchtfreies Leben ermöglichen oder zumindest ein Leben ohne soziale Verelendung, Kriminalität und die schweren physischen und psychischen Folge- oder Begleiteffekte des Drogenkonsums.

Die Behandlungsansätze in den stationären Einrichtungen der medizinischen Rehabilitation (Phase I = Entwöhnung und Phase II = Adaption) stoßen für einen spezifischen Teil der Drogenpopulation an ihre Grenzen und gehen vielfach an dem Bedarf vorbei. Auch sind die Erfolge in diesen „traditionellen" Rehabilitationsprogrammen - nicht zuletzt aufgrund der Einengungen durch die konzeptionellen Vorgaben der Leistungsträger - hinsichtlich der kurzfristigen und mittelfristigen Suchtfreiheit und psychosozialen Stabilität gering. Bei der Schwierigkeit der (therapeutischen) Aufgabe, die es ja nicht nur mit einer klinischen Störung, sondern in der Regel auch mit desaströsen oder zumindest „prekären Lebenslagen" zu tun hat, stellt sich die Aufgabe lebenslang- und netzwerkorientierter Betreuungskonzepte (*Soziotherapie/Sozialtherapie*).

„**Prekäre Lebenslagen** sind zeitextendierte Situationen eines Individuums ..., die dieser Mensch und die Menschen seines Netzwerkes als *'bedrängend'* erleben und als *'katastophal'* bewerten (kognitives *appraisal*, emotional *valuation*), weil es zu einer Häufung *massiver körperlicher, seelischer* und *sozialer* Belastungen durch *Ressourcenmangel oder -verlust*, Fehlen oder *Schwächung 'protektiver Faktoren'* gekommen ist. Die Summationen 'kritischer Lebensereignisse' *und* bedrohlicher Risiken lassen die Kontroll-, Coping- und Creatingmöglichkeiten der Betroffenen (des Individuums und seines Kernnetzwerkes) an ihre Grenzen kommen. Eine *Erosion der persönlichen und gemeinschaftlichen Tragfähigkeit* beginnt. Ein progredienter Ressourcenverfall des Kontextes ist feststellbar, so dass eine Beschädigung der persönlichen Identität, eine Destruktion des Netzwerkes mit seiner 'supportiven Valenz' und eine Verelendung des soziökologischen Mikrokontextes droht, eine *destruktive Lebenslage* eintritt, sofern es nicht zu einer Entlastung, einer substantiellen 'Verbesserung der Lebenslage' durch Ressourcenzufuhr kommt" (*Petzold* 2000h).

Die Entlastung der Klientel durch weiterführende Betreuungskonzepte im Anschluss an den Aufenthalt in der Fachklinik und Adaption im Betreuten Wohnen wirkt „prekären Lebenslagen" und fehlenden oder schwachen „Konvois" entgegen.

Psychische Erkrankungen

Das Suchtmilieu kann psychisch krank machen, zu depressiven Reaktionen, Suizidalität, psychotischen Dekompensationen, schweren Schädigungen der Gesamtpersönlichkeit ggf. zur Ausbildung eines BPS durch Akkumulation von „critical and stressful life events" führen *(Newcomb et al. 1981)*. Im Verlauf der Suchtkarriere selbst kommt es häufig zu traumatischen Erfahrungen (Beraubung, Körperverletzung, Vergewaltigung etc.), nicht zuletzt in der Beschaffungsprostitution, zuweilen durch „in-prisonviolence", so dass serielle bzw. Polytraumatisierungen im Störungsbild der Abhängigkeit eine größere Rolle spielen als bisher angenommen. Das gilt nicht zuletzt für Abhängige mit deutlichen Devianzkarrieren.

Auch muss davon ausgegangen werden, dass in der Population der Suchtkranken ein nicht unbeträchtlicher Anteil von Patienten in ihrer Kindheit und Jugend schwere traumatische Erfahrungen (Misshandlung, Missbrauch, Verluste etc.) erlebt haben, die Nachwirkungen in Form von Posttraumatischen Belastungsstörungen (PTBS), dissoziativen Identitätsstörungen haben *(Kofoed* 1993, *Schay, Liefke* 2009) sowie eine ADHS-Erkrankung, die auch im Erwachsenenalter fortwirkt *(Petzold* 2004). Dabei ist anzunehmen, dass solche biographischen Ereignisse oder Erkrankungen für die Ausbildung einer Abhängigkeitserkrankung zu sehen sind, und Drogenkonsum u.a. auch als Versuch der Selbstmedikation für bedrängende PTBS-Symptomatik (Intrusionen, Numbing, Hyperarousal) oder Belastungen und von Borderline-Symptomen betrachtet werden können *(Petzold, Wolf* et al. 2000).

Folglich muss der Frage von Doppeldiagnosen und Komorbiditäten besondere Aufmerksamkeit gewidmet und in der Entwicklung differentieller Betreuungspläne und Strategien berücksichtigt werden.

2 Karrierebezogene Langzeitstrategie soziotherapeutischer Interventionen

Die vielfältigen, suchtbedingten Problemlagen erfordern komplexe *Interventionsstrategien und Leistungsbündel,* um angemessen auf die somatischen, psychischen und sozialen Aspekte der Suchterkrankung sowie die soziale Situation der Klienten eingehen zu können. Gefordert ist ein *ganzheitlicher und differentieller Arbeitsansatz* mit einem hohen Grad an professioneller und personaler *Kompetenz/Performanz sowie* konzeptioneller Kontinuität im Betreuungsprozess.

Für die spezifische Konzeption des „Ambulant Betreuten Wohnens" müssen entsprechend der *Internationalen Klassifikation der Funktionsfähigkeit, Behinderung und Gesundheit (ICF-Modell),* das 2001 von der *WHO* verabschiedet wurde, folgende Aspekte herausgestellt werden:

> „Die ICF ist eine Klassifikation, mit welcher der Zustand der funktionalen Gesundheit einer Person beschrieben werden kann" (*BAR* 2006, 12).

Die ICF standardisiert kontextuelle und personenbezogene Faktoren, d.h. es werden umfassend Beeinträchtigungen und negative Konsequenzen von Krankheiten und Behinderungen erfasst. Die individuell erlebten störungsbezogenen Folgen von Krankheit können so in den Betreuungsprozess systematisch einbezogen werden.

Den ganzheitlich ausgerichteten Anforderungen der ICF ist der Gesetzgeber u.a. mit der Schaffung des SGB IX zur Rehabilitation und Teilhabe behinderter Menschen (2001) nachgekommen, d.h. der Beurteilung von Klienten mit psychischen Störungen wird erst durch die genaue Kenntnis des Zusammenwirkens störungsbedingter Einschränkungen, individueller Dispositionsfaktoren und sozialer Gegebenheiten möglich. Die Erkrankung und deren Folgesymptomatik einschließlich der mentalen Beeinträchtigungen wird als Ergebnis sich wechselseitig beeinflussender pathogener somatischer, psychischer und sozialer Einflussfaktoren verstanden.

Mit dem *ICF-Modell* können Aussagen zur Funktionsfähigkeit, den Aktivitäten und zur Partizipation getroffen werden; womit der gesamte Lebenshintergrund des Klienten berücksichtigt wird.

Für die Klienten des Ambulant Betreuten Wohnens sind aus diesem Leistungskatalog einzelne Aspekte hervorzuheben, die für die Arbeit von besonderer Bedeutung sind:

Zieldimension Besserung von Beschwerden auf psychosozialer Ebene

- Psychische Stabilisierung
  - Verbesserung der psychischen Belastbarkeit
- Veränderung/Bearbeitung emotionaler Aspekte
  - Emotionale Entlastung und Stabilisierung
- Verbesserung der Problemlösefähigkeiten
- Verbesserung der Krankheitsbewältigungskompetenzen
  - Verbesserung der Tagesstrukturierung
- Förderung der sozialen Kompetenz
  - Verbesserung des Interaktions-/Beziehungsverhaltens
- Erlernen von Konfliktbewältigungskompetenzen
- Entwicklung eines realistischen Selbstbildes
- Akzeptanz der Realität
  - Verbesserung der Frustrationstoleranz

- Bearbeitung biographisch relevanter Ereignisse
  - Bearbeitung traumatischer Lebensereignisse
- Motivierung zur aktiven Teilnahme am Behandlungsprozess
- Entwicklung eines tragfähigen therapeutischen Arbeitsbündnisses

Zieldimension Besserung von Beschwerden auf somatischer Ebene
- Steigerung der körperlichen Leistungsfähigkeit
- Reduzierung/Abstinenz von Suchtmittelgebrauch

Zieldimension Zielsetzungen auf edukativer Ebene
- Vermittlung von Techniken zum Abbau von Risikoverhalten
- Erlernen von Methoden zur Rückfallprävention
- Verbesserung der Stressbewältigung

Zieldimension Zielsetzung auf der Ebene der Aktivitäten und Teilhabe
- Wiederherstellung/Erhalt der Arbeitsfähigkeit
  - Wiedereingliederung in das Erwerbsleben
  - Durchführung einer Arbeitserprobung
  - Klärung der beruflichen Situation
- Aufbau von sozialen Beziehungen
- Erarbeitung von Zukunftsperspektiven im beruflichen und sozialen Bereich

„Durch die internationale WHO-Klassifikation ICF wird es erstmalig möglich, die Entwicklung der Störung Abhängigkeit von psychotropen Substanzen F10ff als Ausdruck komplexer kontextueller Entstehungsbedingungen im Kontext zu betrachten – und dabei auch die historischen Entwicklungsbedingungen als Teil des Kontextes dieser Störung zu beachten und aus diesen Erkenntnissen eine Perspektive für den Betroffenen als Teil des therapeutischen Handelns zu entwickeln" (*Stachowske, Schiepek* 2008, 26ff).

Mit dem *ICF-Modell* kann nicht nur Krankheit diagnostiziert werden, sondern die individuell erlebten krankheitsbedingten funktionalen Probleme, d.h. die negativen Auswirkungen von Krankheit im Lebensalltag des Klienten. Die

Möglichkeiten der Weiterentwicklung der Effektivität rehabilitativer Maßnahmen sind damit erweitert.

„Nach diesem komplexen Interdependenzmodell variiert der Zustand der funktionalen Gesundheit mit dem Gesundheitsproblem (ICD) und den Kontextfaktoren. ... Mit dem bio-psycho-sozialen Modell wird ein bedeutender Paradigmenwechsel vollzogen. Funktionale Probleme sind nicht mehr Attribute einer Person, sondern sie sind das negative Ergebnis einer Wechselwirkung. Diese Betrachtung eröffnet ganz neue Perspektiven der Hilfe" (*Bundesarbeitsgemeinschaft für Rehabilitation* 2006, 11f).

Die zentrale Aufgabe im Ambulant Betreuten Wohnen ist die

„Wiederherstellung oder wesentliche Besserung der Funktionsfähigkeit insbesondere auf der Ebene der Aktivitäten (Leistungsfähigkeit, Leistung) bei bedrohter oder eingeschränkter Teilhabe an Lebensbereichen einer Person. ... Lebensbereiche sind Bereiche menschlichen Handelns (Aktivitäten) und/oder menschlicher Daseinsentfaltung (Teilhabe)" (ebenda, 12ff).

Die Bedeutung dieser Ziele wird mit dem *ICF-Modell* besonders gefördert.

3 Ambulant Betreutes Wohnen

Das Ambulant Betreute Wohnen ist als weiterer Baustein neben den ambulanten und (teil-)stationären Behandlungsmöglichkeiten im Netzwerk „Therapieverbund Herne" konzipiert.

Die Betreuungsdauer wird bezogen auf den individuellen Hilfebedarf im Hilfeplanverfahren festgelegt und i.d.R. zunächst für einen Zeitraum von mindestens einem Jahr bewilligt, womit Möglichkeiten geschaffen werden, die Klientel zu stabilisieren und einen Prozess der Integration behutsam zu begleiten.

Die Intensität der Betreuung wird individuell für jeden Klienten gestaltet und beinhaltet i.d.R. wöchentliche Einzel- und Gruppengespräche, die Teilnahme an Freizeitaktivitäten der Einrichtung, Schuldenregulierung und Klärung juristischer Belange. Des Weiteren werden Möglichkeiten der Berufsanamnese, der Arbeitserprobung und/oder Vermittlung von Beschäftigungsmöglichkeiten vermittelt bzw. koordiniert (vgl. auch 3.7).

3.1 Konzeptuelle Schwerpunkte des Ambulant Betreuten Wohnens

Für die spezifische Konzeption des „Ambulant Betreuten Wohnens" sind folgende konzeptuellen Schwerpunkte von besonderer Bedeutung, um den Klienten die Möglichkeit zu geben, sich mit diesem umfassenden Leistungsangebot in den Alltag integrieren zu können:

- Festigung lebenspraktischer Kompetenzen: Stabilisierung in der Konfrontation mit der Alltagsrealität, Realitätsprüfung und Zukunftsplanung.
- Entwicklung persönlicher und sozialer Kompetenzen, wie Erhöhung der Frustrationstoleranz, Erhöhung der Konfliktfähigkeit, Förderung von konstruktiven Konfliktlösungsstrategien, Erlernen von Stressbewältigungstechniken, Training eines angemessenen Abgrenzungsverhaltens gegenüber konsumierenden Menschen bzw. schwierigen Situationen, in denen Suchtmittel konsumiert werden.
- Erhöhung des Selbstwirksamkeitspotentials durch Stärkung von Selbstbewusstsein und Selbstvertrauen, Entwicklung pragmatischer Problemlösungsstrategien (Rückfallprävention u.a.).
- Aufbau und Förderung der eigenen Leistungsfähigkeit: Entwicklung einer beruflichen Perspektive, Heranführung an den beruflichen Alltag, berufliche und soziale Integration vor Ort/in der Region.
- Förderung der sozialen Integrationsfähigkeit:
  - Training lebenspraktischer Fertigkeiten (Haushaltsführung, Ernährung).
  - Erarbeitung und Umsetzung einer sinnvollen Freizeitgestaltung.
  - Ablösung aus defizitären und kranken Beziehungen.
  - Aufbau eines suchtfreien sozialen Kontextes: Aufbau tragfähiger und funktionierender Kontakte (soziales Kompetenztraining/soziale Netzwerkarbeit).
- Aufbau einer an den eigenen Vorstellungen orientierten Wohn- und Lebensform.
- Erweiterung freizeitgestalterischer Kompetenzen: Entwicklung eines (bewegungs-)aktiven Lebensstils, Steigerung der körperlichen Vitalität.

- Erstellung/weitere Bearbeitung eines Schuldenregulierungsplanes:
  - Erstellung einer Übersicht über die bestehenden Verbindlichkeiten und sozialverträgliche Absprachen mit den Gläubigern.

Auf diesen Grundgedanken basierend, bestimmen die äußere Struktur des Ambulant Betreuten Wohnens und die Betreuungsinhalte den Alltag und die persönliche Situation des Klienten. Das Ambulant Betreute Wohnen gewährleistet damit eine Betreuung auf hohem fachlichen Niveau, d.h. in der Auseinandersetzung mit der Alltagsrealität und den oftmals defizienten sozialen Netzwerken werden die Klienten dabei unterstützt, ihre Ressourcenlage in den Bereichen Gesundheit, Wohnen, Arbeit, soziale Kontakte, Interessen, Sinnfindung, Lebensfreude und materieller Absicherung zu verbessern.

Eine Berücksichtigung *Protektiver Faktoren und Resilienzen* (vgl. 3.3.1), eine Salutogeneseperspektive und Konzepte der Netzwerk- und Social-Support-Forschung sind dabei für die praktische Arbeit mit einer *spezifischen* Konzeption von Sozialtherapie unverzichtbar, d.h. die Vernetzung beraterischer, soziotherapeutischer, psycho-/suchttherapeutischer Konzepte und Methoden; aber auch die Verbindung klinisch-psychologischer, sozialpsychologischer bzw. sozialwissenschaftlicher Erkenntnisse.

3.2 Kurzbeschreibung des Leistungsangebotes

Träger der Einrichtung

Leistungsträger	Landschaftsverband Westfalen-Lippe, Träger der örtlichen/überörtlichen Sozial- und Jugendhilfe
Infrastruktur	Im Zentrum des mittleren Ruhrgebiets
	Mit dem öffentlichen Nahverkehr sind öffentliche Einrichtungen (Arbeitsamt, Schulen u.a.) und die umliegenden Städte Bochum, Essen, Gelsenkirchen, Recklinghausen, Herten, Castrop-Rauxel u.a. sehr gut zu erreichen.
Zielgruppe	Psychisch Kranke/Abhängigkeitskranke beiderlei Geschlechts, aller Nationalitäten und Kulturen, entsprechend der gesetzlichen Grundlagen des SGB XII sowie unter Berücksichtigung der adäquaten Bestimmungen des Kinder- und Jugendhilfegesetzes
Anzahl der Plätze	offen
Wohnformen/ Wohnraum	▪ Die Klienten leben in einer eigenen Wohnung ▪ Die Klienten leben in einer Wohngemeinschaft des Leistungsanbieters
Grundsätze des Betreuungsansatzes	Der Betreuungsansatz ist ▪ lebenslaufbezogen/biographisch ▪ beziehungsorientiert ▪ ressourcenorientiert ▪ ziel- und sinnorientiert ▪ geschlechtsspezifisch ▪ multikulturell ▪ psychoedukativ

Arbeit mit Rückfällen	individuelle Rückfallbearbeitung bei erkennbarer Betreuungsmotivation
	▪ Rückfallpräventionstraining
Betreuungsdauer	Die Betreuungsdauer wird bezogen auf den individuellen Hilfebedarf im Hilfeplanverfahren festgelegt und i.d.R. zunächst für einen Zeitraum von mindestens. einem Jahr bewilligt; sie kann bei entsprechendem Hilfebedarf verlängert werden.
Krisenintervention	enge Kooperation mit dem St. Marien Hospital Eickel (psychiatrisches Fachkrankenhaus), um ggf. unmittelbar stationäre Maßnahmen einleiten zu können.
Erreichbarkeit	Die Mitarbeiter sind Mo - Fr von 08.00 bis 20.00 Uhr, Sa von 12.00 bis 14.00 Uhr und So von 10.00 bis 12.00 Uhr erreichbar.
Arbeit im suchtspezifischen Verbundsystem	enge Kooperation mit den Psychosozialen Verbundsystemen der umliegenden Städte
Kooperationen	Kooperation mit
	▪ den Einrichtungen des psychosozialen Hilfesystems,
	▪ den Diensten des Sozial-/Gesundheitswesens, der Jugendhilfe,
	▪ der Agentur für Arbeit und von dort legitimierten Einrichtungen der Arbeitsvermittlung, Trägern der außerbetrieblichen Qualifizierung/Ausbildung, Institutionen der schulischen Bildung,
	▪ Selbsthilfegruppen,
	▪ Sport- und Freizeiteinrichtungen, Vereinen u.v.m..
Betreuungsteam	Dipl. Sozialarbeiter/-pädagoge, Dipl. Pädagoge, Erzieher und sonstige Fachkräfte mit sucht-spezifischen Kompetenzen; konsiliarisch: Facharzt für Psychiatrie, Dipl. Psychologe, Psycho-/Suchttherapeut.

3.3 Bedarfsanalyse

Ziel der Betreuung ist es, den durch den Substanzmissbrauch eingeengten Freiheitsspielraum des einzelnen wiederherzustellen, die bereits eingetretenen Störungen zu behandeln und weitere Schäden zu verhindern.

Die sozialarbeiterischen, soziotherapeutischen und ggf. psycho-/suchttherapeutischen Maßnahmen werden im Rahmen der Betreuungsplanung durch das Betreuungsteam definiert. Ihr Umfang und Charakter leiten sich von den im Einzelfall vorgefundenen sozialen Problemlagen, Entwicklungsdefiziten, psychischen und psychiatrischen Störungsbildern sowie den vereinbarten Betreuungszielen ab.

Das Konzept des Ambulant Betreuten Wohnens basiert auf dem Modell des *„Verbundsystems"*, d.h.: eine Kette von „Kompetenzagenturen", die Menschen, die schwer geschädigt sind, aufnimmt (betreut/handelt), trägt, hält und weiter begleitet. Dies ist leistbar, wenn die gegebenen Betreuungsmöglichkeiten effektiv genutzt und ausgeschöpft werden, Selbsthilfemodelle, Modelle professioneller Soziotherapie ineinander greifen als eine „Kette verbundener Hilfsagenturen", die die *„chains of* adverse events" in eine *„chain of* protective factors" verwandelt und Gesundheit und Resilienz fördert.

3.3.1 Risikofaktoren, Ressourcen, Protektive Faktoren, Resilienzen

Für die Arbeit mit abhängigkeitskranken Menschen ist - genauso wie in anderen Bereichen - eine erweiterte Perspektive notwendig, was die Interaktion, das Zusammenspiel verschiedener Einflussgrößen in Entwicklungs- und Betreuungsprozessen anbelangt. Die Kenntnis von Risikofaktoren, Ressourcen, Protektiven Faktoren und Resilienzen ist für effektive Beratung, Betreuung und Behandlung von besonderer Bedeutung. Folgende Faktoren wurden insbesondere in der Kinder- und Jugendlichenpsychotherapie herausgearbeitet (*Müller, Petzold* 2001), die auch für den Bereich der Suchttherapie (dieselben 2003) Relevanz haben:

Risikofaktoren
Die Berücksichtigung von Risikofaktoren ist für das Ambulant Betreute Wohnen von zentraler Bedeutung, um ihnen kompensatorisch mit der Bereitstellung von protektiven Faktoren zu begegnen oder zu Ausbildung von Resilienzen beizutragen. Folgende Risikofaktoren seien genannt:

- psychiatrische Probleme bei einem Elternteil (DSM-Diagnose),
- im abgelaufenen Jahr fanden „stressfull life events" statt,
- die Mutter hat keinen Hauptschulabschluss,
- der Ernährer der Familie ist arbeitslos,
- es ist kein Vater in der Familie anwesend,
- die Familie hat vier oder mehr Kinder,
- die Familie gehört einer ethnischen Minderheit an,
- die Eltern haben rigide Erziehungsvorstellungen,
- es findet sich eine schlechte Qualität der Mutter-Kind-Interaktion,
- der Klient hat dysfunktionale emotionale Stile,
- der Klient hat keinen protektiven „significant caring adult" (*Petzold* et al. *1993*),
- der Klient hat keine Netzwerkorientierung und geringe soziale Kompetenz/Performanz,
- es stehen keine angemessenen Hilfsagenturen bzw. Systeme sozialer Sicherung zur Verfügung.

Ressourcen

„Ressourcen sind Mittel bzw. Hilfsmittel zur Erledigung oder Bewältigung von Anforderungen und Aufgaben ... , mit denen Überforderungssituationen und Krisen bewältigt werden können: ... physische Vitalität, emotionale Tragfähigkeit, Willensstärke, ... soziale Netzwerke .... Ressourcen tragen dazu bei, die Stabilisierung einer erschütterten Persönlichkeit ... zu ermöglichen, die Selbstregulationskräfte und Interaktionskompetenz ... zu restituieren und ... Entwicklungen auf den Weg zu bringen und zu fördern."

Für die Entwicklungschancen von Personen sind Ressourcen von entscheidender Bedeutung

- zur Überlebens- und der Existenzsicherung,
- zum Identitätsaufbau,
- zur Entwicklung von Lebensqualität.
-
  „Ressourcen sind gute Quellen, ... die einerseits Belastungen und Probleme abpuffern (können), zum anderen aber Grundlage für Potentiale (bieten)."

Ressourcen werden in Handlungsprozessen aufgrund von Motivationen, Zielintensionen und Willensentschlüssen geplant und bereitgestellt, um dann aufgrund von Entschlüssen, Entscheidungen, Ausführungsintensionen in konkretem Handeln umgesetzt zu werden.

Potentiell protektive Faktoren

In unserem (Betreuungs-)Ansatz werden Erträge der longitudinalen klinischen Entwicklungspsychologie systematisch berücksichtigt. Folgende Schutzfaktoren können fokussiert werden:

- soziale Unterstützung innerhalb des sozialen Netzwerkes, d.h. in und außerhalb der Familie,
- eine verlässliche Beziehung zu einem „significant caring adult" innerhalb und/oder außerhalb der Familie,
- „schützende Inselerfahrungen" und „gute Zeiten" im Verlauf der Entwicklung,
- positive Temperamentseigenschaften (emotionale Flexibilität, Kontaktfähigkeit, Affektregulation),
- positive Erziehungsklimata (Wärme, Offenheit, Akzeptanz) in Segmenten der Lebenswelt (mit einem Elternteil, in der Schule, in der Kirchengemeinde etc.),
- Möglichkeitsräume, in denen Gestaltungsimpulse und Selbstwirksamkeit erfahren werden können, so dass sich internal orientierte Kontrollüberzeugungen und konstruktive selbstreferentielle Emotionen und Kognitionen, d.h. positive Selbst- und Identitätsschemata entwickeln können,
- soziale Vorbilder, die Werte und Sinnbezüge vermitteln und die konstruktives Bewältigungsverhalten modellhaft zeigen,
- realistische Situationseinschätzung und positive Zukunftsorientierung, Leistungsmotivationen und Impetus zur aktiven Problembewältigung,
- kognitive und emotionale Integrationsfähigkeit, die einen „sense of coherence" *(Antonovsky* 1987, *Lorenz* 2004) ermöglichen,
- sozioökologische Kontexte, die einen breiten Aufforderungscharakter haben und eine Vielfalt von *affordances* bereitstellen, so dass Handlungskompetenzen *(effectivities)* gewonnen werden können,
- dosierte Belastung, die Immunisierungen und das Ausbilden von Bewältigungsstrategien ermöglichen, weil sie die Coping-Kapazitäten und die vorhandenen Ressourcen nicht überfordern,

- Angebote für kokreative sinnvolle Aktivitäten (Hobbys, Sport, Spielmöglichkeiten), die Entlastung, Erfolgserlebnisse und Kreativitätserfahrungen bieten,
- ein positiver ökologischer Rahmen (Landschaft, Garten etc.), der durch Naturerleben Kompensationsmöglichkeiten schafft,
- Netzwerkorientierung, d.h. die Fähigkeit, soziale Netzwerke aufzubauen und sie zu nutzen,
- Haustiere, deren protektive Funktion gar nicht hoch genug eingeschätzt werden kann,
- Phantasiepotential, die Möglichkeit, innere Welten in neuer und außergewöhnlicher Weise zu sehen und zu nutzen.
- das Vorhandensein sozialer Sicherungssysteme und Hilfsagenturen.

Resilienzfaktoren

„Unter Resilienz versteht man nicht nur das Phänomen, sich unter schwierigen Lebensumständen gesund und kompetent zu entwickeln, sondern auch die relativ eigenständige Erholung von einem Störungsbild" (*Egle, Hardt* 2005, 21).

Als Resilienzfaktoren sehen wir stresspuffernde, eine positive Immunantwort und funktionale Genexpression fördernde Faktoren (*Müller, Petzold 2003),* die die Belastungs- und Widerstandsfähigkeit eines Menschen unterstützen. In der Integrativen Therapie haben wir folgende herausgearbeitet:

- eine Disposition zur Vitalität, die eine gewisse Unempfindlichkeit gegenüber Belastungsfaktoren gewährleistet,
- die Fähigkeit, Belastungen oder Risiken effektiv zu bewältigen,
- die Fähigkeit, sich nach traumatischen Erfahrungen schnell und nachhaltig zu erholen,
- die Fähigkeit, Situationskontrolle und Kompetenz unter akutem Stress und in Konfliktsituationen aufrechtzuerhalten,
- die Fähigkeit, sich an die Belastungssituationen so anzupassen, dass Möglichkeiten bestehen, in ihnen zu überleben, ohne dass psychische oder psychosomatische Schädigungen feststellbar werden,
- die Möglichkeit, Belastungserfahrungen zu kommunizieren und aufgrund von Netzwerkorientierung und guter interaktiver Kompetenz und Performanz Schutzpersonen zu mobilisieren.

3.4 Zielgruppen

Im Ambulant Betreuten Wohnen werden abhängigkeitskranke Frauen und Männer aller Nationalitäten und Kulturen (deutsche Sprachkenntnisse sind erforderlich) entsprechend der Klassifizierung nach ICD-10/DSM-IV betreut, bei denen es sich um Menschen mit einer wesentlichen Behinderung i.S. des § 53 SGB XII handelt (vgl. auch 1. Ausgangslage). Eine Altersbegrenzung besteht nicht.

Grundvoraussetzungen
Grundvoraussetzung für eine Betreuung ist neben dem Abstinenzwunsch die Motivation des Klienten, sich einen Rahmen für eine suchtfreie und sozial abgesicherte Zukunft zu erarbeiten und aufzubauen.

Die Klienten müssen
- die Bereitschaft haben, sich auf eine Beziehung und eine Auseinandersetzung mit sich selbst einzulassen;
- zum Ambulant Betreuten Wohnen motiviert sein;
- die Grundregeln, die in Behandlungsprogramm und Hausordnung festgelegt sind, akzeptieren.

Formale Aufnahmevoraussetzungen
Die Leistungszusage des zuständigen Leistungsträgers.

Allgemeine Indikationen
Im Rahmen der Leistungen der sozialen Rehabilitation (hier: Ambulant Betreutes Wohnen) werden Klienten mit einer Abhängigkeit von legalen und illegalen Suchtmitteln (in substanzspezifischer und polytoxikomaner Ausprägung) betreut (Erstdiagnose gem. ICD 10: F10, F11, F12, F13, F14, F15, F16, F17, F18, F19).

Kontraindikationen
- psychiatrisch: akute Psychosen/akute Suizidgefährdung (Klienten, deren psychotische Erkrankung eine vollständige Remission (gem. ICD 10: F 20.x5) aufweisen, werden aufgenommen). Klienten mit einer dissozialen Persönlichkeitsstörung (F60.2), können nur aufgenommen werden, wenn die Betreuungsfähigkeit von einem Facharzt festgestellt wird und keine massiven Gewalt- oder Sexualdelikte vorliegen.

- somatisch: schwere körperliche Behinderungen und chronischen Erkrankungen, die die Teilnahme an der normalen Tagesstruktur über längere Zeiträume weitgehend ausschließt; Aids-Erkrankung im Finalstadium.
- kognitiv: schwere Einschränkung der Wahrnehmung, der intellektuellen Fähigkeiten oder geistige Behinderung.

Spezifische Indikationen/Komorbidität
Sofern als Erstdiagnose eine unter den allgemeinen Indikationen aufgeführte Abhängigkeitserkrankung von legalen/illegalen Suchtmitteln vorliegt, ist die Betreuung insbesondere auch auf folgende Diagnosen ausgerichtet:
- in Sonderheit (traumabedingte) Angststörungen (ICD-10: F4), Posttraumatische Belastungsstörung (F43.1)
- Persönlichkeits- und Verhaltensstörungen: in Sonderheit Dissoziale Persönlichkeitsstörung (ICD-10: F60.2), Borderline-Persönlichkeitsstörung (F60.31), Histrionische Persönlichkeitsstörung (F60.4), Ängstlich (vermeidende) Persönlichkeitsstörung (F60.6), Abhängige Persönlichkeitsstörung (F60.7), Narzisstische Persönlichkeitsstörung (F60.8), Kombinierte und sonstige Persönlichkeitsstörungen (F61), Persönlichkeits- und Verhaltensstörung (F19.71)
- Störungen des Sozialverhaltens (ICD-10: F92.0), Aufmerksamkeitsdefizitsyndrom (F90.0, F98.8)

3.5 Ziele und Inhalte des Ambulant Betreuten Wohnens

Im Rahmen eines Betreuungsplanes werden zusammen mit dem Patienten die Ziele und Inhalte des Ambulant Betreuten Wohnens vereinbart. Entsprechend sehen die Schwerpunkte der Betreuung bei jedem Klienten unterschiedlich aus. Einzelne Teilziele werden festgelegt, die für den Klienten (zeitnah) zu erreichen sind. Jeder Klient hat einen „Betreuer", der für ihn der erste Ansprechpartner ist.

Neben der Aufarbeitung der individuellen Problematik wird versucht, Schwellenängste zu anderen Institutionen wie ARGE, Sozialamt, Wohnungsamt, Freizeitvereinen etc. abzubauen. Die reale Situation des Klienten wird besprochen und Zukunftsperspektiven werden entwickelt. Ein wesentliches Ziel ist die Förderung der Abstinenz. Die begleitenden Hilfen und Kontrollen werden schrittweise reduziert, um die Selbstverantwortlichkeit des Klienten zu stärken.

Die Klientel benötigt auf unterschiedlichsten Ebenen Hilfestellungen, damit sie sich ein neues soziales Umfeld aufbauen kann, in dem Suchtmittel keine Bedeutung haben.

Die angemessene Betreuung erfordert eine Vielzahl von Angeboten und Methoden, die als *Einzel- und/oder Gruppen(leistungs)angebote* erbracht werden.

Bereiche der Betreuung sind nach Definition des *Landschaftsverbandes Westfalen-Lippe* (Erhebungsbogen zum individuellen Hilfeplanverfahren, 2005):

- Lebensbereich Arbeit und Beschäftigung
  - Tagesstrukturierung
  - Unterstützung bei der beruflichen Integration
- Lebensbereich Freizeit
  - Erarbeitung einer sinnvollen Freizeitgestaltung
- Lebensbereich Beziehung
  - Kontaktaufbau und Verbesserung der Beziehungen zum sozialen Umfeld
  - Aufbau und Verbesserung partnerschaftlicher Beziehungen
  - Aufbau eines Freundes- und Bekanntenkreises
  - Verbesserung der Kontakt- und Beziehungsgestaltung am Arbeitsplatz
  - Verbesserung der Kontaktaufnahme zu Menschen in Alltagssituationen
- Lebensbereich Gesundheit
  - Verbesserung der Gesundheitsfürsorge

Das Betreuungssetting (engmaschige Betreuung oder aber größere Abstände zwischen den Betreuungseinheiten) wird individuell je nach Situation und Unterstützungsbedarf des Klienten gestaltet.

In regelmäßigen Abständen wird der Betreuungsverlauf reflektiert und ggf. werden die Inhalte und Intervalle des Ambulant Betreuten Wohnens modifiziert.

3.6 Situationserhebung

Grundlage einer Betreuungsplanung ist die umfassende Erhebung der persönlichen und sozialen Situation des Klienten sowie seines biographischen Hintergrundes. Die Informationssammlung beruht in erster Linie auf den Selbstauskünften des Klienten.

Inhalte der Erhebung sind:

- *Drogenkonsum*
  (Beginn, Dauer, Substanzen, Therapieversuche, Abstinenzzeiten, Rückfallfaktoren)
- *Gesundheitliche Situation*
  (chronische Krankheiten, z.B. HIV o. Hepatitis, aktuelle Krankheiten, Behinderungen, psychische Situation, Suizidalität, psychiatrische Erkrankungen und ggf. entsprechende Behandlungen)
- *Körperliche, geistige und psychische (Leistungs-)Fähigkeiten*
  (Gesundheit, Körpergefühl, -wahrnehmung, Sport, Sexualität)
- *Lebensgeschichtliche Entwicklung des Klienten*
  (Familie, Kindheit, Schule, Beruf)
- *Soziales Umfeld*
  (Partner, Kinder, aktueller Kontakt zur Herkunftsfamilie, Bezüge außerhalb der Drogenszene, Szenekontakte)
- *Juristische Situation*
  (Haftstrafen, Verurteilungen, Deliktarten, offene Verfahren, Auflagen)
- *Finanzielle Situation*
  (Erwerbseinkommen, Arbeitslosenunterstützung, Sozialhilfe, BAFöG, Rente, sonstige Zuwendungen, kriminelle Quellen, Prostitution, Schulden etc.)
- *Berufliche Situation*
  (Schulbildung, Ausbildung, biographische Berufstätigkeit(en), letzte Tätigkeit, derzeitige berufliche Möglichkeiten und Perspektiven)
- *Wohnsituation*
  (Obdachlosigkeit, Pensionsunterbringung, gesichertes Mietverhältnis, Untermietverhältnis)
- *Neigungen und Interessen*
  (Freizeitgestaltung u.a.. Gibt es Interessen, inwieweit konnten sie in letzter Zeit realisiert werden? Gab es überhaupt schon einmal Ansätze zur Realisierung?)
- *Soziale Fähigkeiten*
  (Selbsteinschätzung des Klienten bezogen auf Problembereiche und Ressourcen)

3.7 Zieldefinitionen (Grob- und Feinziele) des Ambulant Betreuten Wohnens

Im Rahmen eines Betreuungsplanes werden zusammen mit dem Klienten die Ziele und Inhalte des Ambulant Betreuten Wohnens vereinbart. Entsprechend sieht der Schwerpunkt bei jedem Klienten unterschiedlich aus. Einzelne Teilziele werden festgelegt, die für den Klienten (zeitnah) zu erreichen sind. Jeder Klient hat einen „Betreuer", der für ihn der erste Ansprechpartner ist.

Neben der Aufarbeitung der individuellen Problematik wird versucht, Schwellenängste zu anderen Institutionen wie Freizeitvereine, Schuldnerberatung etc. abzubauen. Die reale Situation des Klienten wird besprochen und Zukunftsperspektiven werden entwickelt. Ein wesentliches Ziel ist die Sicherung der Abstinenz. Die begleitenden Hilfen und Kontrollen werden schrittweise reduziert, um die Selbstverantwortlichkeit der Klientel zu stärken.

Die Klientel benötigt auf unterschiedlichsten Ebenen viele Interventionen, damit sie sich ein neues soziales Umfeld aufbaut, in dem Drogen keine Bedeutung haben.

Der Betreuungsplan wird im Team reflektiert und ist somit transparent für jeden Mitarbeiter des ambulant betreuten Wohnens. Auf diese Weise wird für die Klienten eine größtmögliche Betreuungskontinuität gewährleistet.

In regelmäßigen Abständen wird der Betreuungsverlauf reflektiert und ggf. werden die Inhalte und Intervalle des Ambulant Betreuten Wohnens modifiziert.

Das Ambulant Betreute Wohnen bietet ein hohes Maß an Struktur bei gleichzeitigem individuellen Freiraum. Die individuellen Ressourcen aber auch Schwierigkeiten können optimal berücksichtigt bzw. aufgefangen werden.

3.8 Betreuungsleistungen

Um Bewältigungspotentiale abhängigkeitskranker Menschen zu entwickeln und zu fördern, sind Betreuungsleistungen zu erbringen, die die anstehenden Entwicklungsaufgaben in der Auseinandersetzung mit der Alltagsrealität unterstützen, und die Ressourcenlage der Klienten in den Bereichen Gesundheit, Wohnen, Arbeit, soziale Kontakte, Interessen, Sinnfindung, Lebensfreude und materieller Absicherung verbessern:

Direkte Betreuungsleistungen
sind u.a. einzelfallbezogene Hilfeleistungen wie

- *Casemanagement*
  Die relevanten Hilfen (z.B. medizinische Versorgung, Arbeits-/Sozialverwaltung etc.) sind entsprechend der zeitlich hierarchischen Abfolge des Betreuungsplanes einzusetzen und zu organisieren.
  Bei den notwendigen Anträgen und Ämtergängen etc. ist es Aufgabe des Betreuers, den Klienten falls erforderlich zu unterstützen bzw. zu begleiten.

- *Kooperation*
  Von wesentlicher Bedeutung für den Betreuungsverlauf ist die aktive und verantwortliche Mitarbeit des Klienten am Betreuungsprozess.
  Die Klienten werden verantwortlich in die Erstellung der Hilfe- und Betreuungsplanung eingebunden.

- *Einzelbetreuung*/Beratung
  Für den Klienten steht eine psychosoziale Fachkraft zur Verfügung. Sie ist in der Regel verantwortlich für den Ablauf der Betreuung und die Betreuungsplanung, sowie im Einzelfall auch für psycho-/suchttherapeutische Hilfen, die den eigentlichen Betreuungsleistungen nicht zugerechnet werden.

- *Gruppenarbeit*
  Die Gruppenarbeit wird alltagsorientiert und themenzentriert angeboten (z.B. Rückfallbearbeitung und -präventionstraining; Aufbau eines tragfähigen und suchtfreien sozialen Netzwerkes; Umgang mit Einsamkeit; Aufbau von partnerschaftlichen Beziehungen).
  Ziel der Gruppenarbeit die Entwicklung gemeinsamer Strategien, um Probleme angemessen bewältigen zu können (→ individuelle Möglichkeiten der Stabilisierung und Verhaltensmodifikation).

  - *Themenspezifische Gruppenarbeit*
    Hier geht es um Themen wie Umgang mit Stresssituationen, Umgang mit Suchtdruck, Strategien zur Vermeidung von Rückfallsituationen, Kontakt- und Beziehungsverhalten, Umgang mit Einsamkeit.
    In der themenspezifischen Gruppenarbeit werden gemeinsam Strategien entwickelt, um Probleme angemessen bewältigen zu können (→ individuelle Möglichkeiten der Stabilisierung und Verhaltensmodifikation).

- *Kommunikations- und Kompetenztraining*

  Mit den Klienten werden in der Einzel- und Gruppenarbeit adäquate Möglichkeiten der Kommunikation „eingeübt", um insbesondere in Stresssituationen, bei Frustrationen und aufkommenden Aggressionen angemessen reagieren zu können.

- *Suchttherapie*

  Im Verlauf des Ambulant Betreuten Wohnens sind ggf. spezifische suchttherapeutische Interventionen zur Klärung und Bearbeitung psychischer Störungen bzw. auffälliger und einen positiven Betreuungsverlauf behindernder Verhaltensmerkmale explizit einzusetzen (vgl. auch Schay 2006).

- *Aufsuchende und nachgehende Arbeit*

  Ambulant Betreutes Wohnen ist eine aufsuchende Betreuungsform, die in entscheidendem Maße auch Motivationsarbeit leistet, d.h. Ziele und schon erreichte Veränderungen müssen positiv verdeutlicht werden, ebenso wie die Bereitschaft des Klienten immer wieder gefördert werden muss, sich von Rückschritten nicht entmutigen zu lassen, sondern weiter an den individuellen Zielen zu arbeiten.

  Das schließt die nachgehende Tätigkeit im Sinne schriftlicher und telefonischer Kontaktaufnahme durch den Betreuer und aufsuchende Arbeit mit ein.

- *Krisenintervention*

  Grundsätzlich ist es Aufgabe des Betreuers in krisenhaften bzw. vom Klienten als krisenhaft erlebten Situationen zu intervenieren.

- *Unterstützung bei der eigenständigen Haushaltsführung*

  Da die Klienten i.d.R. nur wenig Erfahrung haben, einen eigenen Haushalt zu führen, benötigen sie Begleitung und Unterstützung, um eine adäquate Lebensweise zu erlernen und das Ziel, ein Höchstmaß an selbständiger Lebensbewältigung zu erreichen, kontinuierlich verfolgen zu können.

  Anleitung/Hilfen zu einer gesunden und den finanziellen Möglichkeiten entsprechenden Ernährung werden vermittelt.

- *Freizeitpädagogik*

  Sporttherapeutische Maßnahmen, Erlebnispädagogik und Entspannungstechniken haben in der Betreuung Abhängigkeitskranker eine hohe Bedeutung zur Erreichung der Betreuungsziele.

- *Kontaktangebote*

  Zusätzlich zu den festen Terminvereinbarungen bestehen für die Klientel Kontaktmöglichkeiten im Rahmen eines offenen Bereiches.

  Die Einrichtung ist aufgrund ihrer Öffnungszeiten für die Klienten an 7 Tagen/Woche erreichbar.

- *Hilfen zur Alltagsstrukturierung*

  Mit der Klientel wird eine Tages- oder Wochenplanung erstellt, um eine Gewöhnung an einen regelmäßigen Tagesablauf zu gewährleisten.

  Die Kooperation mit den Anbietern qualifizierter Angebote tagesstrukturierender Maßnahmen, zur Arbeitserprobung, betreuter Arbeitsprojekte, von Arbeitsförderungs-/Ausbildungsmaßnahmen, den Bildungs-trägern sowie den Trägern sozialer Trainingsmaßnahmen ist notwendig, um alle Möglichkeiten zur Integration gem. SGB IX zu nutzen.

  Anreize und Anregungen zur selbständigen Lebensgestaltung werden vermittelt, um soziale Fähigkeiten unter nicht alltäglichen Bedingungen einzuüben bzw. zu erproben.

- *Arbeitstherapie*

  Die Klientel hat erhebliche Probleme sich in Arbeits- und Beschäftigungsstrukturen zu begeben. Bei Beschäftigungs- oder Arbeitslosigkeit vermitteln wir Praktikumsplätze, um eine geregelte Tagesstruktur zu gewährleisten.

- *Unterstützung bei der beruflichen Integration*

  Bei Beschäftigungs- oder Arbeitslosigkeit vermitteln wir Praktikumsplätze, um eine geregelte Tagesstruktur zu gewährleisten.

  Durch die Zusammenarbeit mit der örtlichen Agentur für Arbeit, der ARGE, unterschiedlichen Initiativen/ Trägern einer (über-) betrieblichen Sonder-/Berufsausbildungsstätte und ortsansässigen Betrieben ist es möglich, in verschiedensten Berufsfeldern an Umschulungs- und/oder Qualifizierungsmaßnahmen teilzunehmen oder eine Ausbildung zu absolvieren. Ggf. vermitteln wir zur Berufsfindung und Arbeitserprobung Praktika in unterschiedlichen Arbeitsbereichen.

- *Kontaktaufnahme mit Arbeitgebern*

  Die Klientel ist aufgrund fehlender beruflicher Erfahrungen und/oder Qualifikation i.d.R. nicht in Arbeitszusammenhänge zu integrieren. Insbesondere die Zuverlässigkeit und Pünktlichkeit, Umgang mit Autoritäten gestaltet sich schwierig. Kontakte zu den Arbeitgebern sind notwendig, um Schritte zur beruflichen Integration einzuleiten, ggf. intervenierend einzugreifen und zu verhindern, dass jemand seinen Arbeitsplatz verliert.

- *Begleitung und Unterstützung in juristischen Belangen*

  Die Klientel hat oftmals erhebliche juristische Probleme, d.h. anstehende Gerichtsverfahren, Vollstreckungsbescheide etc.. Hier wird intensive Unterstützung vermittelt, um die notwendigen Schritte einzuleiten und Auflagen zu erfüllen.

- *Unterstützung bei der Schuldenregulierung*

  Um der Klientel wieder eine Perspektive zu geben, ist es notwendig, gezielte Maßnahmen der Schuldenregulierung einzuleiten; d.h. ein Überblick über alle Forderungen muss erarbeitet werden, um dann schrittweise Lösungen zu entwickeln (z.B. Darlehen über die Marianne-von-Weizäcker Stiftung), wie die Schulden in einem überschaubaren Zeitraum beglichen werden können.

- *Angehörigenarbeit*

  Da die Unterstützung durch Angehörige für die Klientel sehr hilfreich ist, werden die Bezugspersonen ggf. in den Betreuungsprozess mit einbezogen.

  Dies ist auch sinnvoll, da sich die Klientel im Laufe des Betreuungsprozesses gravierend verändern kann und es für Angehörige wichtig ist, die Zusammenhänge und Hintergründe zu verstehen.

Alle Angebote werden individuell und im Einzelfall genutzt, es gibt keine obligatorischen Angebote.

Anmerkungen: Als direkte Betreuungsleistung wird die Zeit definiert, in der die betreute Person mit einem Mitarbeiter direkten Kontakt hat. Die direkten Betreuungsleistungen werden im Verhältnis 1:1 abgerechnet.

Als direkte Betreuungsleistung werden auch Kooperationskontakte mit Angehörigen/Bezugspersonen/Personen aus dem unmittelbaren sozialen/beruflichen Umfeld der betreuten Person definiert und im Verhältnis 1:1 abgerechnet, wenn die betreute Person anwesend ist.

Als direkte Betreuungsleistung ist die Zeit definiert, in der der Klient mit einem Mitarbeiter des Leistungsanbieters „von Angesicht zu Angesicht" Kontakt hat (vgl. auch § 1 Abs. 4 der Leistungs- und Prüfungsvereinbarung, wonach sich eine Fachleistungsstunde aus 50 Min. direkter Betreuungsleistung und 10 Min. mittelbarer klientenbezogener Tätigkeit zusammensetzt).

Mittelbare Betreuungsleistungen
sind
1. klientenbezogene Tätigkeiten wie
   - Casemanagement,
   - um in Kooperation mit den unterschiedlichen Angeboten/Einrichtungen/Anbietern des psychosozialen Hilfesystems klienten- und problembezogen angemessene Hilfemaßnahmen innerhalb und außerhalb des psychosozialen Hilfesystems zu entwickeln.
   - Kontakte zu Arbeitgebern,
   - um Schritte zur beruflichen (Re-)Integration einzuleiten, ggf. intervenierend einzugreifen und zu verhindern, dass jemand seinen Arbeitsplatz verliert.
   - Mitarbeit in den Hilfeplankonferenzen/am Hilfeplanverfahren; Organisation der Hilfeplanung
   - Verwaltungsarbeiten, bspw.
     - Tätigkeiten im Vorfeld einer Betreuung und im Rahmen der Nachbetreuung
     - Einzelfalldokumentation/Dokumentation des Betreuungsprozesses
     - Telefonate, allg. Schriftverkehr, Stellungnahmen, Verlängerungsantrag, Abschlussbericht
   - Ausfallzeiten (d.h. von der betreuten Person nicht wahrgenommene Termine)
   - Nachbetreuung
   - klientenübergreifende Tätigkeiten wie
   - Planung und Vorbereitung von Einzel- und Gruppengesprächen/-angeboten
   - Fallbesprechung/kollegiale Beratung, Teambesprechungen
   - Facharbeitskreise
   - Supervision, Fortbildung
2. Fahrt- und Wegezeiten

Anmerkungen: Als mittelbare Betreuungsleistung wird die Zeit definiert, in der der Mitarbeiter Tätigkeiten wahrnimmt, a) die unmittelbar auf die betreute Person bezogen sind oder b) klientenübergreifend erbracht werden, ohne dabei direkten Kontakt mit dem Klienten zu haben.

Als mittelbare Betreuungsleistung sind klientenbezogene Kontakte definiert, bei denen der Klient nicht anwesend ist (vgl. auch § 1 Abs. 4a LPV, wonach pro bewilligter

Fachleistungsstunde bis zu 10 Minuten direkter Betreuungsleistungen durch mittelbare, klientenbezogene Leistungen ersetzt werden können.

Indirekte Betreuungsleistungen
sind alle zur Organisation des Dienstes und des Arbeits-/Betreuungsablaufes sowie zur Qualitätssicherung notwendigen Tätigkeiten wie

- Organisationsleistungen, bspw.
    - Geschäftsführung/Leitung des Dienstes
    - Weiterentwicklung der Konzeption
    - Überwachung der Umsetzung der Konzeption
    - Verhandlungen und Vereinbarungen mit den zuständigen Leistungsträgern
    - Personalplanung, Personalführung, Personalentwicklung
    - Abschluss von Arbeitsverträgen
    - Dienst- und Fachaufsicht über das Personal
    - Finanzbuchhaltung, Personalabrechnung und -buchhaltung
    - Erstellung einer BWA und Bilanz
    - Aufstellung von Stellenplänen, Finanz-, Wirtschafts- und Investitionsplänen
    - Erstellung der Kostenabrechnungen und Verwendungsnachweise
    - Einkauf, Beschaffungen
- Kooperation im gemeindepsychiatrischen Verbundsystem, einschl. Verknüpfung und Koordination der Hilfen in den regionalen Versorgungsstrukturen
- Aufnahmeverfahren, bspw.
    - Bearbeitung von Bewerbungen, Info-Gespräche
- Qualitätssicherung bezogen auf die Klienten, die Mitarbeiter und das Konzept
- Öffentlichkeitsarbeit, Außenvertretung bei Leistungsträgern und in Fachgremien

Anmerkungen: Als indirekte Betreuungsleistungen wird die Zeit definiert, in der Organisationsarbeiten des Leistungsanbieters, Maßnahmen der Qualitätssicherung u.ä. durchgeführt werden.

Die indirekten Betreuungsleistungen sind in die Kalkulation des Fachleistungsstundensatzes eingeflossen und werden insoweit vergütet (vgl. auch § 1 Abs. 4a LPV).

3.9 Aufnahmebedingungen

Aufgenommen werden die unter *Zielgruppen* beschriebenen Klienten, unter der Voraussetzung, dass

- die Bereitschaft zum Aufbau von tragfähigen suchtfreien Kontakten/Beziehungen (Netzwerkarbeit),
- die Bereitschaft zur Auseinandersetzung mit den gesellschaftlichen Normen und Werten und
- die Fähigkeit zur Selbstreflexion (d.h.: realistische Selbsteinschätzung und Einschätzung der Realität)

gegeben sind.

3.10 Behandlungsvertrag

Um zwischen dem Einzelnen und den Mitarbeitern Klarheit über die Modalitäten der Betreuung zu gewährleisten, werden grundsätzliche Aspekte in einem Betreuungsvertrag vereinbart (siehe Anlagen).

4 Personalkonzept

Der Personalbedarf wird auf der Grundlage der aktuellen Vereinbarungen zwischen dem LWL und den Trägern der Freien Wohlfahrtspflege ermittelt und unter Berücksichtigung des individuellen Hilfebedarfes und der entsprechenden „Leistungstypen" gewährleistet.

Die Mitarbeiter verstehen sich dabei als Dienstleistende und bringen ihre Fachlichkeit, berufliche Erfahrung, sowie soziale und persönliche Kompetenzen im Arbeitsalltag ein. Ihr alltägliches Handeln ist geprägt durch Empathie, Wertschätzung und Rollenklarheit. Dabei richten sie ihr Handeln ressourcenorientiert auf die individuellen Ziele und Hilfebedarfe der Klientel aus und gestalten eine entwicklungsbejahende, zielbezogene Lebensbegleitung im Rahmen des Bezugspersonensystems.

Das Personal wird multiprofessionell und somit hinsichtlich des Alters, des Geschlechts und der fachlichen Qualifikation heterogen ausgerichtet. Zur

Ergänzung des Fach-/Kernteams werden zusätzlich Mitarbeiter ohne Fachausbildung eingestellt, die über die erforderlichen Erfahrungen im Tätigkeitsfeld und bejahende berufliche Entwicklungsperspektiven verfügen. Dem Bedarf entsprechend werden auch medizinische, psychologische und andere therapeutische Fachkräfte herangezogen.

Im Rahmen von Bildungsplanung und -steuerung werden kontinuierliche Schulung, Fort- und Weiterbildungsmaßnahmen für die Mitarbeiter entwickelt, die sich an den Erfordernissen des Arbeitsalltags und fachlichen Entwicklungen der Einrichtung orientieren. Die Prozess-, Struktur- und Ergebnisqualität des professionellen Handelns wird regelmäßig reflektiert, bewertet und den aktuellen Erfordernissen angepaßt.

5 Qualitätssicherung

Bei der Qualitätssicherung stehen die Klienten und deren optimale Versorgung im Mittelpunkt. Sie ist ein Weg zur Steigerung der Effizienz der Angebote und wird als ständiger Reflexions- und Optimierungsprozess einer lernenden Institution verstanden.

Durch folgende Maßnahmen wird die Qualität der Arbeit kontinuierlich überprüft und weiterentwickelt:

- Multiprofessionalität des Teams
- Dokumentation der Arbeit in einem Jahresbericht, der inhaltlich geeignet ist, die Qualitätsmerkmale des in dieser Leistungsbeschreibung beschriebenen Angebotes zu belegen und Auskunft über Art und Umfang sowie qualitative Aspekte der Arbeit zu geben.
- Qualitätsmanagement mit der Zielsetzung die Arbeit ständig zu verbessern, zu erneuern und zu professionalisieren; unter Berücksichtigung der Kriterien: Führung, Politik und Strategie, Mitarbeiterorientierung, Ressourcen, Prozesse, Kundenzufriedenheit, Mitarbeiterzufriedenheit, Gesellschaftliche Verantwortung/Image und Ergebnisse.

Literaturhinweise

Bloem, J., Moget, P.C.M., Petzold, H.G. (2004): Budo, Aggressionsreduktion und psychosoziale Effekte: Faktum oder Fiktion? - Forschungsergebnisse - Modelle - psychosoziale und neurobiologische Konzepte, in: Integrative Therapie, 1-2/2004, 101-149, Junfermann, Paderborn

Bundesarbeitsgemeinschaft für Rehabilitation (BAR) (2006): ICF-Praxisleitfaden. Trägerübergreifender Leitfaden für die praktische Anwendung der ICF (Internationale Klassifikation der Funktionsfähigkeit, Behinderung und Gesundheit) beim Zugang zur Rehabilitation, 2. überarb. Aufl., Frankfurt a.M.

Deutsche Hauptstelle für Suchtfragen (DHS) (2006): Sucht und Abhängigkeit - Was ist das?, in: www.dhs.de/daten_suchtdefinition.html, 12.10.2006, Hamm

Dinkelacker, P. Wojak, M. (1998): Integrierte Suchtarbeit - ein vielversprechender Ansatz in der Suchthilfe?, wissenschaftliche Hausarbeit am Institut für Prävention und psychosoziale Gesundheitsförderung, Freie Universität Berlin (unveröffentlicht)

Egle, U.T., Hardt, J. (2005): Pathogene und protektive Entwicklungsfaktoren für die spätere Gesundheit, 20-43. in: *Egle, U.T., Hoffmann, S.O. Joraschky, P.* (Hrsg) (2005): Sexueller Mißbrauch, Mißhandlung, Vernachlässigung, Erkennung und Behandlung psychischer und psychosomatischer Folgen früher Traumatisierung, Schattauer, Stuttgart

Fachverband Drogen und Rauschmittel e.V. (FDR) (2006): Grundlagen der Suchthilfe, FDR-Texte Nr. 6, 2. Aufl. 09/2006, Hannover

Fegert, J., Häßler, F. (2004): Abschlußbericht über das Bundesmodellprojekt Designerdrogen-Sprechstunde der Klinik für Kinder- und Jugendneuropsychotherapie der Universität Rostock, in: www.bmgs.bund.de/deu/gra/publikationen/forschung.c/m

Gassner, G. (2007): Erlebnispädagogik, in: http://www.praxis-jugendarbeit.de/ jugendleiter-schulung/erlebnis-paedagogik.html

Gastpar, M.; Mann, K.; Rommelspacher, H. (Hrsg.) (1999): Lehrbuch der Suchterkrankungen, Georg Thieme Verlag, Stuttgart

Grossmann, K., Grossmann, K.E. (2003): Elternbindung und Entwicklung des Kindes in Beziehungen, in: *Herpertz-Dahlmann, B., Resch, F., Schulte-Markwort, M., Warnke, A.* (2003): Entwicklungspsychiatrie, Schattauer, Stuttgart, 115-135

Körkel, J., Schindler, C. (2003): Rückfallprävention mit Abhängigen - Das strukturierte Trainingsprogramm S.T.A.R., Springer Verlag, Berlin

Krausz, M., Schäfer, I., Lucht, M., Freyberger, H.J. (2005): Suchterkrankungen, in: *Egle, U.T., Hoffmann, S.O., Joraschky, P.* (2005): Sexueller Mißbrauch, Mißhandlung, Vernachlässigung, Schattauer, Stuttgart, 483-498

Landschaftsverbandes Westfalen-Lippe (2005): Erhebungsbogen zum individuellen Hilfeplanverfahren des LWL (Bogen I), Persönliche Stellungnahme zur Gewährung von Hilfen in einer betreuten Wohnform (Bogen II), Einschätzung zur Ziel- und Maßnahmeplanung (Bogen III), Münster

Marlovits, A.M. (2004): Lauf-Psychologie - Dem Geheimnis des Laufens auf der Spur, LAS-Verlag, Regensburg

Orth, I. Petzold, H.G. (2001): Integrative Therapie: Das „biopsychosoziale" Modell kritischer Humantherapie und Kulturarbeit - ein „lifespan developmental approach" (Theorie, Praxis, Wirksamkeit, Entwicklungen), in: *Integrative Therapie*, Jubiläumsausgabe zum 25jährigen Bestehen der Zeitschrift, Junfermann, Paderborn, 3/131-16/144

Osten, P: (2004): Integrative Diagnostik bei Sucht- und Abhängigkeitserkrankungen, in: *Petzold, H.G., Schay, P. Ebert, W.*, Integrative Suchttherapie, VS Verlag für Sozialwissenschaften, Wiesbaden, 221-294

Osten, P. (2006): Integrative psychotherapeutische Anamnese und Diagnostik, unveröffentl. Seminarunterlagen 22.-23.04.2006, Master Upgrade (IT), Donau-Universität Krems

Osten, P. (2006): Integrative Diagnostik der Sucht- und Abhängigkeitserkrankungen, in: *Petzold, H.G., Schay, P., Ebert, W.* (Hrsg.) (2006): Integrative Suchttherapie, 2. überarb. Aufl., VS Verlag für Sozialwissenschaften, Wiesbaden, 201-268

Petzold, H.G. (1993a): Integrative Therapie, Modelle, Theorien und Methoden für eine schulenübergreifende Psychotherapie. Bde. I, II, III, 2. überarb. Auflage 2003a, Paderborn, Junfermann

Petzold, H.G. (1995a): Weggeleit und Schutzschild. Arbeit mit protektiven Prozessen und soziökologische Modellierungten in einer entwicklungsorientierten Kindertherapie, in: *Metzmacher, B., Petzold, H.G., Zaepfel, H.* (1995): Therapeutische Zugänge zu den Erfahrungswelten des Kindes. Integrative Kindertherapie in Theorie und Praxis, Bd. 1, Junfermann, Paderborn, 169-280

Petzold, H.G. (1997): Das Ressourcenkonzept in der sozial interventiven Praxeologie und Systemberatung. *Integrative Therapie* 4, Paderborn, 435-471

Petzold, H.G. (2001a): Integrative Therapie - Das „biopsychosoziale" Modell kritischer Humantherapie und Kulturarbeit. Ein „liefspan developement approach", Junfermann, Paderborn

Petzold, H.G. (2003a): Integrative Therapie, 3 Bde, überarb. und erg. Neuauflage, Junfermann, Paderborn

Petzold, H.G., Hass, W. (1999): Die Bedeutung sozialer Netzwerkforschung für die Psychotherapie. in: *Petzold, H. G., M. Märtens* (Hrsg.): Wege zu effektiver Psychotherapie. Leske + Budrich, Opladen, 193-272

Petzold, H.G., Josić, Z., Ehrhardt, J. (2006): Integrative Familientherapie als „Netzwerkintervention" bei Traumabelastungen und Suchtproblemen. in: *Petzold, H.G., Schay, P., Scheiblich, W.* (Hrsg.): Integrative Suchtarbeit, 119-157

Petzold, H.G., Schay, P., Ebert, W. (Hrsg.) (2004): Integrative Suchttherapie, VS-Verlag für Sozialwissenschaften, Wiesbaden

Petzold, H.G., Schay, P.; Hentschel, U. (2004): Niedrigschwellige und karrierebegleitende Drogenarbeit als Elemente einer Gesamtstrategie der Drogenhilfe. in: *Petzold, H.G., Schay, P.; Ebert, W.* (Hrsg.): Integrative Suchttherapie, VS Verlag für Sozialwissenschaften, Wiesbaden, 79-107

Petzold, H.G., Schay, P., Scheiblich, W. (Hrsg.) (2006): Integrative Suchtarbeit, VS Verlag für Sozialwissenschaften, Wiesbaden

Rehabilitation und Teilhabe behinderter Menschen (2001): SGB IX, Beck-Texte im dtv, 1. Auflage, München

Resch, F., Westhoff, K. (2006): Wie weit trägt das biopsychosoziale Modell des Menschen in der Psychotherapie?, in: *Psychotherapie Forum*, Vol. 14, Nr. 4/2006, Springer Verlag, Wien, 186-192

Saß, H., Wittchen, H.-U., Zaudig, M. (1998): Diagnostisches und statistisches Manual Psychischer Störungen DSM-IV, 2. verbesserte Auflage, Hogrefe-Verlag, Göttingen

Schäfer, I. (2005): Traumatisierungen bei Suchtpatienten: Versorgungsmodelle und Anforderungen an das Hilfesystem, in: *Zeitschrift für Psychotraumatologie und Psychologische Medizin (ZPPM)* 3. Jg. (2005), Heft 3, Asanger, Heidelberg, 19-27

Schay, P., Petzold, H.G., Jakob-Krieger, C., Wagner, M. (2004): Laufen streichelt die Seele - Lauftherapie mit Drogenabhängigen, in: Integrative Therapie 1-2/2004, Zeitschrift für vergleichende Psychotherapie und Methodenintegration, Junfermann, Paderborn

Schay, P., Petzold, H.G., Jakob-Krieger, C., Wagner, M. (2006): Lauftherapie als übungs- und erlebniszentrierte Behandlungsmethode der Integrativen Therapie in der medizinischen Rehabilitation, in: *Petzold, H.G., Schay, P., Scheiblich, W.* (2006). Integrative Suchtarbeit, Vs Verlag für Sozialwissenschaften, Wiesbaden, 159-204

Schay, P., Petzold, H.G., Pultke, U. (2004): Berufliche Integration Drogenabhängiger, in: *Petzold, H.G., Schay, P., Ebert, W.* (Hrsg.) (2004): Integrative Suchttherapie, VS-Verlag für Sozialwissenschaften, Wiesbaden, 133-161

Schay, P., Pultke, U. (2006): Integrative Arbeit mit jungen drogenkonsumierenden/ -abhängigen Menschen - Hilfen/Leistungsangebote/Präventionsmaßnahmen bei drogenkonsumierenden/-abhängigen Jugendlichen, in: *Schay, P.* (Hrsg.) (2006): Innovationen in der Drogenhilfe, VS-Verlag für Sozialwissenschaften, Wiesbaden, 117-164

Schay, P., Liefke, I. (2009): Sucht und Trauma - Integrative Traumatherapie in der Drogenhilfe, VS-Verlag für Sozialwissenschaften, Wiesbaden

Schay, P. (1998): Suchtbehandlung im Verbundsystem der Suchtkrankenhilfe - NotWendigkeit zur Effizienz rehabilitativer Behandlung und Betreuung !? -, Schriftenreihe des Fachverbandes Sucht e.V., GCAA - German Council on Alcohol and Addiction 22, Neuland, Geesthacht

Schay, P.: Jahresberichte 2000-2007 „Kadesch GmbH" und „Jugend-, Konflikt- und Drogenberatung e.V. (JKD)", www.therapieverbund-herne.de

Schay, P. (2006): Innovationen in der Drogenhilfe, VS Verlag für Sozialwissenschaften, Wiesbaden

Schindler, C., Körkel J. (1995): Rückfallbezogene Attributionen, Emotionen und Kompetenzerwartungen. Eine empirische Prüfung sozial-kognitiver Theorieannahmen. in: *Körkel J., Lauer G., Scheller R.* (Hrsg): Sucht und Rückfall, Stuttgart: Enke

Schuler, W. (1996): Lauftherapie bei verhaltensauffälligen Kindern. Begründungen - Bausteine - Konzeptentwurf; Oberhaching

Schulte-Markwort, M., Marutt, K., Riedesser, P. (2002): crosswalk ICD-10 - DSM IV, Klassifikation psychischer Störungen: eine Synopsis, Hans Huber, Bern

SGB Office - Gesamtkommentar zum Sozialgesetzbuch (2006): Haufe Office Line, CD-Rom, Version 8.1, 01/2006

Siegele, F., Höhmann-Kost, A. (2002): Das Konzept der „Arbeit an sich selbst" - Die Kampfkünste als ein Weg der Übung in der Suchtbehandlung und die Relevanz dieses Konzeptes im Bereich von Supervision - aus dem Diplom-Supervisionsaufbaustudiengang Freie Universität Amsterdam, Faculty of Human Movement Sciences

Thomasius, R. et al. (2003): Suchtstörungen, in: *Herpertz-Dahlmann, B., Resch, F., Schulte-Markwort, M., Warnke, A.* (2003): Entwicklungspsychiatrie - Biopsychologische Grundlagen und die Entwicklung psychischer Störungen, Schattauer, 693-726

van der Kolk, B.A., McFarlane, A.C., van der Hart, O. (2000): Ein allgemeiner Ansatz zur Behandlung der posttraumatischen Belastungsstörung, in: *van der Kolk, B.A., McFarlane, A.C., Weisaeth, L.* (Hrsg.) (2000): Traumatic Stress, Jungfermann, Paderborn, 309-330

van der Mei, S.H., Petzold, H.G., Bosscher, R.J. (1997): Runningtherapie, Streß, Depression - ein übungszentrierter Ansatz in der Integrativen leib- und bewegungsorientierten Psychotherapie, in: Integrative Therapie, 23. Jg., Heft 3/1997, Junfermann, Paderborn, 374-428

Weber, A. (1990): Laufen als Therapie, DLZ, Paderborn

Weber, A. (1994): Laufen als Psycho-Therapie, in: *Becker, U.*: Leichtathletik im Lebenslauf, Aachen, 350-354

Weltgesundheitsorganisation (1993): Internationale Klassifikation psychischer Störungen ICD-10, 2. Aufl., Huber, Bern, 183-192

Kadesch GmbH: Der Leistungsanbieter

Kadesch GmbH ist als gemeinnützige Gesellschaft 1995 gegründet worden und bietet im Netzwerk „Therapieverbund Herne" ein differenziertes Netzwerk an Hilfen für (ehemalige) Suchtmittelabhängige, um den (Wieder-) Einstieg in ein selbstverantwortliches Leben zu unterstützen und zu begleiten.

Therapieverbund Herne

Das Netzwerk des Herner Therapieverbundes bietet zahlreiche Möglichkeiten, den Bedürfnissen und Notwendigkeiten der einzelnen suchtkranken Person gerecht zu werden. Im Sinne einer Rehabilitation in unterschiedlichen Formen/Settings ist es möglich, Schritte in die eine oder auch andere Richtung vorzunehmen. Bei Rückfällen kann der Klient an jedem Punkt aufgefangen und adäquat der individuellen Situation entsprechend behandelt und unterstützt werden. Das Verbundsystem bietet dem Einzelnen differenzierte Behandlungsmöglichkeiten und dadurch ein hohes Maß an Sicherheit und Schutz.

In den Leistungsangeboten gehen wir „von der Grundposition aus, dass Suchtarbeit/-therapie nur eine optimale, nachhaltige Qualität gewinnen kann, wenn sie im Rahmen vernetzter Strukturen als Hilfen, Unterstützung, Förderung, Entwicklungsarbeit über angemessene Zeitstrecken durchgeführt wird, in Verbundsystemen, in denen Maßnahmen der Hilfeleistungen als „Ketten supportiver und protektiver Einflüsse" ... zum Tragen kommen, die sich den Verkettungen unglücklicher, kritischer und belastender Umstände entgegenstellen" (*Scheiblich, Petzold* 2006, 477).

Mit seinen Diensten und Einrichtungen und den darin tätigen Mitarbeitern, aber auch in seinem klientenzentrierten, integrativ orientiertem theoriegeleiteten Handeln versteht sich der Verbund für die Klienten als ein „tragfähiges" soziales Netz, das als „*professioneller Konvoi von Helfern und Hilfsagenturen*" (vgl. *Petzold* 2004) Sicherheit und Stabilität, Unterstützung und Begleitung, Behandlung und Förderung bietet.

Abbildung 1: Netzwerk „Therapieverbund Herne"

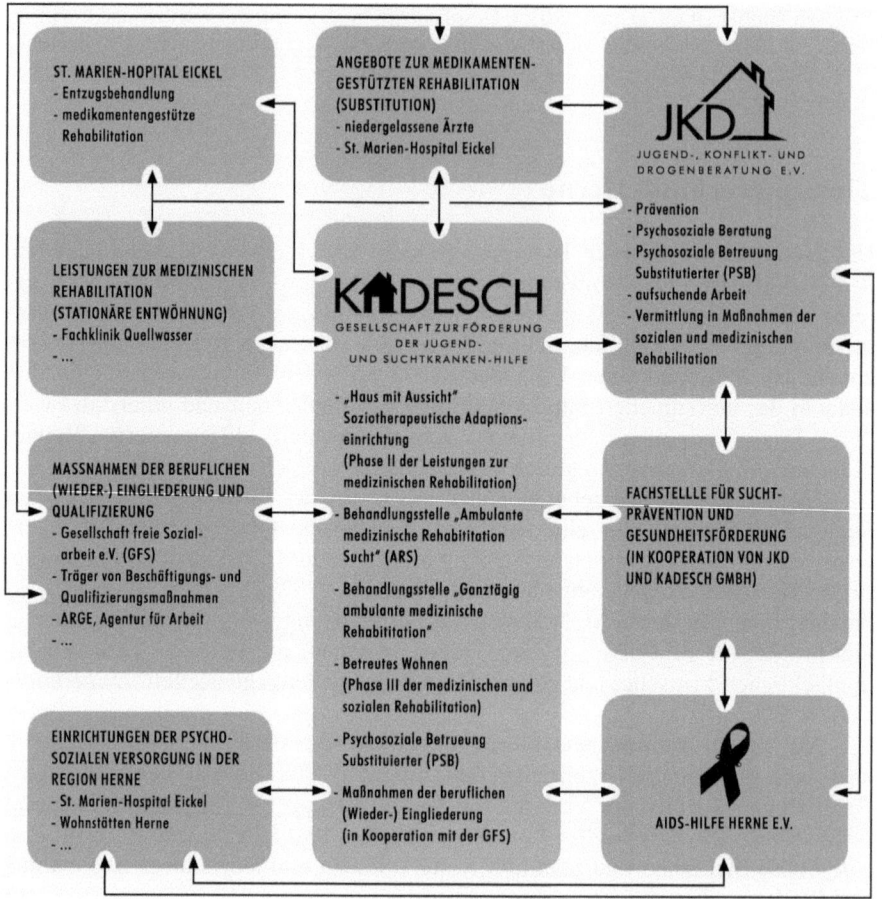

GESELLSCHAFT ZUR FÖRDERUNG
DER JUGEND-
UND SUCHTKRANKEN-HILFE

Betreuungsvertrag für das Ambulant Betreute Wohnen

zwischen   **Kadesch GmbH**
Hauptstraße 94, 44651 Herne
vertreten durch: **Peter Schay**

- nachstehend Leistungserbringer genannt -

und   Herrn/Frau _____, geb.: _____

- nachstehend Klient genannt -

wohnhaft_____

ggf. vertreten durch: _____
(rechtlicher Betreuer)

wird mit Wirkung vom _____ wird folgender Betreuungsvertrag geschlossen:

§ 1
Präambel

Das Ambulant Betreute Wohnen für abhängigkeitskranke Menschen ist eine Weiterentwicklung der Eingliederungshilfen gem. §§ 39, 40 BSHG, § 55 SGB IX und § 53 SGB XII mit dem Ziel, Menschen mit Behinderungen (hier: Abhängigkeitserkrankung gem. ICD 10-F.10-F.19, F.50) ein selbstbestimmtes Leben zu ermöglichen und zu sichern.

Das Ambulant Betreute Wohnen für abhängigkeitskranke Menschen ist also eine soziale Hilfstätigkeit für hilfebedürftige Menschen, die Teil der staatlichen Fürsorge im Wege der Kooperation von Leistungserbringern und Sozialhilfeträgern ist.

Die Leistungen sind dabei an der individuellen Lebenssituation und dem jeweiligen Bedarf des Klienten ausgerichtet und orientieren sich an der vom Leistungserbringer mit dem LWL abgestimmten Konzeption. Ziel ist es, dem Klienten unabhängig von Art und Schwere der Behinderung eine weitgehend eigenständige Lebensführung, soziale Eingliederung und Teilhabe am Leben in der Gemeinde zu eröffnen und zu erhalten.

§ 2
Träger des Dienstes

1. Kadesch GmbH ist ein anerkannter Rechtsträger mit Sitz in Herne.
2. Der Klient respektiert die vom Leistungserbringer mit dem LWL abgestimmte Konzeption zum Ambulant Betreuten Wohnen.
3. Der Leistungserbringer hat mit dem zuständigen Träger der Sozialhilfe gemäß § 93 b BSHG Vereinbarungen über
   - Art, Inhalt, Umfang und Qualität der von dem Dienst zu erbringenden Leistungen (Leistungsvereinbarung),
   - die für die einzelnen Leistungsbereiche zu zahlende Vergütung (Vergütungsvereinbarung) und
   - die Prüfung der Wirtschaftlichkeit und Qualität der Leistungen (Prüfungsvereinbarung)

abgeschlossen, die Grundlagen dieses Betreuungsvertrages sind.

§ 3
Ermittlung des Hilfebedarfs

Der Klient erhält die erforderlichen individuellen Maßnahmen entsprechend der Leistungsvereinbarung (§ 2 Abs. 3). Die Leistungserbringung richtet sich nach dem mit dem Sozialhilfeträger vereinbarten individuellen Hilfeplan, der die Ziele der Betreuungsleistungen benennt und Bestandteil dieses Betreuungsvertrages ist.

§ 4
Mitwirkung

Der Klient verpflichtet sich mit Abschluss des Vertrages, bei der Erstellung und Fortschreibung des Hilfeplanes (siehe auch §§ 1 und 3) mitzuwirken.

§ 5
Betreuungsinhalte

Im Einzelnen werden zur Unterstützung des Klienten im Rahmen der zwischen Leistungserbringer und Klient abgestimmten individuellen Hilfeplanung folgende Betreuungsinhalte vereinbart:

1. Voraussetzung für diese Vereinbarung ist, dass der Klient das Ziel hat, aktiv in der Betreuungsmaßnahme mitzuarbeiten und sich nach Maßgabe der Betreuer an die Strukturen der Betreuung hält.
2. Die Betreuungsdauer wird bezogen auf den individuellen Hilfebedarf im Hilfeplanverfahren festgelegt und i.d.R. zunächst für einen Zeitraum von mindestens einem Jahr bewilligt.
3. Eine Verlängerung der Betreuung muss i.d.R. 2 Monate vor Ablauf des Bewilligungszeitraumes zwischen Klient und Leistungsanbieter verbindlich abgestimmt und beim zuständigen Leistungsträger beantragt werden.
4. Der Vertrag gilt für den Zeitraum der Leistungszusage des zuständigen Leistungsträgers.
5. Beabsichtigt der Klient die Betreuung vorzeitig zu beenden, ist er verpflichtet, mindestens einen Termin mit dem für ihn verantwortlichen Betreuer zu vereinbaren, um persönlich seine Gründe darzulegen.

6. Die Betreuung setzt grundsätzlich voraus, dass der Klient eine möglichst dauerhafte Wiedereingliederung in Arbeit, Beruf, Schule und Gesellschaft anstrebt; bereit und fähig ist, aktiv die Ziele der Betreuung anzustreben und eine abstinente Lebensführung anstrebt.
7. In einem Betreuungsplan werden die Inhalte und Ziele vereinbart, die im Ambulant Betreuten Wohnen erreicht werden sollen.
8. Der Klient erkennt den vereinbarten individuellen Betreuungsplan als absolut verbindlich an.
9. Der Klient ist krankenversichert bei: _____
10. Der Klient erklärt sich ausdrücklich bereit, sich jederzeit einer (ärztlichen) Überprüfung seiner Suchtmittelfreiheit zu unterziehen. Wird dies durch den Klienten verweigert, wird das als Versuch der Verheimlichung eines Rückfalls gewertet und kann den Ausschluss aus der Betreuung zur Folge haben.
11. Rückfälligkeit im Rahmen der Betreuung kann zum Ausschluss führen. Bedingung für die Fortführung der Betreuung ist ggf. eine qualifizierte Entzugsbehandlung. Über die Fortführung der Betreuung entscheidet der Leistungserbringer.

§ 6
Entgelt

1. Die Leistungen werden aufgrund der Vergütungsvereinbarung gem. § 1 Abs. vom LWL vergütet.
2. Veränderungen der Vergütungsvereinbarung werden dem Klienten unmittelbar bekannt gegeben soweit er einen Eigenanteil zu leisten hat.

§ 7
Fälligkeit und Zahlung

Der ggf. zu leistende Eigenanteil (siehe auch § 6 Abs. 2) ist monatlich nach Rechnungsstellung fällig. Sofern Entgelte von dem Träger der Sozialhilfe übernommen werden, rechnet der Leistungserbringer diese direkt mit dem Träger der Sozialhilfe ab. Die Zahlungsverpflichtung des Klienten entfällt im Umfang der Leistung durch den Träger der Sozialhilfe. Der Klient wird über die Höhe des übernommenen Anteils informiert.

§ 8
Datenschutz

1. Die gesetzlichen Bestimmungen des Datenschutzes sind für die Vertragspartner bindend; alle persönlichen Daten werden selbstverständlich vertraulich behandelt.
2. Die Mitarbeiter des Leistungserbringers sind zur Verschwiegenheit verpflichtet.
3. Soweit es zur Durchführung der Leistungserbringung erforderlich ist, dürfen personenbezogene Daten des Klienten durch den Leistungserbringer erhoben, gespeichert, verarbeitet und an Dritte übermittelt werden. Die Einwilligungen zur Erhebung und zur Übermittlung bedürfen der Schriftform und sind widerruflich (siehe Anlagen: Einwilligung nach den Datenschutzbestimmungen und Recht auf Beratung und Beschwerde).
4. Der Klient hat das Recht auf Auskunft, welche Daten über ihn gespeichert sind.
5. Der Klient erklärt sich ausdrücklich damit einverstanden und insoweit gilt als ausdrücklich vereinbart, dass
    a. _____
    b. _____
    c. _____

in allen Angelegenheiten die Betreuung betreffend, untereinander von der Schweigepflicht entbunden sind.

§ 9
Recht auf Beratung und Beschwerde

1. Der Klient hat das Recht, die Fachkonzeption des Leistungsanbieters einzusehen und sich von der Leitung des Leistungsanbieters erläutern zu lassen.
2. Der Klient hat das Recht, sich von dem Leistungserbringer beraten zu lassen und sich dort über Mängel bei Erbringung der Leistungen zu beschweren (siehe Anlage: Selbstverpflichtung der Freien Wohlfahrtspflege des Landes NRW für internes und externes Beschwerdemanagement in Einrichtungen und Diensten der Pflege, Alten- und Behindertenarbeit).
3. Der Klient hat Anspruch darauf, dass der Leistungserbringer das von der Arbeitsgemeinschaft der Spitzenverbände der Freien Wohlfahrtspflege des Landes NRW für ihre Mitglieder in einer Selbstverpflichtung festgelegte in-

terne und externe Beschwerdemanagement gewährleistet. Die Selbstverpflichtungserklärung in der Fassung vom 22.02.2000 ist Bestandteil dieses Vertrages und als Anlage diesem Vertrag beigefügt.
4. Im Rahmen des Beschwerdemanagements kann sich der Klient wenden an:
   - Geschäftsführer des Leistungsanbieters, Herr Peter Schay (Tel.: 02325-3892, Fax: 02325-932521).
   - Psychiatriekoordinator der Stadt Herne, Herrn Dr. Brandenburg, Fachbereich Gesundheit, Abt. 43/5, Rathausstraße 6, 44649 Herne.
   - Landschaftsverband Westfalen-Lippe, Abt. Soziales, Pflege und Rehabilitation, Freiherr-vom-Stein-Platz 1 in 48133 Münster.

§ 9
Vertragsänderungen

1. Abweichungen von diesem Vertrag sind grundsätzlich nur nach vorheriger Absprache möglich.
2. Ergänzungen und/oder Veränderungen zu diesem Vertrag werden über Zusatzvereinbarungen geregelt.

§ 10
Vertragsdauer und Beendigung des Vertrages

1. Das Vertragsverhältnis wird für die Zeit der Betreuung im Ambulant Betreuten Wohnen abgeschlossen.
2. Die vorzeitige Beendigung des Vertragsverhältnisses bedarf der Schriftform.

Herne, _____

_____   _____
(Klient)   (f.d. Leistungserbringer)

Anlagen zu diesem Betreuungsvertrag für das Ambulant Betreute Wohnen:

- Einwilligung nach den Datenschutzbestimmungen
- Recht auf Beratung und Beschwerde
- Selbstverpflichtung der Freien Wohlfahrtspflege des Landes NRW für internes und externes Beschwerdemanagement in Einrichtungen und Diensten der Pflege, Alten- und Behindertenarbeit (Stand: 22.02.2000)

GESELLSCHAFT ZUR FÖRDERUNG
DER JUGEND-
UND SUCHTKRANKEN-HILFE

Anlage: Einwilligung nach den Datenschutzbestimmungen zum Betreuungsvertrag für das Ambulant Betreute Wohnen

Hiermit erkläre ich

Name: _____ , geb.: _____
wohnhaft: _____
ggf. vertreten durch: _____
(rechtlicher Betreuer)

mich damit einverstanden, dass folgende Daten aus der Dokumentation:

1. Sozialdaten
2. ärztliche Behandlungsbefunde
3. Behandlungsverlauf

und deren Aktualisierung

zum Zweck Betreuungsplanung an folgende Personen bzw. Institutionen widerruflich weitergegeben werden:

☐ Arzt: _____
☐ Betreuer: im Rahmen der Supervision und Weiterbildung
☐ Leistungsträger: _____
☐ Sonstige: _____

Diese Einwilligung kann jederzeit schriftlich widerrufen werden. Im Fall des Widerrufs können je nach Adressat des Widerrufs Einschränkungen in der Betreuung bzw. finanzielle Nachteile entstehen.

Herne, den _____   _____
                                (Klient)

Anlage: Recht auf Beratung und Beschwerde zum Betreuungsvertrag für das Ambulant Betreute Wohnen

Wenn Sie Beratung brauchen oder Beschwerden haben, können Sie sich an die Leitung der Kadesch GmbH, Herrn Peter Schay wenden, den Sie unter folgender Anschrift erreichen können: Hauptstraße 94, 44651 Herne (Tel.: 02325-3892, Fax: 02325-932521)

Selbstverständlich haben Sie auch die Möglichkeit, Ihre Beratungswünsche und Beschwerden unmittelbar an den Träger des Leistungserbringers zu richten, den Sie unter der vorgenannten Adresse erreichen.

Herne, den _____   _____
                                                                (Klient)

GESELLSCHAFT ZUR FÖRDERUNG
DER JUGEND-
UND SUCHTKRANKEN-HILFE

Anlage: Selbstverpflichtung der Freien Wohlfahrtspflege des Landes NRW für internes und externes Beschwerdemanagement in Einrichtungen und Diensten der Pflege, Alten- und Behindertenarbeit zum Betreuungsvertrag für das Ambulant Betreute Wohnen

(Stand: 22.02.2000)

(1) Beschwerden von Bewohnern bzw. Klienten in Einrichtungen der Freien Wohlfahrtspflege in NRW (insbesondere in Einrichtungen der stationären, teilstationären und ambulanten Eingliederungshilfe) sind selbstverständlicher Baustein der systematischen Qualitätssicherung. Das Vorhandensein eines Beschwerdemanagements wird deshalb von Mitarbeitern und den Trägern als Chance zur Weiterentwicklung einer menschengerechten fachlichen Arbeit verstanden.

(2) In den Einrichtungen und Diensten können Beschwerden jederzeit vorgebracht werden, in jedem Fall zu den üblichen Geschäftszeiten.
Die Träger und Einrichtungen sorgen dafür, dass die Beschwerden unverzüglich dokumentiert und einer für die Einrichtung zuständigen Person oder Beschwerdestelle unterbreitet werden.
Den Beschwerdeführenden muss deutlich sein, dass Vorfälle konkret benannt werden müssen, damit eine sachgerechte Bearbeitung der Beschwerde möglich ist.
Jeder Träger wird Grundsätze eines solchen „internen Beschwerdemanagements" festlegen und diese in geeigneter Weise bekannt machen.

(3) Die Spitzenverbände der Freien Wohlfahrtspflege verpflichten sich,
    a) durch geeignete verbandliche Informations- und Fortbildungsveranstaltungen die Beschwerdekultur in den Einrichtungen der Freien Wohlfahrtspflege auszubauen;
    b) auf jede eingehende (mündlich oder schriftlich) erhobene Beschwerde binnen 1 Woche zu reagieren. Soweit erforderlich, werden die Spitzenverbände im Rahmen ihrer satzungsgemäßen Aufgaben beraten, vermitteln und in streitigen Fällen moderieren, soweit das gewünscht wird.

c) Die Spitzenverbände der Freien Wohlfahrtspflege werden auf dieser Grundlage zunächst jährlich einen Erfahrungsbericht über Beschwerdemanagement erarbeiten, welchen sie dem Landespflegeausschuss, den kommunalen Spitzenverbänden, den Landschaftsverbänden und anderen Stellen bzw. Kranken- und Pflegekassen zur Kenntnis geben.

(4) In den Musterverträgen der Arbeitsgemeinschaft der Spitzenverbände der Freien Wohlfahrtspflege wird den Klienten der Freien Wohlfahrtspflege ein Rechtsanspruch auf Einhaltung dieser Selbstverpflichtung eingeräumt.

Herne, den _____ _____
(Klient)

Sport als Möglichkeit der Stressbewältigung[1]
Ein Leistungsangebot in der medizinischen und sozialen Rehabilitation

Peter Schay

1 Vorwort 162
2 Einleitung 162
3 Theoretische Überlegungen 163
    3.1 Stress 163
    3.2 Das transaktionale Stresskonzept 164
    3.3 Stress zwischen Notwendigkeit und Risikofaktor 167
    3.4 Erfolgreiche Stressbewältigung und Umgang mit Stress 169
    3.5 Stressfaktoren 170
    3.6 Bewältigungsverhalten und Gesundheit 173
4 Ganzheitlicher Ansatz eines gesundheitsorientierten Fitnesstrainings 174
5 Konzeptionelle Überlegungen 175
    5.1 Lauftherapie 175
    5.2 Die Bedeutung physischer Aktivität in der Therapie 176
    5.3 Ein Praxisbeispiel 178
    5.4 Projektverlauf 182
6 Schlussbemerkungen 184
Literaurhinweise 184

---

[1] Der vorliegende Text greift in Teilen die Diplomarbeit von *Bianca Dörnfeld* (2001) „Lauftherapie als Möglichkeit der Streßbewältigung" auf.

1 Vorwort

In einem Konzept, in dem Sporttreiben und Gesundheit in einer positiven Beziehung stehen sollen, bedarf es neben der Erweiterung des Sportbegriffs auch einer ganzheitlichen Betrachtung von Gesundheit.

Gesundheit darf nicht verstanden werden als das Freisein von Krankheiten, ist nicht nur die Erfüllung leistungsphysiologischer Normen und die Orientierung medizinischer und biologischer Parameter. Unter Berücksichtigung der Individualität und der Ganzheitlichkeit des Menschen muss Gesundheit vielmehr auch an subjektiven Parametern orientiert sein, muss neben der physiologischen auch die psychische, die psychosoziale und die ökologische Dimension berücksichtigen. Herstellung und Erhaltung von Gesundheit erfordert die Aktivität des Menschen. Sie ist kein Gut, das einmal erworben und damit gegeben ist, sondern ergibt sich als ständige Auseinandersetzung um eine Balance zwischen situativen Belastungen und Anforderungen der Umwelt und den individuellen Möglichkeiten ihrer Bewältigung.

2 Einleitung

Immer höhere Anforderungen im Berufs- und Privatleben lassen die Menschen über chronische Müdigkeit, fehlende Spannkraft und mangelnde Motivation klagen. Um das Beste geben zu können, ist der umfassende Einsatz aller Energiepotentiale erforderlich, unabhängig davon, ob die Leistungsfähigkeit von Körper, Geist und Seele dem gerecht werden kann.

Die Folge ist ein ausgeprägtes Ungleichgewicht zwischen hoher Belastungsintensität und Armut an natürlichen Entspannungsressourcen. Regenerationsdefizite sind vorprogrammiert und werden oft durch die Unfähigkeit abzuschalten forciert. Jedes Innehalten und jedes In-den-Körper-Hineinhorchen wird allzu oft als vergeudete Zeit abgetan, mit dem Resultat einer zunehmenden Dischronisation zwischen Umwelt und Innenwelt.

Wissenschaftliche Untersuchungen an der Freien Universität Amsterdam und des Deutschen Lauftherapiezentrums (DLZ) zeigen auf, dass moderates Laufen für Menschen, deren Lebensbedingungen und Lebensrhythmus ein natürliches Bewegen nicht oder kaum ermöglichen, eine Kompensationschance bzw. einen Ausweg aus hohen Belastungssituationen ermöglicht. Die positiven Aspekte regelmäßigen Laufens (z.B. Abbau von Stressfaktoren, Förderung der inneren Ruhe) bewirken, dass der Mensch leistungsfähiger, belastbarer und damit weniger anfällig für stressbedingte Krankheiten ist (vgl. *Schay* et al. 2006).

Aus diesen Überlegungen heraus gilt es, spezielle Sportangebote zu konzipieren, deren Inhalte dahingehend ausgewählt und aufbereitet sind, den Beteiligten eine ganzheitliche Entwicklung ihrer läuferischen und so auch ihrer persönlichen Kompetenzen zu ermöglichen.

Im Mittelpunkt meiner Überlegungen steht der personen- und wachstumsorientierte Ansatz der Lauftherapie, der sich auch als „Hilfe zur Selbsthilfe" beschreiben lässt. „Die Lauftherapie ist ein ganzheitlicher, unspezifischer Weg zur Prophylaxe und Behandlung von Beeinträchtigungen im physischen Bereich" (*Grell* 1993, 17). Angestrebt werden soll eine allgemeine Verhaltensänderung der Teilnehmer in Richtung auf einen gesundheitsorientierten Lebensstil. Dabei gestaltet sich die Wissensvermittlung derart, dass sich die Lernenden aktiv mit den zu vermittelnden Inhalten auseinandersetzen können, Gelerntes in ihren Alltag zu transferieren.

In den theoretischen Betrachtungen wird auf dem Hintergrund der transaktionalen Stresstheorie das Phänomen Stress reflektiert. Innerhalb dieses Modells wird Stress als Prozess der Auseinandersetzung der Person mit Belastung gesehen, mit dem Ziel, eine erfolgreiche Stressbewältigung abzuleiten.

Weitergehend wird frauenspezifischer Stress speziell betrachtet und schlagwortartig durch einige psychologische Ergebnisse zur weiblichen Stressbewältigung belegt.

Ausgehend von den Grundlagen der Lauftherapie wird dargestellt, wie sich mit langsamem Dauerlauf der Stress besser bewältigen lässt, welche Trainingsintensität dafür nötig ist und warum eine Integration in den Alltag sinnvoll ist.

3 Theoretische Überlegungen

3.1 Stress

Mosetter (2007) weist nach, dass

> „Streß (Distreß) und seine physiologischen Funktionen ... den Organismus des Erlebenden ... in Ausnahmesituationen ... unter kurzzeitiger Mobilisation aller körperlichen Ressourcen maximal leistungsfähig machen (soll). ... (Das aber bei) Dauerbelastung ... nicht nur körperliche Regulationen im Sinne von Hypertonie, Erhöhung

der Herzfrequenz ... und den entsprechenden Streßhormonen mit Cortisol, Adrenalin und Noradrenalin (entgleisen), sondern auch neuroanatomische Schaltkreise".

In unserer Gesellschaft ist Stress zum Sammelbegriff für unerfreuliche, hektische und nervenaufreibende Erlebnisse geworden und steht im Gegensatz zu Lust und Freude (vgl. *Helmer* 1989, 7).

Menschen aller gesellschaftlichen Schichten fühlen sich durch die Belastungen ihres Alltages angespannt, getragen durch einen Lebensstil, der von den Auswirkungen einer globalisierten Welt bestimmt wird. Die Folge ist, dass das Alltagsleben schlichtweg als „stressig" charakterisiert wird (nach *O' Hara* 1996, 14ff sind 80-90% aller heutigen Erkrankungen stressbedingt).

Stress ist jedoch nicht die Ursache, sondern ein möglicher Beschleunigungsfaktor bei Krankheiten. „Ob eine Person krank wird, hängt nicht vom Ausmaß des Stresses ab! Streß ist nicht das Problem, sondern die Reaktion darauf" (*Weber* 2000, 11).

Die grundsätzliche Aussage, dass Stress entsteht, „wenn die eingeschätzte Bedrohung eines Stressors größer ist als die Einschätzung der eigenen Leistungsvoraussetzungen" (*Stoll* 1996, 140) bedarf der genaueren Differenzierung und zwar anhand des psychologischen Stressmodells. Das psychologische Stressmodell nach Lazarus benennt die entscheidenden Faktoren, die in wechselseitiger Beziehung den Umgang mit und die Bewältigung von Stress kennzeichnen (vgl. *Lazarus, Folkman* 1984, 19ff).

Dieser Ansatz ist deshalb so wichtig, weil die Analyse des Stress- und des Bewältigungsverhaltens die Beziehung zwischen der Person mit ihren Wünschen, Plänen und Überzeugungen und der Umwelt mit ihren Anforderungen, Zwängen und Möglichkeiten berücksichtigt. Somit könnte dieser Ansatz als Erklärungsmodell für den Stress von Menschen brauchbar sein, der nicht selten aus Konflikten in einer widersprüchlichen Lebenssituation entsteht.

3.2 Das transaktionale Stresskonzept

Beim transaktionalen Ansatz des Stresskonzeptes nach *Lazarus & Launier* (vgl. *Weber* 2000) wird von verschiedenartigen und wechselseitigen Beziehungen zwischen Umwelt und Individuum ausgegangen. Diese Beziehungen werden durch kognitive Bewertungsprozesse vermittelt. Eine Inkongruenz zwischen den Anforderungen der Umwelt und den Fähigkeiten des Individuums ist dabei der zentrale Aspekt des Konzeptes (vgl. *Kernen* 1998, 38).

Nach einer Definition von *Lazarus & Folkmann* aus dem Jahre 1986 bezieht sich psychologischer Stress

> „auf eine Beziehung mit der Umwelt, die vom Individuum im Hinblick auf sein Wohlergehen als bedeutsam bewertet wird, aber zugleich Anforderungen an das Individuum stellt, die dessen Bewältigungsmöglichkeiten beanspruchen oder überfordern" (*Weber* 2000, 8).

Somit schließt Stress eine Transaktion ein, in der es zu einer Mobilisierung von Fähigkeiten kommen muss. Mit zunehmenden Mobilisierungserfordernissen steigt der Aufwand und lässt das Ergebnis immer fraglicher werden. Da notwendige und hinreichende Reaktionen zur Bewältigung der Anforderungen nicht zur Verfügung stehen, findet im Stressprozess eine Mobilisierung statt (vgl. *Kernen* 1998, 38). D.h., Stressreaktionen hängen von der individuellen, subjektiven Einschätzung einer Situation ab, ganz gleich, wie sich die äußeren Bedingungen objektiv darstellen.

Schädlicher Stress (Distress) entsteht nach *Lazarus* dann, wenn die Anforderungen einer Situation (Aufgabe, Sache usw.) die Möglichkeiten (Bewältigung) einer Person übersteigen (vgl. *Weber* 2000, 8).

Es wird differenziert nach umweltbedingten und internen Anforderungen. Erstere sind externe Ereignisse, die eine Anpassung des Individuums erfordern und bei einem Misserfolg negative Konsequenzen zeigen. Erstrebenswerte Ziele, Werte, Wertungsdispositionen, Programme oder Aufgaben werden unter den internen Anforderungen subsummiert. Sie sind von einem Individuum erworben worden oder ihm immanent, so dass deren Vereitelung oder Aufschub negative Folgen oder Begleiterscheinungen haben würde.

Neben den Anforderungen bilden die individuellen Anpassungsfähigkeiten die zweite Grundkomponente des Modells. Diese Eigenschaften ermöglichen es dem Individuum, den Anforderungen so zu begegnen, dass erfolglose Bemühungen und daraus resultierende negative Folgen nicht eintreten.

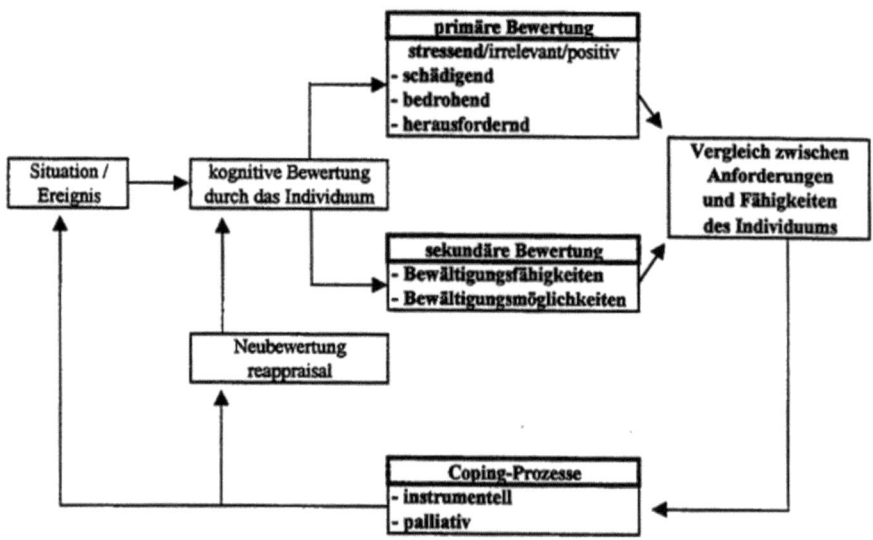

Abbildung 1: Das transaktionale Stresskonzept nach *Lazarus & Launier*, aus: *Weber* (2000, 17): Arbeitspapier zur Lauftherapieausbildung zum Thema: Stress-Ausgleich und Entspannung durch aerobische Ausdauerübungen.

Die kognitive Bewertung (cognitiv appraisal) und die Bewältigung (coping) sind die zentralen Kernpunkte auf denen der transaktionale Prozess beruht.

Bei der kognitiven Bewertung wird die Bedeutung des laufenden Geschehens durch sich ständig ändernde Beurteilungen vollzogen. Hierbei dient das Wohlbefinden des Individuums als Maßstab der Bewertung. Im Rahmen dieses mentalen Vorganges wird einerseits die Bedeutung des Ereignisses für das Wohlbefinden der Person bewertet (primäre Bewertung) und andererseits die verfügbaren Bewältigungsfähigkeiten und -möglichkeiten gegenübergestellt (sekundäre Bewertung).

Die primäre Bewertung des Wohlbefindens kann laut *Lazarus* in die drei grundlegenden Kategorien irrelevant, günstig/positiv oder stressend münden. Eine Anpassungs- oder Bewältigungsbemühung ist für die ersten beiden Kategorien nicht erforderlich (vgl. *Kernen* 1998, 39).

Schädigung/Verlust (loss), Bedrohung (threat) oder Herausforderung (challenge) sind die drei Formen in der eine stressende Bewertung vorliegt. Letztendlich basiert das Stresserleben auf einer individuellen Stellungnahme zu einer Situation (vgl. *Eberspächer* 1990, 48). Eine bereits eingetretene Schädigung im Falle Schädigung/Verlust steht einer antizipierten Schädigung oder einem antizipierten Verlust im Falle einer Bedrohung gegenüber. Oft können beide Fälle nicht trennscharf voneinander abgegrenzt werden, wobei für eine antizipatorische Bewältigung andere Fähigkeiten erforderlich sind als bei einer bereits eingetretenen Schädigung.

Bei einer positiven Beurteilung der zu erbringenden Anpassungsleistung, wird eine Situation als Herausforderung erlebt, da ein in Aussicht stehender Gewinn den Veränderungsaufwand rechtfertigt.

Im Zuge der sekundären Bewertung werden die verfügbaren Bewältigungsfähigkeiten und -möglichkeiten (coping resource and options) eingeschätzt. Beide Bewertungsprozesse beeinflussen sich gegenseitig. Ein psychologischer Abgleich zwischen der von der jeweiligen Person als verfügbar erachteten Fähigkeiten und den vorhandenen Gefahren und Schädigungen wird vollzogen. In der Entstehung der psychologischen Stressreaktion bilden somit die Fähigkeiten einen entscheidenden kognitiven Faktor.

Durch eine Rückkoppelung im gesamten Bewertungsprozess findet eine Neubewertung (reppraisal) statt, die auf Erfahrungen und sich anschließender Reflexion basiert.

Die Bewältigung selbst ist als ein Prozess aufzufassen (coping process). Das „Fertigwerden" mit umweltbedingten und internen Anforderungen und den zwischen ihnen bestehenden Konflikten macht sowohl verhaltensorientierte als auch intrapsychische Anstrengungen notwendig. Während das instrumentelle Coping auf die „Änderung der gestörten Transaktion" abzielt, ist die „Regulierung der Emotion" Gegenstand des palliativen Coping. Zeitliche Orientierung (Vergangenheit, Gegenwart und Zukunft) und Ausrichtung (die Umwelt, das Selbst oder beides) sind weiterhin differenzierbar. In die Analyse werden Informationssuche (information seeking), direkte Aktion (direct action), Aktionshemmung (inhibition of action) und intrapsychische Bewältigungsformen (intrapsychic modes of coping) als vier unterschiedliche Bewältigungsformen einbezogen (vgl. *Kernen* 1998, 41).

3.3 Stress zwischen Notwendigkeit und Risikofaktor

„Streß ist die Reaktion des Körpers auf jede an ihn gestellte Anforderung. Das Ausmaß des Stresses ist abhängig von der Intensität der Anforderung, und die Fähigkeit mit dieser fertig zu werden, bestimmt ob das Ereignis positiv oder negativ ist. D.h., Streß ist einerseits ein positiver Faktor in unserem Leben, wenn er uns dazu motiviert, mehr zu leisten. Andererseits führt er zur Überforderung, wenn er physische und psychische Qualen verursacht, wenn wir von ihm überwältigt werden. Quälender Streß ist ein unterschwelliges, ständiges und unerbittliches Gefühl von Angst aufgrund einer nahezu unbewußten Wahrnehmung von Bedrohung oder Gefahr" (*O´Hara* 1996, 16).

Letztendlich ist es wichtig „den angenehmen, heilsamen Stress zu suchen und dem krankmachenden aus einer entspannten und abwehrstarken Position heraus Paroli zu bieten" (*Helmer* 1989, 11).

In unserer Gesellschaft ist es hoch angesehen, wenn Menschen höchste Anforderungen bewältigen und (scheinbar unbegrenzt) mit Stress umgehen können.

Da der Mensch aber nur begrenzt belastbar ist, ist es für die Bewältigung von Anforderungen notwendig, unser Routineverhalten zu verändern und Lösungsmöglichkeiten zu suchen, die nicht „ein ständiges über unsere Grenzen gehen" wie selbstverständlich beinhalten (vgl. *Eberspächer* 1990, 49).

Sowohl Gedanken und Emotionen als auch Umweltfaktoren werden in physiologische Reaktionen umgesetzt. Zu jedem denkbaren Zeitpunkt beschleunigt das autonome Nervensystem unsere Körperfunktionen, damit wir aktiv werden können, oder es verlangsamt sie, damit wir uns erholen und regenerieren können. Das Phänomen des „Nicht-Abschalten-Könnens" resultiert aus wiederholtem unvermindertem Stress. Die Unausgewogenheit in der Funktionsweise des autonomen Nervensystems lässt den Körper auf Hochtouren laufen. Diese entsteht durch unsere Unfähigkeit, mit dem unerbittlichen Ansturm von Veränderungen fertig zu werden, die das globalisierte Leben prägen.

Der Hypothalamus - die entscheidende Verbindungsstelle im Gehirn zwischen Geist und Körper - nimmt mentale und emotionale Informationen auf und übersetzt sie in physiologische Reaktionen - Stressreaktion. Er reagiert auf Stresswahrnehmungen, indem er das Drüsensystem (endokrine System) aktiviert und das symphatische Nervensystem stimuliert. Unabhängig davon, ob der Stressauslöser tatsächlich oder nur in unserer Einbildung existiert, reagiert der Hypothalamus ähnlich.

Insgesamt zielen diese Veränderungen im Körper darauf ab, optimal auf die Stresssituation reagieren zu können - einerseits durch die Aktivierung der benötigten Funktionen, andererseits durch das Abschalten der im jeweiligen Moment weniger wichtigen Vorgänge.

Die Stressreaktion ist phylogenetisch alt, d.h. wir haben sie uns im Laufe der Evolution über viele Millionen Jahre hin angeeignet, weil sie sich als zweckmäßig herausgestellt hat. Sie wurde in Momenten der Gefahr ausgelöst und ermöglichte es, dieser Gefahr so schnell und effektiv wie möglich zu begegnen.

Sinn der Stressreaktion ist ursprünglich die Lebenserhaltung, und zwar durch einen reflexhaften Angriffs- oder Fluchtmechanismus. Andere und vor allem differenziertere Reaktionsmöglichkeiten sind vom Organismus nicht vorgesehen. Nach *Selye* (1974) wird diese allgemeine Aktivierung auch als Alarmreaktion des Körpers bezeichnet (vgl. ebenda, 70). Flucht und Kampf sind beides Reaktionen, die intensiven körperlichen Einsatz und Bewegung erfordern. Durch die körperliche Anstrengung werden „der entstandene Stress" bzw. die dabei ausgeschütteten Stoffe, im Körper abgebaut. Die Alarmreaktionen gehen zurück, die kurzfristig blockierten Funktionen werden reaktiviert, es tritt der Normalzustand ein. Bis zu nächsten Gefahrensituation gibt es eine Phase der Entspannung, in der sich der Körper regenerieren kann. Demnach ist Stress also ursprünglich etwas Positives und für den Menschen Hilfreiches (vgl. ebenda, 46f).

Stress ist in diesem Sinne zur Begegnung der Gefahr sinnvoll, vor allem unter Berücksichtigung der Tatsache, dass zwischen den stressreichen Situationen immer wieder Zeiten der Entspannung gelegen haben, in denen die durch Stresssituationen mobilisierte Energie abgebaut werden konnte.

3.4 Erfolgreiche Stressbewältigung und Umgang mit Stress

Als fester Bestandteil unseres Lebens, ist es unumgänglich mit Stress umgehen zu lernen.

> „Das Geheimnis von Streßkontrolle und Wohlbefinden besteht im Kern darin, bewußt Situationen aufzusuchen, in denen man selbst bestimmt und in die man zeitweise streßauslösende und andere Perspektiven nicht oder als nicht bedeutsam wahrnimmt oder bewertet" (*Eberspächer* 1990, 50).

Ein vernünftiges Stressmanagment muss ganzheitlich sein. Stress gehört zur Grundausstattung des Menschen und erfüllt eine wichtige Überlebensfunktion. Ein Vermeiden von Stress ist unmöglich und unrealistisch. Nur durch aktives Verhalten vor, während und nach der stressauslösenden Situation ist Stressbewältigung möglich. Körper und Geist müssen fit sein und harmonisch arbeiten. Mit dem Ziel bestmöglicher Gesundheit und größtmöglicher Lebensfreude müssen schlechte Einstellungen und Gewohnheiten geändert werden (vgl. *Weber* 2000, 12).

In sportwissenschaftlichen Studien wird belegt, dass die Bewertung des Stressors im Bewältigungsprozess eine zentrale Rolle spielt. Bei Situationen, die als hoch kontrollierbar erlebt werden, haben sich problemorientierte Bewältigungsstrategien (Suche nach „Information", „Einsatz taktischer Mittel", „Positive Selbstinstruktion") als probate Maßnahmen erwiesen, während bei subjektiv wenig bzw. gar nicht kontrollierbaren Situationen eher emotionszentrierte Strategien („Umbewertung", „Ablenkung", „Abreaktion") der Vorzug gegeben wird (vgl. *Stoll* 1996, 141).

Die körperlich-seelischen Folgen bei Belastungen werden durch ein Bewegungstraining weitgehend normalisiert, d.h. Entspannung der Muskeln und Normalisierung der Atmung (vgl. *Tausch* 1997, 274).

3.5 Stressfaktoren

Die Wechselwirkung zwischen sozialer Schicht, lebensveränderndem Ereignis und Entstehung depressiver Syndrome versuchen *Brown* et al. (1980) in einer Studie herauszuarbeiten. Danach wird die Störanfälligkeit von Frauen größer, wenn ihnen eine vertrauensvolle Beziehung fehlt, wenn sie drei oder mehr Kinder versorgen müssen, wenn sie keine Berufstätigkeit ausüben und wenn sie benachteiligten Bevölkerungsschichten angehören (vgl. ebenda, 279ff).

Interessant sind hier auch die Untersuchungen, die *Cooper & Smith* (1989) in einem Überblicksartikel „Stressoren am Arbeitsplatz" zitieren. Sie stellen eine Vielzahl von theoretischen Konzepten und Bestimmungsstücken aus der empirischen Forschung zusammen, um das Beziehungsgefüge Stress, Entscheidungsprozess, Leistung und physische/psychische Gesundheit neu zu bestimmen. So beobachteten sie Stress bei qualifizierten Frauen, die darunter litten, dass sie nicht, wie ihre weniger qualifizierten männlichen Kollegen im Unternehmen, eine Aufstiegschance hatten. Weitere Ergebnisse zeigen auf, dass im Beziehungsgeflecht Beruf/Familie Stressquellen liegen, sobald Manager die stillschweigende Erwartung an ihre Ehefrauen haben, dass das Familienleben in „Karrierezeiten" beruflichen Zielen unterzuordnen ist.

Hoffmann (1983) schildert als typische Stressfaktoren von Frauen das Gefühl, Erwartungen anderer erfüllen zu müssen; das Gefühl, an tradierten Rollen festhalten zu müssen; und als Folge davon negative Selbstbewertungen und Hilflosigkeit (vgl. ebenda, 250ff).

Der französische Soziologie *Alain Ehrenberg* (2004) zeigt in seinem gleichnamigen Buch vom „erschöpften Selbst" auf, dass der Mensch überfordert ist von den Mechanismen der heutigen Gesellschaft: Im Arbeitsleben, in der Schule und Familie dominiert „Leistung" und immer neuen Herausforderungen gerecht werden zu müssen. D.h. jeder muss stets handlungsfähig sein und sich beständig an eine Welt anpassen, die nicht mehr als beständig wahrgenommen wird, also eine instabile, provisorische Welt.

Eigenverantwortlichkeit ist gefordert. Doch eigenverantwortliches Handeln wird gleichzeitig permanent begrenzt. Ein (sicherer) Arbeitsplatz - Fehlanzeige! Beruf und Familie im Einklang – Betreuungsplätze für Kinder, Ganztagsschulen, passende Teilzeitstellen – Fehlanzeige!!!

Das Resultat ist, dass Männer und Frauen in zunehmendem Maße das Gefühl entwickeln, den Anforderungen des Alltags nicht mehr gerecht werden zu können und sich als minderwertig erleben.

Männer und Frauen, die glauben, nicht mehr den eigenen und den gesellschaftlichen Ansprüchen (den tatsächlichen oder den vermeintlichen) gerecht zu werden, „leiden" zunehmend unter Stress, laufen Gefahr, ein Gefühl des permanenten Scheiterns zu entwickeln und beispielsweise Symptome einer Depression zu entwickeln.

Die veränderten gesellschaftlichen Bedingungen führen offensichtlich als Folge von erlebtem Stress zu einer Zunahme der Depressionssymptomatik. Es muss aber geklärt werden, wo die Ursachen liegen, dass manche Menschen mehr unter dem Stress des modernen Lebens leiden als andere.

Hierzu

„... müssen verschiedene Faktoren zusammenkommen, ...

1. Faktor: Verletzlichkeit

Nur Menschen, die eine gewisse Verletzlichkeit (Vulnerabilität) haben, sind anfällig für die Depression. Das heißt: Es muss eine negative Vorgeschichte in der Kindheit vorhanden sein - Missbrauch, Vernachlässigung, Verlust eines Elternteils, emotionale Kälte, Trennungserfahrungen, Krankheit ... .

2. Faktor: Erleben eines kritischen Ereignisses

Das erstmalige Auftreten einer depressiven Phase im Leben eines Menschen ist fast immer durch ein schweres Belastungs- oder Verlustereignis ausgelöst: zum Beispiel Arbeitslosigkeit, Trennung, Umzug, Krankheit, lang andauernde Stresssituationen. Weitere depressive Episoden werden dann möglicherweise durch harmlose Belastungsereignisse ausgelöst. ...

Das Risiko, einmal im Leben an einer Depression zu erkranken, liegt bei Frauen zwischen 10 und 25 Prozent, bei Männern zwischen 5 und 12 Prozent. Etwa zwei Drittel aller depressiven Patienten, die von Psychiatern behandelt werden, sind Frauen.

Dabei ist interessant: Psychische Störungen, ganz allgemein, sind in der Bevölkerung annähernd gleich verteilt. Deutliche Geschlechtsunterschiede finden sich nur bei der depressiven Störung, und da nur bei der so genannten unipolaren Depression. Bei den bipolaren Störungen, bei denen sich depressive mit manischen Phasen abwechseln, gibt es keine Unterschiede zwischen Männern und Frauen.

... Es gibt verschiedene Gründe dafür, warum sich Mediziner schwer tun, bei Männern die Anzeichen einer Depression rechtzeitig zu erkennen: Männer neigen dazu, depressive Symptome zu verleugnen, weil sie nicht als unproduktiv und schwach gelten wollen.

... die vorliegende Forschung zeigt, dass es für Frauen ... ein größeres Risiko gibt, an Depression zu

erkranken. ... Ihre Streßfaktoren sind häufig schwerwiegender als die von Männern:

- *Chronische Überlastung, Zeitmangel*

    ... Chronische Überlastung ... führt leicht zu dem Gefühl, die Dinge nicht mehr unter Kontrolle zu haben und ihnen ausgeliefert zu sein. Kontrollverlust wiederum führt zu Hilflosigkeit, und Hilflosigkeit ist ein wesentliches Merkmal der Depression. ...

- *Armut*

    ... Studien aus den USA zeigen, dass alleinerziehende Mütter, die in Armut leben, die höchsten Depressionsraten überhaupt aufweisen. ... Frauen, die in ungesicherten Verhältnissen leben, leiden unter Kontrollverlust, sie können die Situation nicht beeinflussen, sie haben chronische Belastungen wie unsichere Wohnverhältnisse, alleinige Verantwortung für die Kinder, unsichere Arbeitsplätze etc.. Auch das soziale Netzwerk lässt diese Frauen oft im Stich. ...

- *Missbrauch*

    Neuere Studien weisen auch darauf hin, dass Gewalt- und Missbrauchserfahrungen die höhere Depressionsrate von Frauen erklären können. Mädchen haben ein doppelt so hohes Risiko wie Jungen, missbraucht zu werden. Und diese frühen Missbrauchserfahrungen können ...dazu führen, dass die Betroffenen im späteren Leben mit Depressionen auf schwierige Lebensbedingungen reagieren.

Die Aufzählung dieser Streßfaktoren verdeutlicht: Frauen sind häufig(er) stark belastet (als Männer), sie ... stehen permanent unter Streß" (*Nuber*, zitiert nach:http://www.ursulanuber.de/i/ursula_nuber_leseprobe_ depression.html).

Auch *Biermann-Ratjen* (1988) beschreibt Studien, in denen annähernd doppelt so viele Frauen wie Männer depressive Symptome zeigen. Hier ist zu fragen, ob Frauen ihre Reaktionen auf Stress einfach nur anders wahrnehmen als Männer, ob sie bereitwilliger über Gefühle reden oder überhaupt eher bereit sind, nach Hilfe suchen oder sich mehr um ihre Gesundheit kümmern als Männer (vgl. ebenda, 5ff).

3.6 Bewältigungsverhalten und Gesundheit

Frauen sind optimistischer und ausdauernder als Männer, resignieren seltener, finden sich nicht mit Unabänderlichkeiten ab, verlassen sich stärker auf ihr eigenes Urteilsvermögen anstatt auf fremde Hilfe, sind weniger oral fixiert, reagieren weniger emotional, haben ein großes und flexibles Verhaltensrepertoire (vgl. *Becker* 1985, 169ff).

Lebensbewältigungskonzepte zielen bei Frauen und Männern letztlich auf das Streben nach subjektiver Handlungsfähigkeit nicht nur in sozialer und tendenziell unbelasteter Alltäglichkeit, sondern ganz wesentlich im Kontext von Belastung, also auch in biografischen Integrations- und Integritätskrisen, in kritischen Lebenssituationen, in denen das psychosoziale Gleichgewicht gefährdet ist (vgl. *Otto, Bauer* 2005).

Lebenskonstellationen werden kritisch erlebt, wenn die verfügbaren personalen und sozialen Ressourcen für die Bewältigung nicht mehr ausreichen.

Die Netzwerk- und Unterstützungsperspektive verweist im Kontext von Bewältigungsverhalten auf eine intrapersonale und interpersonale Perspektive. Die intrapersonale Perspektive umfasst vielfältige netzwerkbasierte Prozesse der Ausstattung von Individuen mit Bewältigungsressourcen. Die interpersonale Perspektive zielt auf Bewältigung beispielsweise durch Unterstützung des sozialen Netzwerks.

Generell lässt sich feststellen, dass der Abbau der eigenen physiologischen Stressreaktion

- wenn die stressvolle Situation <u>nicht</u> veränderbar, nicht kontrollierbar ist – möglich ist durch

  - den Aufbau eines soziales Unterstützungssystems.
  - das Ausdrücken von Gefühlen.
  - Entspannungsübungen: Progressive Muskelentspannung, Hypnose, Autogenes Training, Yoga, Meditation etc..
  - ggf. Verleugnung, Rückzug, Ablenkung, Rationalisierung.
  - das Verschaffen positiver Erlebnisse.
  - Work-Life-Balance herstellen: „gesunde" Balance zwischen beruflichen Anforderungen, sog. Alltagspflichten und Freizeitaktivitäten beachten.

- **Ausdauertraining:** Funktionsreserven für Belastungssituationen werden aufgebaut und die Schwelle für das persönliche Stressempfinden wird erhöht. Die Fähigkeit, sich nach Belastungen wieder rasch zu erholen, wird verbessert.

– wenn die stressvolle Situation veränderbar, kontrollierbar ist – möglich ist durch

- das Eingestehen der Probleme: Aktiv Einfluss nehmen, Problembearbeitung und Kontrolle der Situation. Problemanalyse und Lösungsstrategien erarbeiten.
- den Erwerb neuer Fähigkeiten und Kompetenzen.
- den Aufbau von Selbstsicherheit.
- Zeitmanagement:
    - realistische Ziele, Planung
    - Erholungsmöglichkeiten
    - Ordnung am Arbeitsplatz (Zeitverlust durch Suchen)
    - Prioritäten setzen
- das aktive Anstreben von Lösungen.
- sich auf das Wesentliche konzentrieren, sich nicht ablenken lassen.

4 Ganzheitlicher Ansatz eines gesundheitsorientierten Fitnesstrainings

Eine Strategie zur Förderung der gesundheitlichen Ressourcen liegt ganz allgemein darin, einen Bereich zu schaffen, in dem der – möglicherweise stressbelastete – Alltag ausgeblendet werden kann (vgl. *Perlin* 1987, 59).

Ausdauersport vermittelt eine Strategie der Lebensbewältigung. Dazu zählt nicht nur die individuelle Psychohygiene, das gedankliche und emotional Aufarbeiten von Konflikten des Alltags während des Laufens, das Wiedergewinnen der in unseren kopflastigen Berufen häufig verlorenen Körperidentität, sondern auch die soziale Funktion der Gruppe. Möglicherweise wird der Stellenwert dieser sozialen Funktion dadurch noch gesteigert, dass sich die sozialen Beziehungen zunächst nonverbal vollziehen. Mit anderen Worten: Die Beteiligten müssen nicht reden, aber sie sind dennoch nicht allein und können sich öffnen, wenn der Leidensdruck etc. sie dazu drängt.

Dabei gilt es zu beachten, dass mit „Sport" in erster Linie Spaß verbunden werden soll, wobei Spaß hier als Sammelbegriff für die unterschiedlichsten Faktoren zu sehen ist: das Erleben der Natur, die Erfahrung der eigenen Leistungsfähigkeit, die Kommunikation mit anderen u.a. (vgl. *Lange* 1994, 169).

5 Konzeptionelle Überlegungen

Am Beispiel der Behandlung Abhängigkeitskranker wird die hohe Bedeutung sporttherapeutischer Maßnahmen, der Erlebnispädagogik und von Entspannungstechniken aufgezeigt.

5.1 Lauftherapie

Lauftherapie als übungs- und erlebniszentrierte Behandlungsmethode in der medizinischen Rehabilitation Abhängigkeitskranker

> „bietet einen guten Zugang, den Abhängigen ... einen Weg zu eröffnen, einen sorgsamen Umgang mit ihrer Leiblichkeit, d.h. auch eine Wertschätzung des Leibes und seiner Gesundheit, neu zu erfahren und zu verstehen. Über die liebevolle Pflege ihres Körpers werden antidestruktive Impulse erkannt und nutzbar und durch das laufende Erleben und Erarbeiten eines positiven Körperbewußtseins in die Sorge um sich umgewandelt - Laufen als Lebenskunst" (*Schay* et al. 2006, 161).

„Sporttherapeutische Angebote unterstützen den Rehabilitations- und Reintegrationsverlauf und beeinflussen psychosoziale Funktionen durch Aktivierungs- und Handlungsprozesse, in dem die Bezugsfähigkeit des Patienten zu sich selbst entwickelt bzw. wiederhergestellt wird und damit Regulationsmöglichkeiten hinsichtlich der eigenen Befindlichkeit möglich werden. Vor allen Dingen wird es möglich, die bei dieser Patientenpopulation in der Regel beeinträchtigten volitionalen Fähigkeiten zu stärken. ... Sport- und bewegungstherapeutische Maßnahmen gehören zu den herausragenden Möglichkeiten, die Willenskräfte zu entwickeln, die gerade bei Drogenabhängigen oft sehr beeinträchtigt sind. Der Aufbau von Kondition, das „Meistern einer Strecke", regelmäßiges Training sind effektive Wege, Wollen und Willen zu schulen und eine neue „Willenssozialisation" zu beginnen" (ebenda, 165)[2].

5.2 Die Bedeutung physischer Aktivität in der Therapie

Für die Patienten ist

> „physische Aktivität wichtig, etwa Sport oder körperliche Arbeit, um die physiologische Streßreaktion abzubauen. ... Die tägliche physische Aktivität sollte einen rituellen Charakter erhalten. ... Rituelle sportliche Routinen können je nach Fähigkeit des

---

[2] „Eine ganze Reihe von Forschungsarbeiten beschäftigte sich mit dem Zusammenhang von sportlichen Übungsprogrammen und einer Stimmungsverbesserung bzw. Depression. Die meisten Untersuchungen bestätigten, den Erfolg verschiedener Sportprogramme.
Einige Ergebnisse: Bei Patienten mit reaktiver und neurotischer Depression stellten *Greist* u.a. (1979) gleichermaßen positive Effekte eines Lauftrainings und einer Kurzzeitpsychotherapiegruppe fest, während Patienten einer zeitlich unlimitierten Psychotherapiegruppe weniger profitierten. *Martinsen* u.a. (1989) stellten fest, dass eine Verbesserung der aeroben Kapazität eine Voraussetzung für den antidepressiven Effekt ist. Eine andere Untersuchung (*Sime* 1987) fand am Ende ihres Übungsprogrammes keine aerobe Kapazitätsverbesserung, wohl aber einen antidepressiven Effekt. ... *Bosscher* (1991) untersuchte, ob ein strukturiertes Lauftherapieprogramm einen anti-depressiven Effekt bei poliklinischen depressiven Patienten hat. 30 Patienten wurden in zwei Gruppen eingeteilt, Voraussetzung war die Diagnose „Dysthymie" oder „Major Depression" laut DSM-III-R sowie eine Mindestpunktzahl in zwei Depressions-Fragebögen. Die eine Gruppe nahm an der Lauftherapie teil, die Kontrollgruppe erhielt lediglich stützende, psychodynamische Therapiegespräche. Nach 12 Wochen mit jeweils einer Therapieeinheit ergaben sich signifikante Verbesserungen in allen Bereichen bei den Patienten mit „Major Depression", bei „Dysthymie" zeigte sich lediglich eine signifikante Verbesserung der Kondition und der Werte auf einer Depressionsskala fest. Das Ergebnis überrascht nicht, da die Dysthymie-Patienten eine lange depressive Vorgeschichte (> 2 Jahre) hatten. Die Kontrollgruppe mit den supportiven Psychotherapiegesprächen zeigten hingegen keine signifikanten Veränderungen. ... (In der Studie von) *Bosscher* (1995) und *Bosscher/Petzold* (1997) wird die Lauftherapie mit medikamentöser Behandlung bei Patienten mit der Diagnose „Major Depression" verglichen, die ebenfalls auf zwei Depressionsskalen einen Mindestpunktwert erreichten. 17 Patienten erhielten eine Lauftherapie, 12 Patienten erhielten eine medikamentöse Therapie mit einem potenten Antidepressivum. Beide Gruppen zeigten zwischen Vor- und Nachmessung signifikante Reduzierungen der Depressionswerte und der Beschwerden, nach 6 Wochen war das Lauftraining der medikamentösen Therapie sogar überlegen. Hingegen fanden sich keine Verbesserungen der allgemeinen und der körperlichen Kompetenz. Bei den Copingstrategien ergab sich nur bei der Medikamenten-Gruppe eine signifikante Veränderung auf der Skala „soziale Unterstützung suchen". Das läßt sich auf den erhöhten Antrieb dieser Patienten zurückführen, während für die Lauftherapie-Patienten anzunehmen ist, dass sie diese Coping-Strategie - bedingt durch die soziale Konstellation des Lauftrainings - nicht vermehrt einsetzen müssen.
Es ließ sich also sagen, dass die Lauftherapie sich als genauso wirksam erwies wie die medikamentöse Therapie" (*Schay* et al. 2006, 186ff).

Patienten auch in Sportvereinen, Trainingszentren und Fitneßstudios durchgeführt werden, hier möglichst auch im Gruppenkontakt" (*Fischer/Riedesser* 2003, 209).

„In der (Behandlung) kann Körperarbeit dabei helfen, den Umgang mit potentiell überwältigenden Affekten zu regulieren. ... Unter Rückgriff auf *Levine* (1998) schreibt *Reddemann* (2000, 129), dass die Konzentration auf das Körpererleben einen beruhigenden und angst-mindernden Effekt haben kann. Dies setzt Selbstheilungskräfte frei" (*Geuter* 2006, 261).

Bei moderatem, therapeutischem Laufen können „Erfahrungen des Gelingens", der „Situationskontrolle" gemacht und verankert werden. Sie werden „*ins Gedächtnis eingeschrieben*" (*Williams, Banyard* 1999) - in das „implizite" Leibgedächtnis. Diese Erfahrungen, die die Bedeutung vorgängiger Erfahrungen abmildern, lassen neue Situationen „im Abgleich" mit biographischen Erfahrungen nicht mehr so aussichtslos und unbewältigbar erscheinen, und verhindern damit auch das Triggern einer Stressphysiologie, die sich ansonsten von Mal zu Mal tiefer bahnt (*van der Kolk* 1994).

Durch das Erleben, Einüben und Umwerten von Situationen, wie sie das gemeinsame sportive Tun bietet, können so Neukonditionierungen möglich werden, indem Situationsbewertungen als „nicht mehr gefährlich" eingestuft werden (*Schay* et al. 2006, 179f).

5.3 Ein Praxisbeispiel[3]

Zielgruppenanalyse
Durchführung eines Projektes mit 6 abhängigkeitskranken Frauen: „Gesunde Ernährung und Sport". 3 Frauen werden in der stationären Adaptionseinrichtung behandelt, 3 haben die Behandlung abgeschlossen und werden im Ambulant Betreuten Wohnen nach Beendigung ihrer Rehabilitation weiterbetreut.

Adaption
Adaption ist die zweite Phase der medizinischen Rehabilitation Abhängigkeitskranker. In dieser 17wöchigen Rehabilitationsphase geht es um die Weiterführung der in der Entwöhnung eingeleiteten Entwicklungsprozesse mit den Schwerpunkten der Festigung des Abstinenzverhaltens und der beruflichen Integration.

Ambulant Betreutes Wohnen
Im BeWO steht die soziale Integration im Vordergrund, d.h. der Klient soll befähigt werden, ein selbständiges und selbstverantwortliches Leben zu führen. Die Betreuungsdauer beträgt zunächst 12-18 Monate und kann bei Bedarf verlängert werden.

Die Teilnehmerinnen

Frau G., 39 Jahre
Frau G. war in 2006 und 2007 Patientin der Adaption. Neben ihrer Abhängigkeitserkrankung wird sie aufgrund von Depressionen medikamentös behandelt. Ihr Selbstwertgefühl ist äußerst schwach ausgeprägt. Frau G. hat einen Sohn, der stationär über die Jugendhilfe untergebracht ist.

Sporadisch sind Rückfälle gegeben, die sie als ein Ventil erklärt, ihre inneren Spannungszustände (z.B. den psychischen Stress als Mutter) abzubauen.

Frau G. ist seit 03/2008 im Bereich Verkauf in einer Maßnahme mit Mehraufwandentschädigung (sog. 1-Euro-Job) beschäftigt.

Frau H., 45 Jahre
Frau H. war 2007 Patientin in der Adaption und wird seit dem im BeWO weiterbetreut. Sie leidet unter starken depressiven Verstimmungen und ist oft antriebslos. Sie wird mit Antabus und Antidepressiva medikamentös behandelt. In 2007 waren wiederholt stationäre Behandlungen in der Psychiatrie notwendig, da sich

---

[3] Der vorliegende Text beinhaltet in Teilen als Praxisbeispiel ein Projekt von *Stefanie Tucholski* (2008), das die Autorin im Rahmen ihrer Ausbildung zur Erzieherin durchgeführt hat.

Frau H. mit den Alltagsanforderungen und mit dem Alleinsein völlig überfordert fühlte.

Frau H. hat große Schwierigkeiten in ihrem Beziehungsverhalten, fühlt sich immer wieder zu Männern hingezogen. Sie macht sich von ihrem jeweiligen Partner abhängig und kann sich nicht abgrenzen. Als Folge zeigen sich häufig kurze und intensive Rückfallphasen.

Frau H. ist seit 03/2008 im Bereich Verkauf in einer Maßnahme mit Mehraufwandentschädigung (sog. 1-Euro-Job) beschäftigt.

Frau V., 38 Jahre
Frau V. war 2007 Patientin in der Adaption und wird seit dem im BeWO weiterbetreut. Sie leidet unter starkem Übergewicht. Ihr Selbstbewusstsein ist nur schwach ausgeprägt.

Frau V. hat eine Tochter und einen Sohn, die beide stationär über die Jugendhilfe untergebracht sind. Im Sommer ist eine Wiederzusammenführung mit der Tochter geplant. Frau V. fühlt sich überfordert zu sein, ist aber derzeit nicht in der Lage, dies ihrer Tochter gegenüber zu vertreten.

Frau V. ist nicht sehr selbständig und stark auf ihren Partner fixiert, der ebenfalls abhängigkeitskrank ist.

Frau V. hat große Defizite in ihrem Beziehungsverhalten und es fällt ihr schwer, ihre eigenen Grenzen zu erkennen und anderen gegenüber deutlich zu machen.

Frau V. absolviert z.Zt. eine Maßnahme der ARGE (Bewerbungstraining).

Frau L., 25 Jahre
Frau L. ist seit 12/2007 Patientin in der Adaption und leidet unter ihren Gewichtsproblemen. Mit dem Ziel der Gewichtsreduktion hat sie Sportkurse bei der VHS belegt und versucht auf ihre Ehrnährung zu achten.

Bei Sportaktivitäten mit Mitpatienten klagt sie über ein hohes Schamgefühl den Männern gegenüber. Sie fühle sich beobachtet und könne sich davon innerlich nicht abgrenzen.

Frau L. hat erhebliche Probleme in ihrem Beziehungsverhalten. Sie kann sich insbesondere Männern gegenüber, die ihr Interesse signalisieren, überhaupt nicht abgrenzen und verfällt immer wieder in ein abhängiges (sexualisiertes) Verhaltensmuster.

Frau L. absolviert z.Zt. eine Maßnahme bei einem außerbetrieblichen Beschäftigungsträger mit dem Ziel in 06/2008 den Hauptschulabschluss zu erlangen.

Frau R., 37 Jahre
Frau R. war Patientin in der Adaption und wird seit dem in eine betreute WG und dem BeWo weiterbetreut. Aufgrund leichter depressiver Verstimmungen wird sie medikamentös behandelt.

Frau R. geht in ihrer Freizeit regelmäßig schwimmen und zeigt hier besonderen Ehrgeiz. Sie ist anderen Menschen gegenüber freundlich und interessiert, aber im Erstkontakt misstrauisch.

Frau R. verfällt gelegentlich in eine "Kind-Rolle", hat eine Schwäche für Stofftiere und nutzt diese nach eigenen Angaben als Partnerersatz zum Kuscheln. Ihr Verhalten wird in diesen Momenten zusätzlich durch ihrer Stimme gestützt, welche sich dann auch eher kindlich anhört.

Frau R. ist in einem Altenheim (Demenzkranke) in einer Maßnahme mit Mehraufwandentschädigung (sog. 1-Euro-Job) beschäftigt und wird dort perspektivisch in eine Ausbildung zur Altenpflegerin übernommen werden.

Frau M., 25 Jahre
Frau M. ist seit 02/2008 Patientin in der Adaption.

Frau M. treibt fast täglich Sport. Im Alltag wirkt Frau M. oft hektisch und ist leicht zu verunsichern.

In ihren Beziehungen zu Männern entwickelt Frau M. immer wieder abhängige Verhaltensmuster. Aus Angst allein zu sein, ist sie nicht in der Lage, eine Beziehung zu beenden, bevor sie sich in die nächste „geflüchtet" hat. Frauen gegenüber verhält sie sich oberflächlich und unverbindlich.

Frau M. absolviert in einem Fitnessstudio ein Praktikum, mit dem Ziel dort in eine Umschulung zur Sport- und Fitnesskauffrau übernommen zu werden.

Lernziele

- Abbau von Stress, Umgang mit stressbelasteten Situationen
- Verbesserung der Fitness
- Erarbeitung von Sensibilität für „Gesundheit"
- Aufbau von sozialen Kontakten
- Erprobung von Kommunikationsstrukturen
- Verbesserung der Freizeitgestaltung
- Erfahrung von Lebensqualitäten wie Freude, Spaß, Wohlbefinden, Gemeinschaft, Kontakte usw.
- Anregung der Körperwahrnehmung

Gesunde Ernährung
Der Schwerpunkt liegt in der Vermittlung eines angemessenen Ernährungsbewusstseins, indem theoretische und praktische Ernährungsfragen zur Sprache kommen sollen.

Die Frauen sollen sich mit ihrer Ernährungspraxis beschäftigen, lernen auf eine gesunde Ernährung zu achten und sich einen konkreten Ernährungsplan für Frühstück, Mittagessen, Abendessen und Zwischenmahlzeit erarbeiten.

Die Teilnehmerinnen bekommen dafür Rezeptvorschläge, sollen aber auch eigene Vorschläge entwickeln. Insofern wird hier für eine Verknüpfung von Ernährungstheorie und Ernährungspraxis gesorgt.

Die Bedeutung körperlicher Bewegung
Sport soll als eine aktive und regelmäßige körperliche Belastung im Alltag - mit dem Ziel, Gesundheit in all ihren Aspekten, d.h. körperlich und seelisch, zu fördern, zu erhalten und wiederherzustellen.

Die positiven Effekte von Sport sind nachweislich die Wirkung auf das Herz-Kreislaufsystem, den Stoffwechsel und die psychische Situation.

Verknüpft wird der Aspekt körperlicher Bewegung mit einer Kontrolle des persönlichen Ernährungsverhaltens, um eine optimale Gesundheitssituation zu erzeugen.

Ziele für das Sportprogramm

Grobziele
- Freizeitgestalten
- Interessen entwickeln
- Regulierung von Stress
- Sport als Freizeitgestaltung und Möglichkeit, die Beziehung zu anderen Menschen fördern

Teilziele
- Selbstbewusstsein durch ein Erfolgserlebnis
- Spaß/Freude erleben
- Einschätzung der eigenen Möglichkeiten, d.h. sich nicht zu überfordern oder zu hohe Ziele zu stecken

Das Programm
Über das Projekt werden die Frauen in die Sportarten
- Nordic Walking
- Schwimmen

- Badminton

eingeführt. Nach einem theoretischen Einführungsteil steht das eigene Tun im Vordergrund. Jede Sportart wird an zwei aufeinander folgenden Wochen trainiert, so dass jede Teilnehmerin sich ausreichend üben und erproben kann.

Vor jedem Treffen wird eine gesunde Mahlzeit vorbereitet. Diese wird dann nach dem Sport gemeinsam zubereitet und gegessen. Das gemeinsame Essen soll für die Teilnehmer zusätzlich eine kommunikative Plattform bilden.

Wichtig: In den Kurs soll nicht zuviel Theorie einfließen, sondern den Frauen Erfahrung durch ihr eigenes Tun vermittelt werden.

Dabei ist es ist vorrangig, den Teilnehmerinnen eine Atmosphäre zu schaffen, in der sich jede einzelne Frau angenommen und wertgeschätzt fühlt und einfach ein schönes Erlebnis für sich hat.

Jede Aktivität wird in der Adaptionseinrichtung beginnen. Im Vorfeld werden von der Anleiterin die organisatorische Dinge wie Besorgen der NW-Stöcke, Buchung der Badmintonfelder erledigt.

5.4 Projektverlauf

Beim ersten Treffen wird den Teilnehmerinnen gemeinsam mit einer Sporttherapeutin der Projektverlauf vorgestellt.

Dabei werden die Frauen angeregt, ihre Wünsche und Bedürfnisse zum Thema Sport und gesunder Ernährung einzubringen und ein wenig über eigene Gewohnheiten zu erzählen.

Da das Projekt mit Nordic-Walking beginnt und die Anleiterin selbst über ausreichend Erfahrung in dieser Sportart verfügt, übernimmt die Sporttherapeutin das Vorstellen von technischer Durchführung und erläuterte die Vorzügen des Nordic-Walking.

Nachdem die Technik des NW den Frauen erklärt ist, wird die Atmosphäre aufgelockert, indem die Frauen beginnen sich im NW zu üben. Da der Vorteil des NW ist, dass leicht in die Praxis umzusetzen ist, können die Frauen eine 1stündige Trainingseinheit problemlos absolvieren. Den Abschluss des ersten Treffens bilden die Zubereitung und der Verzehr des gemeinsamen Essens.

Beim nächsten Treffen waren wieder alle Frauen anwesend. Den Frauen wurde noch einmal kurz der Umgang mit den NW-Stöcken gezeigt, wobei die Anleiterin besonders auf die richtige Körperhaltung achtete. Schneller als erwartet konnte mit dem NW begonnen werden und die Teilnehmerinnen absolvierten mehrere Runden im Sportpark, der der Einrichtung gegenüber liegt. Darauf zu achten ist, dass die Gruppe ein Tempo wählt, dass keine Frau überfordert. Deswegen wird die Gruppe im Wechsel von den einzelnen angeführt. Zum Abschluss des sportlichen Teils werden verschiedene Dehnübungen gemacht, um die angespannte Muskulatur zu lockern.

Den Abschluss des Treffens bildeten wieder die Zubereitung und der Verzehr des gemeinsamen Essens. Die Frauen saßen noch lange zusammen und der Abend klang in ruhiger, gemütlicher und entspannter Atmosphäre aus.

Zu den „Badmintoneinheiten" fuhren die Frauen in eine Sporthalle, in der 2 Spielfelder zur Verfügung standen. Um die Teilnehmerinnen gut in das Spiel einzuführen, übernahm ein Mitarbeiter, der selbst seit vielen Jahren aktiver Badmintonspieler ist, jeweils den Theorie- und Anleitungsteil.

Die Frauen zeigten viel Ergeiz und ein hohes Maß an Einsatzbereitschaft. Nach 2 Stunden hatten sich alle ausgepowert und die Gruppe fuhr zusammen in die Einrichtung zurück. Wieder bereiteten die Frauen das vorbereitete Essen zu und machten es sich gemütlich.

In dieser Atmosphäre war deutlich spürbar, dass sich unter den Frauen von Woche zu Woche ein besserer Kontakt entwickelt und die Gespräche persönlicher und intensiver wurden.

Zum Schwimmen fuhren die Frauen in ein nahe gelegenes Schwimmbad. Da alle Frauen schwimmen konnten, war es möglich die Zeit im Sinne eines Ausdauertrainings zu nutzen und mit den Frauen die verschiedenen Schwimmstile zu üben.

Zum Abschluss ging die Gruppe noch in die Sauna, um sich ein wenig zu entspannen. Anschließend fuhren die Frauen wieder in die Einrichtung und kochten gemeinsam.

Die Teilnehmerinnen genossen mittlerweile deutlich spürbar das gemütliche Beisammensein und vergaßen in der angenehmen Atmosphäre die Zeit.

Das nächste Treffen verlief völlig anders als geplant. Die Gruppe fuhr wie geplant los, wobei Frau H. ein depressives Unwohlsein äußerte. Sie wurde von den Frauen „gelobt", dass sie trotz ihrer schlechten Verfassung überhaupt gekommen war, obwohl sie nach eigenen Aussagen völlig antriebslos war. Auch wurde sie von allen ermuntert, auf jeden Fall am Schwimmen teilzunehmen.

An der Kasse stellte Frau H. fest, dass sie ihr Schwimmzeug vergessen hatte und sie verfiel in eine absolute Entscheidungsunfähigkeit. Die Anleiterin beschloß, die Gruppe zunächst allein zum Schwimmen zu schicken und fuhr mit Frau H. zu ihrer Wohnung, um ihre Schwimmsachen zu holen.

In dieser Situation war es absolut notwendig, Frau H. im Kontakt zu halten und sie nicht alleine zu lassen.

Zurück in der Schwimmhalle unterstützte die Gruppe Frau H. tatkräftig und bezog sie intensiv in das Geschehen ein. Es war deutlich zu erkennen, dass Frau H. von den Frauen erreicht wurde und es ihr durch die Zuwendung langsam besser ging. Gemeinsam schwammen die Frauen ein paar Bahnen und machten sich dann auf den Weg in die Einrichtung.

Das gemeinsame Zubereiten der Mahlzeit sowie das gemeinsame Essen bestand dieses Mal besonders in einem Austausch über Umgang mit Gefühlen. Es wurde deutlich, dass allen bewusst war, wie wichtig gegenseitige Unterstützung ist und auf diese zurückgreifen zu können.

Zum Abschluss des Projektes wurde mit einer Ökotrophologin für die Frauen eine 3stündige Einheit zur Ernährungsberatung durchgeführt. Ziel war, den Frauen Möglichkeiten einer gesunden Ernährung aufzuzeigen, die auch mit dem Bezug von Arbeitslosengeld II realisierbar sind.

6 Schlussbemerkungen

Der Beitrag zeigt, dass mit „Sport als Möglichkeit der Stressbewältigung" mit Abhängigkeitskranken im Kontext der medizinischen Rehabilitation positive Verhaltensveränderungen erreicht werden (vgl. auch die Untersuchung von *Schay* et al. (2006) „Lauftherapie").

> „Die relativ schnelle, in beinahe jedem Fall festzustellende Verbesserung körperlicher Leistungsfähigkeit bildet einen wesentlichen Eckpfeiler dieser Therapie. Veränderungen im psychischen Bereich, wie z.B. Steigerung des Selbstwertgefühls, Verminderung von Streß, Angst und Depressionen, sind fast zwangsläufig, jedenfalls häufig zu beobachtende Effekte" (*Weber* 1992).

Die Ergebnisse sind ein Wegweiser für die Arbeit mit Abhängigkeitskranken und belegen, dass in der medizinischen Rehabilitation Sport als Möglichkeit der Bewältigung von Stress und/oder belastenden Lebens-situationen immer noch zu wenig Beachtung gewidmet wird.

Insbesondere die Chance, der Klientel mit Formen des Ausdauersports ein Hilfsmittel zu bieten, dass ihr Selbstwertgefühl, ihr soziales Umfeld und letztlich ihre Abstinenz fördert, wird so ungenutzt gelassen.

Am Beispiel der Lauftherapie werden die Möglichkeiten eines ressourcenorientierten Behandlungsansatzes deutlich: Die Effektivität ist eindeutig belegt;

die persönliche Souveränität der Klientel wird gestärkt und eine starke Zufriedenheit und hohe Leistungsbereitschaft bei der „behandelten" Klientel wird erzeugt.

Literaturhinweise

Abele, A., Brehm, W. (1993): Laufe, staune, gute Laune, in: *Eberspächer, H.* (Hrsg.), Sportpsychologie, Reinbek, 313-315
Antons, K. (1998): Praxis der Gruppendynamik, Göttingen
Bartmann, U. (1991): Laufen und Joggen, Stuttgart
Becker, P. (1985): Bewältigungsverhalten und seelische Gesundheit, in: *Zeitschrift für klinische Psychologie*, Bd. XIV, 1985, 3, 169-184
Biener, K. (1988): Streß, Epidemiologie und Prävention, Bern
Biermann-Ratjen, E.-M. (1988): Frauenspezifische Probleme in der Psychiatrie, in: *GWG Zeitschrift* 70, 1988, 3, 5-13.
Cooper, K.H. (1994): Bewegungstraining. Praktische Anleitung zur Steigerung der Leistungsfähigkeit, Frankfurt/Main
Dargatz, T. (1992): Anti-Streß-Programm, München
Eberspächer, H. (1990): Der langsame Dauerlauf als Mittel zum Streßausgleich und zur Entspannung?, in: *Weber, A.* (Hrsg.): Bewegung braucht der Mensch, Erkrath, 47-51
Eberspächer, H. (1993): Sportpsychologie, Reinbek
Ehrenberg, A. (2004): Das erschöpfte Selbst, Depression und Gesellschaft in der Gegenwart, Frankfurter Beiträge zur Soziologie und Sozialphilosophie, Band 6 (Original: Frankreich 1999), Campus Verlag, Frankfurt a.M.
Franke, A. (1989): Gesundheit ist Spaß am Leben, in: *Red. Psychologie Heute* (Hrsg.): Frauen und Gesundheit: Thema: Körper und Psyche. Weinheim 1989, 65-80.
Frauchinger, M. (2005): Psychotherapeutische Modelle und ihre Wirkfaktoren - Interventionen von 6 psychotherapeutischen Verfahren im Vergleich, www.markus-frauchinger.ch/wirkfaktoren.htm, 24.01.2006
Frogner, E. (1991): Sport im Lebenslauf, Stuttgart
Follath, E. (1987): Mehr als 20 sind gefährlich. (Interview mit Dr. Cooper), in: *Stern* 1987, Nr. 8, 134-136
Funke, J. (1986): Einleitung, in: *Treutlein, G., Funke, J., Sperle, N.* (Hrsg.): Körpererfahrungen in traditionellen Sportarten, Wuppertal, 7-29
Geuter, U. (2006): Körperpsychotherapie - Der körperbezogene Ansatz im neueren wissenschaftlichen Diskurs der Psychotherapie, Teil 2, in: *Psychotherapeutenjournal* 3/2006, 258-264
Gollner, E., Kreuzriegler, F., Eitzinger, F. (1992): Gesundheitstraining für Manager, Oberhaching

Grell, J. (1993): Eine Definition der Lauftherapie, in: *DLZ-Rundschau*, Heft 10 (7/93), 17-20

Härter, M., Bengel, J. (2001/4): Epidemiologie psychischer Störungen in der medizinischen Rehabilitation und (2004) Prävalenz und Behandlungsbedürftigkeit komorbider psychischer Störungen, in: *http://forschung.deutsche-rentenversicherung.de/ForschPortalWeb/*, 15.10.2006

Hamm, H., Lagerstrom, D., Lautenschlager, F. (1993): Fitneß total: Das Anti-Streß-Programm, Frankfurt/Main

Heckmair, B., Michl, W. (1993): Erleben und Lernen, Einstieg in die Erlebnispädagogik, in: *Schriftenreihe Erleben & Lernen*, Band 2; Neuwied

Helmer, G. (1989): Hilfe bei Streß: durch Entspannungstraining zu innerer Gelassenheit, Oberhaching

Höhmann-Kost, A., Siegele, F. (2004): „Arbeit an sich selbst" - Der „Weg der Übung" - Kampfkünste in der Integrativen Therapie und Supervision Suchtkranker, in: *Integrative Therapie*, Zeitschrift für vergleichende Psychotherapie und Methodenintegration, 1-2, 2004, Junfermann, Paderborn, 6-23

Hoffmann, M. (1983): Frauen und Therapie-Brauchen Frauen eine andere Therapie als Männer?, in: *Zimmer, D.* (Hrsg.): Die therapeutische Beziehung, Weinheim, 250-264

Kadesch GmbH (2004): Haus mit Aussicht, Informationsbroschüre zu den Angeboten im Therapieverbund Herne, www.drogenhilfeherne.de

Kernen, H. (1998): Burnoutprophylaxe im Managment, München

Kleimann, D. (1990): Laufen als Medizin, in: *Weber, A.*: Bewegung braucht der Mensch, Erkrath1990, 53-64

Klupp, A. (1992): Planen, Managen, Trainieren, München

Lange, A.-T. (1991): Laufen unter Ausdauerbedingungen, Wiesbaden

Lubek, R. (1992): Gedanken zur Lauftherapie, in: DLZ-Rundschau, Ausgabe 8, 7/92, 21

Marlovits, A.M. (2004): Lauf-Psychologie - Dem Geheimnis des Laufens auf der Spur, LAS-Verlag, Regensburg

McMahon, C.M. (1987): Geschlecht, Maskulinität, Feminität und Stress, eine Studie über die Auswirkungen von Geschlechtszugehörigkeit und einer maskulinen bzw. femininen Identität auf Stressbewältigung und Streßreaktionen, Verhaltenseffektivität und Streß, Bd. 3, Arbeiten der Psychologischen Abteilung Max-Plank-Institut für Psychiatrie, Herausgeber: *Brengelmann, J.C.* (Hrsg.), Frankfurt/Main

Mosetter, K. (2008): Chronischer und Streß auf der Ebene der Molekularbiologie und Biochemie, in: *Fischer, G., Schay, P.*: Psychodynamische Psycho- und Traumatherapie, VS Verlag für Sozialwissenschaften, Wiesbaden

Nuber, U. (2006): Depression - die verkannte Krankheit, zitiert nach: http://www.ursula-nuber.de/i/ursula_nuber_leseprobe_ depression.html, dtv, München

O'Hara, V. (1996): Bewegung gegen Streß, Reinbek

Orendt, B., Rückert, D. (1982): Nichterwerbstätige Frauen - Ihre Arbeits- und Lebenssituation, in: *Mohr, G., Rummel, M., Rückert, D.* (Hrsg.): Frauen. Psychologische Beiträge zur Arbeits- und Lebenssituation, München

Otto, U. (2005): Sozialtheoretische und -interventorische Paradigmen im Licht der sozialen Netzwerk- und Unterstützungsperspektive - Konvergenzen und Herausforderungen, in: *Otto, U., Bauer, P.* (Hrsg.): Mit Netzwerken professionell zusammenarbeiten, Bd. 1: Soziale Netzwerke in Lebenslauf- und Lebenslagenperspektive (85-131), Reihe: Fortschritte der Gemeindepsychologie und Gesundheitsförderung, Bd.11, hgg. von: Röhrle, B., Sommer, G., dgvt-Verlag, Tübingen

Peasrlin, L.I. (1987): The stress process and strategies of intervention, in: Hurrelmann, K., Losel, F. (Hrsg.): Social intervention: Potential and constraints, Berlin, 53-72.

Petzold, H.G., Ebert, W. (2006): Menschen wachsen lassen - Behandlungsmodell und Therapiekonzept der antroposophischen Fachklinik für Drogenkrankheiten „Sieben Zwerge", in: *Petzold, H.G., Schay, P., Scheiblich, W.* (2006): Integrative Suchtarbeit, VS Verlag für Sozialwissenschaften, Wiesbaden, 321-353

Petzold, H.G., Schay, P., Ebert, W. (Hrsg.) (2004): Integrative Suchttherapie, VS-Verlag für Sozialwissenschaften, Wiesbaden

Petzold, H.G., Schay, P., Scheiblich, W. (Hrsg.) (2006): Integrative Suchtarbeit, VS Verlag für Sozialwissenschaften, Wiesbaden

Psychologie Heute (2004): Mit Bewegung gegen Traumen, 12/2004, 39, Beltz Verlag, Weinheim

Reddemann, L. (2001): Imagination als heilsame Kraft, Stuttgart: Pfeiffer bei Klett-Cotta

Rittner, V. (1985): Sport und Gesundheit. Zur Ausdifferenzierung des Gesundheitsmotivs im Sport, in: *Sportwissenschaft*, 15 (1985), 136-154.

Sachsse, U. (2003): Disstress-Systeme des Menschen, in: *Kernberg, O.F.* et al.: PTT-Persönlichkeitsstörungen - Theorie und Therapie, Persönlichkeitsstörungen und der Körper, Verbandsorgan der Gesellschaft zur Erforschung und Therapie von Persönlichkeitsstörungen (GePs) e.V., März 2003, 7(1): 4-15, Schattauer, Stuttgart

Schay, P., Petzold, H.G., Jakob-Krieger, C., Wagner, M. (2004): Laufen streichelt die Seele - Lauftherapie mit Drogenabhängigen, in: Integrative Therapie 1-2/2004, Zeitschrift für vergleichende Psychotherapie und Methodenintegration, Junfermann, Paderborn

Schay, P., Petzold, H.G., Jakob-Krieger, C., Wagner, M. (2006): Lauftherapie als übungs- und erlebniszentrierte Behandlungsmethode der Integrativen Therapie in der medizinischen Rehabilitation, in: *Petzold, H.G., Schay, P., Scheiblich, W.* (2006). Integrative Suchtarbeit, Vs Verlag für Sozialwissenschaften, Wiesbaden, 159-204

Schay, P. (2006): Innovationen in der Drogenhilfe, VS Verlag für Sozialwissenschaften, Wiesbaden

Schigl, B. (2002): Evaluationsstudie zur Wirkung und Wirkfaktoren in der Integrativen Gestalttherapie, http://www.gestalttherapie.at/studie.htm

Schilling, J. (1995): Didaktik/Methodik der Sozialpädagogik, Neuwied, Berlin

Schuler, W. (1996): Lauftherapie bei verhaltensauffälligen Kindern. Begründungen - Bausteine - Konzeptentwurf. Oberhaching.

Selye, H. (1974): Streß: Bewältigung und Lebensgewinn, München

Steffny, H., Pramann, U. (1998): Perfektes Lauftraining, München

Stoll, O. (1992): Psychologisches Training in Ausdauersportarten, Bonn

Tausch, R. (1997): Hilfen bei Streß und Belastung, Reinbek

Tausch, R. (1999): Streßbelastungen: Bedeutsame Verminderung durch Bewegungstraining, in: *Weber, A.* (Hrsg.): Hilf dir selbst: Laufe! Das Paderborner Modell der Lauftherapie und andere Modelle des Laufens, 181-191

Therapieberichte: Die Abschlußberichte aus den vorbehandelnden Einrichtungen sind in dieser Arbeit sachlich und inhaltlich verwendet worden. Aus datenschutzrechtlichen Gründen werden sie in den Literaturangaben nicht im Einzelnen aufgeführt.

Thierer, R. (2000): Ausbildungsunterlagen zur Lauftherapie im Bereich Trainingslehre

Titel, K. (1994): Beschreibende und funktionelle Anatomie des Menschen, Jena

Van Aaken, E. (1984): Das van Aaken Laufbuch, Aachen

van der Mei, S.H., Petzold, H.G., Bosscher, R.J. (1997): Runningtherapie, Streß, Depression - ein übungszentrierter Ansatz in der Integrativen leib- und bewegungsorientierten Psychotherapie, in: Integrative Therapie, 23. Jg., Heft 3/1997, Junfermann, Paderborn, 374-428

Völkening, M. (1997): Meine schönsten Entspannungsspiele. Sammlung von Entspannungsspielen für Paare und Gruppen, Köln

Weber, A. (Hrsg.) (1984): Gesundheit und Wohlbefinden durch regelmäßiges Laufen, Paderborn

Weber, A. (1986): Fit für das Leben. Seelisches Wohlbefinden durch Laufen, Oberhaching

Weber, A. (Hrsg.) (1990): Bewegung braucht der Mensch, Erkrath

Weber, A. (1990a): Laufen als Therapie, Paderborn

Weber, A. (1991): Burnout und Lauftherapie - Diagnose, Symptome, Behandlungsweg, Erfolgsmessung, in: *Meyer, E.* (Hrsg.): Burnout und Streß. Baltmannsweiler, 86-95

Weber, A. (Hrsg.) (1999): Hilf dir selbst: Laufe!. Das Paderborner Modell der Lauftherapie und andere Modelle des Laufens, Paderborn

Weber, A. (2000): Arbeitspapier zur Lauftherapieausbildung zum Thema: Streß-Ausgleich und Entspannung durch aerobische Ausdauerübungen, DLZ-Bad Lippspringe

Weber, A. (2000a): Bewegungsanalyse/Körpersprache Laufen, Seminarpapier in der Aus- und Weiterbildung zum Lauftherapeuten, DLZ-Bad Lippspringe

Weber, C. (1999): Frauen und Laufen - Wege zu einem besseren Körpergefühl, in: *Weber, A.* (Hrsg.): Hilf dir selbst: Laufe! Das Paderborner Modell der Lauftherapie und andere Modelle des Laufens, Paderborn, 163-180

Weber, H. (1987): Das Streßkonzept in Wissenschaft und Laientheorie. Theorie und Forschung, Bd.16; Psychologie Bd. 7, Regensburg

Weineck, J. (1997): Optimales Training, Erlangen

Autoren

Schay, Peter, Recklinghausen, Dipl. Sozialarbeiter, Dipl. Supervisor (FU Amsterdam), Approbation als KuJ-Psychotherapeut, Psychotherapeut (HPG), European Certificate of Psychotherapy (ECP) des Europäischen Verbandes für Psychotherapie (EAP), Ausbildungen in Integrativer Psychotherapie, Soziotherapie, Kunst- und Kreativitätstherapie und Poesie- und Bibliotherapie am Fritz Perls Institut, Lehrtherapeut und Kontrollanalytiker am FPI/EAG, Fachberater für Psychotraumatologie (DIPT e.V. Köln), Lauftherapeut (DLZ), Gesamtleiter der ambulanten und (teil-)stationären (Drogenhilfe-)Einrichtungen der Kadesch gGmbH und Jugend-, Konflikt- und Drogenberatung (JKD) e.V. im Therapieverbund Herne.

Sichau, Frank, Herne, Pfarrer, Mitglied des Landtages NRW (1995-2010), Vorsitzender der Jugend-, Konflikt- und Drogenberatung (JKD) e.V. und Kadesch GmbH in Herne.

VS Forschung | VS Research
Neu im Programm Soziale Arbeit

Doris Bühler-Niederberger / Johanna Mierendorff / Andreas Lange (Hrsg.)
Kindheit zwischen fürsorglichem Zugriff und gesellschaftlicher Teilhabe
2010. 278 S. (Kindheit als Risiko und Chance) Br. EUR 34,95
ISBN 978-3-531-16457-1

Curt Wolfgang Hergenröder (Hrsg.)
Gläubiger, Schuldner, Arme
Netzwerke und die Rolle des Vertrauens
2010. 191 S. Br. EUR 29,95
ISBN 978-3-531-17190-6

Astrid Hübner
Freiwilliges Engagement als Lern- und Entwicklungsraum
Eine qualitative empirische Studie im Feld der Stadtranderholungsmaßnahmen
2010. 399 S. Br. EUR 49,95
ISBN 978-3-531-17330-6

Holger Jessel
Leiblichkeit – Identität – Gewalt
Der mehrperspektivische Ansatz der psychomotorischen Gewaltprävention
2010. 506 S. Br. EUR 39,95
ISBN 978-3-531-17560-7

Frank Mücher
Prekäre Hilfen?
Soziale Arbeit aus der Sicht wohnungsloser Jugendlicher
2010. 244 S. Br. EUR 34,95
ISBN 978-3-531-17652-9

Kirsten Scheiwe / Johanna Krawietz (Hrsg.)
Transnationale Sorgearbeit
Rechtliche Rahmenbedingungen und gesellschaftliche Praxis
2010. 331 S. Br. EUR 34,95
ISBN 978-3-531-17265-1

Anna Schmid
Das Straßenkinderprojekt als Organisation
Strukturen, Prozesse und Qualität am Beispiel eines Heims in Brasilien
2010. 328 S. Br. EUR 39,95
ISBN 978-3-531-17418-1

Julia Steinfort
Identität und Engagement im Alter
Eine empirische Untersuchung
2010. 246 S. Br. EUR 34,95
ISBN 978-3-531-17473-0

Erhältlich im Buchhandel oder beim Verlag.
Änderungen vorbehalten. Stand: Juli 2010.

www.vs-verlag.de

VS VERLAG

Abraham-Lincoln-Straße 46
65189 Wiesbaden
Tel. 0611.7878-722
Fax 0611.7878-400

MIX
Papier aus verantwortungsvollen Quellen
Paper from responsible sources
FSC® C105338

If you have any concerns about our products,
you can contact us on
ProductSafety@springernature.com

In case Publisher is established outside the EU,
the EU authorized representative is:
**Springer Nature Customer Service Center GmbH
Europaplatz 3, 69115 Heidelberg, Germany**

Printed by Libri Plureos GmbH
in Hamburg, Germany